KB097825

에덴동산에 신라 궁궐이 있었다

에덴동산에
신라 궁궐이 있었다

| 정암 지음 |

찬란했던 한국사의 진실을 밝힌다

지유문고

서문

인도의 시인 타고르는 고요한 아침의 나라 조선을 이렇게 노래하였다.

일찍이 아시아의 황금시기에
빛나던 등불의 하나인 코리아
그 등불 다시 한 번 켜지는 날에
너는 동방의 밝은 빛이 되리라.

현대를 사는 한국인은 동방의 찬란했던 역사를 얼마나 알고 있는 것일까? 『상서尙書』 요전堯典에 이런 말이 있다.

희중羲仲에게 따로 명하여 우이嵎夷에 살게 하니, 이곳을 양곡暘谷이라고도 한다. 떠오르는 해를 경건히 맞이하여 봄 농사를 고르게 다스리도록 하였다.

인류역사상 가장 이상적인 정치를 구현하여 태평성대를 누렸다는 요순시대에 요堯임금이 즉위하여 맨 처음 중신인 희중羲仲을 해가 처음 뜨는 신성구역인 우이嵎夷에 파견하여 살게 했다는 말이다.

공안국의 주석에, 요임금이 희중을 파견하여 살게 했던 해 뜨는 구역인 우이를 혹은 동표東表라고도 하며, 희중은 동방을 다스리는 관직이라고 하였다.

그리고 조선왕조에서 간행한 『신증동국여지승람』에서는 바로 해 뜨는 구역인 우이에 고조선 단군왕검의 궁궐이 있었기 때문에 국호를 조선朝鮮이라 한다고 하였다. 요임금이 희중을 파견하여 살게 했던 우이 지역이 고조선 도읍지라는 사실은 이미 중국 정사인 『후한서』동이전에 기록되어 있다.

그리고 신라 진성여왕 11년(897) 여름 6월에 왕이 태자 요(嶢, 효공왕)에게 왕위를 넘겨주었는데, 이때 당나라 황제에게 보내는 양위표讓位表에서 '해 뜨는 우이嵎夷에 살면서 희중義仲의 벼슬에 있는 것이 신의 본분이 아니고…(日邊居義仲之官 非臣素分)'라고 하였다.

또한 구약성서 창세기의 '하나님이 동방의 에덴에 동산을 창설하시고 그 지으신 사람을 거기 두시고'라는 구절에서 동방은 양곡暘谷을 가리키는 것으로, 바로 이 양곡이 있는 구역이 선악과인 선도仙桃가 있고 지구를 적시는 4대강의 발원지 아뇩달지가 있는 에덴동산이다.

요임금은 갑진(甲辰, B.C 2357)년에 즉위하고 그 후 25년이 되던 무진(戊辰, B.C 2333)년에 단군이 우이嵎夷에 궁실을 세우고 고조선을 개국하여 2천년을 누렸고, 후에 신라 역시 고조선을 계승하여 이곳에 도읍하고 천년을 누렸다.

그리하여 역대 신라왕은 요임금이 설정한 희중羲仲의 관직에 해당한다는 말이다. 이렇게 볼 때 고조선과 신라는 똑같이 해가 처음 뜨는 신성구역인 우이嵎夷에 도읍을 정하였으며, 그곳이 바로 지상낙원 에덴동산이라는 사실을 알 수 있다.

그렇다면 이렇게 유서 깊은 신라 도읍지는 지금의 어느 지역을 말하는 것일까? 최치원이 지은 봉암사鳳巖寺 지증대사智證大師 비문에 이런 구절이 있다.

계림鷄林의 땅은 오산鼇山의 옆에 있는데/ 鷄林地在鼇山側
예로부터 도교와 유교에 기특한 인재가 많았다./ 仙儒自古多奇特
가련하게도 희중羲仲이 직분에 소홀하지 않아/ 可憐羲仲不曠職
다시 불일佛日을 맞아 공과 색을 분변하였다./ 更迎佛日辨空色

여기에 계림鷄林은 신라 초기에 김알지를 얻은 곳으로 천연적으로 닭이 홰를 치고 있는 형상의 산이고, 오산鼇山은 금오산金鼇山이라고도 하는데 삼신산을 머리에 이고 있다는 신화 속의 큰 자라 형상을 하고 있는 산이다.

그리고 '가련하게도 희중羲仲이 직분에 소홀하지 않아 다시 불일佛日을 맞아 공과 색을 분변하였다.'라는 구절은 지증대사를 무명無明을 밝히는 불일佛日에 비유하고 당시 신라 헌강왕은 희중羲仲의 관직에 해당하기 때문에 헌강왕이 지증대사를 궁실로 영접하여 법문을 듣고 망언사忘言師로 책봉했던 일을 두고 하는 말이다.

비록 짤막한 문장이지만 절묘한 문장이라 아니할 수 없다.

왜냐하면 계림鷄林은 신라 도읍지에 있는 명승지이고, 오산鼇山은 삼신산 인근에 큰 자라 형상을 하고 있는 금오산을 말하는 것이니, 신라 궁실은 삼신산에 있었고 거기에 닭 형상의 계림과 자라 형상의 금오산을 찾으면 그곳이 바로 고조선 도읍지 아사달이며 신라 도읍지이기 때문이다.

신선이 산다는 삼신산三神山은 봉래(蓬萊, 금강산) 방장(方丈, 지리산) 영주(瀛洲, 한라산)를 말하는 것인데, 현재의 평양平壤이나 경주慶州 지역은 여기에 해당되지 않고, 삼신산의 하나인 지리산이 여기에 해당한다.

이에 반해 이성계는 불교국가인 고려를 멸망시키고 조선을 건국하면서 숭유억불과 사대주의 정책의 일환으로 이미 건국 초기부터 역사의 중심에 있는 신라 도읍지를 엉뚱한 곳에 치밀하게 날조해버리는 바람에 현재와 같이 한국사가 초토화 되어버린 것이다.

그렇다면 무슨 이유로 신라 도읍지가 희생양이 되었던 것일까?

신라 도읍지는 삼국유사에서 밝히고 있듯이 수미산 도리천忉利天이 있는 불보살이 사는 불국토이며 불교의 발상지이고 이상향이다. 또한 신라 도읍지의 황룡사를 중심으로 흥륜사 사천왕사 영묘사 등 일곱 절터는 전불前佛시대의 절터라고 하였다.

이리하여 『산해경山海經』에서도 조선朝鮮은 천축국이라고 하였다. 그런 신성한 곳이기에 고조선도 이곳에 도읍하고 2천년을 누렸으니 신라 천년과 합치면 이미 3천년 도읍지이다.

바로 이러한 사실이 조선왕조의 건국 명분인 숭유억불 정책과 정면 배치되고 있는 것이다. 그리하여 고조선 도읍지는 평양으로, 신라 도읍지는 경주로 치밀하게 날조하여 백성들을 우민화시켜 가혹한 형벌로 다스리고, 구한말에 이르러서는 무능하고 부패한 조선 조정으로 인해 한반도의 지배권을 두고 청일전쟁이 발발하고 이것이 도화선이 되어 1, 2차 세계대전으로까지 번지게 되었다.

그리하여 결국에는 국조 단군의 건국 이래로 전무후무한 일본의 식민지로 전락하는 처참한 결과를 초래하였다.

그런데 더욱 한심한 것은 이렇게 정확한 역사자료가 학계에 엄연히 유통되고 있는데도 불구하고 이씨조선이 멸망한 지 한 세기가 지나도록 현재 학계에서는 아무도 그 사실을 간파하지 못하고 날조된 역사를 그대로 답습하고 있다는 점이다.

이것을 역사의 질곡桎梏이라고 하는데, 이것이 우리 세대가 반드시 풀어야 할 시급한 과제인 것이다.

현재 문화재청과 경주시에서 수천억 원의 예산을 책정하고 추진하고 있는 황룡사 복원 문제와 관련하여, 관계당국에서는 이미 40여 년 전부터 매년 막대한 국가 예산을 소모해 가며 황룡사 복원을 위한 연구 조사가 이루어졌다고 한다.

그러나 지리산 화엄사에 소장된 판본 「대화엄사 사적」에서는 현재의 화엄사가 황룡사라는 사실을 구체적으로 밝히고 있고, 서산 대사가 지은 「석가세존의 금골사리 부도비」 등에서도 이를 뒷받침하고 있다. 이렇게 조선시대 고승들이 신라 황룡사의 위치에 관해 분명하게 밝히고 있는데도 불구하고 관계기관에서는 황룡사에 관한 기초 사료조사도 제대로 안된 채 엉뚱한 곳을 황룡사 터라고 고집하고 있다.

지난 1995년 8월 17일 화엄사 서오층석탑을 해체하다가 녹색 유리병 속에 영롱한 부처님의 사리 22과와 유골 등이 함께 출토되었다. 그런데 이 사리가 언제 어떤 경로에 의해 이 탑에 모셔지게 되었는지 출토된 지 20년이 지난 현재까지도 밝혀지지 않고 있다. 그러나 판본 「대화엄사 사적」에는 화엄사가 황룡사라고 구체적으로 밝히고 있고, 또 화엄사에 '구층 세존사리탑(世尊舍利塔 九層 一坐)이 있었다.'고 하였다.

이리하여 판본 사적事蹟의 자장법사의 전기에는 화엄사에 모셔진 사리에 관해 이렇게 밝히고 있다.

자장법사는 귀국하여 문수보살이 범승으로 화신하여 일러준 말과 서해의 용왕이 부탁하던 말들을 모두 왕에게 아뢰었다. 이에 왕은 예배하고 자장을 대국통大國統으로 삼고 그 말대로 황룡사를 중창하고 구층탑을 세워 사리를 봉안하고 다음으로 월정사, 태화

사를 창건하고 겸하여 화엄사에 부탁하여 사리를 봉안하도록
했다.

신라 선덕여왕 때에 자장법사가 가져온 사리 1백과顆는 신인神人
의 가르침에 따라 3등분하여 통도사와 태화사 탑, 그리고 황룡사
구층탑 등 세 곳에 모셔졌다. 현재 화엄사에는 사리가 출토된 서
오층석탑 외에도 자장이 가져온 사리 100과 중에 73과가 봉안된
4사자 삼층석탑이 국보 제35호로 지정되어 있다.

서산대사가 지은 「석가세존의 금골사리 부도비」에 의하면, 임진
왜란 당시 자장법사가 사리를 봉안한 세 곳 중의 하나인 남쪽지방의
부도를 사명대사가 왜적들에게 약탈될 것을 우려하여 해체하였는
데, 거기에는 석가모니 진신사리가 담긴 두 함과 성골(聖骨, 유골)이
함께 모셔져 있었다. 사명대사는 이것을 가지고 당시 금강산에
서산대사를 찾아가 상의하여 전란이 끝난 후에 사리 한 함은 사명대
사가 원래 있던 부도에 다시 봉안하고, 한 함은 서산대사가 임진왜란
이 끝난 후인 1603년에 자장이 봉안하였던 옛터를 수리하여 새로
부도를 세워 사리와 유골을 봉안하였다고 한다.

한편 황룡사 구층탑은 고려 몽고병란 때에 소실되어 복원되지
못하였고, 태화사 탑은 현재 어느 절에 있는 사리탑을 말하는 것인지
분명하게 밝혀지지 않고 있다.

그리고 임진왜란 때에 통도사에 모셔진 사리에 관하여 사명대사가

지은 「만력 계묘(癸卯, 1603)년 중수기(萬曆癸卯重修記)」에 의하면 만력萬曆 21년(1593) 통도사 금강계단에 모셔진 사리는 왜적에게 약탈당했는데 다행히 동래東萊에 사는 옥백玉白이라는 사람이 포로 로 잡혀 있다가 이를 온전히 되찾아 도망쳐 왔다고 한다. 그리하여 사명대사는 임진왜란이 끝난 후인 만력 31년(1603) 경잠敬岑에게 명하여 황폐화된 계단을 중수하고 다시 사리를 봉안하게 하였는데, 이 일은 의령儀靈과 지명智明 등이 화주化主가 되어 이루어졌다고 기록하고 있다.

그러므로 사명대사가 서산대사에게 가져온 금골사리 두 함은 통도사에 모셔진 사리와는 무관한 것이다.

이렇게 볼 때 '서 오층석탑'에서 출토된 사리는 황룡사 구층탑이 고려 몽고병란으로 소실되고 다시 복원되지 못하자 사리를 수습하여 그동안 화엄사 사리탑에 함께 봉안되어 있다가 서산대사가 임진왜란 이 끝난 후에 황룡사 구층탑이 있던 옛 터에 석탑으로 바꾸어 세워진 것이고, 4사자 3층 석탑은 세 곳 중에 태화사 탑이라는 사실이 쉽게 드러난다. 그렇다면 자장이 가져온 사리 100과 중에 95과가 화엄사에 봉안되어 있고 4과는 통도사에 봉안되었다는 결론이 된다.

대부분의 학자들이 지금의 경주 일대에서 많은 유물이 출토되고 거대한 봉분封墳들을 왕릉이라고 간주하고 경주가 신라 도읍지라는 설에 대하여 믿어 의심치 않는다. 그러나 『삼국유사』에서도 탈해왕 이 처음 신라에 와서 호공瓠公의 집을 빼앗으려고 속임수를 써서

몰래 숫돌과 숯을 그 집 곁에 묻어 놓고 그 집을 빼앗았다는 기록도
있다. 과거 위정자들은 정치적 목적으로 문헌이나 유물 따위를
얼마든지 날조할 수 있지만, 신라 도읍지에는 인위적으로 조작할
수 없는 계림·금오산·여근곡女根谷 등이 지리산의 서남단, 전남
구례군 일대에 선명하게 모양을 갖추고 있다는 사실에 주목해야
한다.

　지난 1985년 필자는 지리산 화엄사에서 생활하다가 우연한 일로
심각하게 왜곡된 한국사의 진실을 깨닫게 되어, 이것도 하늘이
내게 부여한 사명으로 받아들이고 고난의 길이지만 이제까지 어언
30년을 묵묵히 외길을 걸어왔다.

　새로운 역사적 사실을 서술함에 있어 가급적 객관성을 유지하기
위해 관련 경전과 대덕들이 남긴 역사자료를 더듬어 인용하는 형식
을 취하다 보니 글이 번거롭고 오랜 세월이 흘러가 버렸다.

　비록 미숙한 글이지만 뜻은 풍부하니 강호 제현諸賢의 많은 관심과
질정叱正을 바라는 바이다. 그동안 격려해주시고 도움을 주신 동양
예학회 김시황 회장님께 지면을 빌어 깊은 감사를 드린다.

　이제 내 삶을 짓누르던 버거운 짐을 내려놓았으니 마음을 쉴
수 있을 것 같다.

을미년 중추가절에

정암淨嵒 삼가 쓰다.

제1장 민족의 영산 지리산

지리산은 백두대간의 남단에 위치하여 전남 구례군, 전북 남원군, 경남의 함양군·산청군·하동군 등 3도 5군에 걸쳐 그 주위가 8백여 리나 되며, 최고봉인 천왕봉(天王峰, 해발 1,915m)을 비롯하여 반야봉(般若峰, 1,732m), 노고단(老姑壇, 1,507m) 등 해발 1,500m가 넘는 봉우리만도 열 손가락을 헤아린다.

옛날 나라를 다스리는 군주들은 국태민안을 빌기 위하여 명산대천의 신에게 제사지내는 것이 군주가 갖추어야 할 중요한 덕목 중의 하나였다. 사마천은 『사기史記』에서 말하기를 '태고에 천명을 받은 제왕치고 명산대천의 신에게 제사 지내는 의식을 행하지 않은 예가 없었다.'고 잘라 말하고 있으며 이러한 전통은 우리나라에서도 예외는 아니었다.

전라남도 구례군에서는 해마다 4월 20일 곡우절을 기하여 지리산 남악제南岳祭라는 이 고장 특유의 성대한 문화행사를 거행한다.

지리산 남악제는 지리산 산신에 대한 제사의식으로 그 기원은 삼국시대 이전으로 거슬러 올라간다. 『삼국사기』에 의하면 신라의 명산대천을 대사大祀·중사中祀·소사小祀로 구분하여 제사를 지냈다는 기록이 있는데, 지리산은 5악五岳 중의 남악南岳으로 중사中祀에 포함하고 있다.

그런데 다른 측면에서 살펴보면 아득한 전설시대의 여신인 마고麻姑 성모가 지리산신이라는 기록이 있는가 하면, 일설에는 석가여래의 어머니 마야부인이 지리산 산신이라 하여 최근까지도 천왕봉에 사당을 짓고 마야부인의 석상을 모셔왔다는 사실도 전해지고 있다.

고조선 시대에는 국조 단군의 어머니라는 설이 있고[1], 삼국시대에 와서는 신라 시조인 박혁거세의 어머니 선도성모仙桃聖母가 지리산신이라 하였고, 고려에 와서는 태조 왕건의 어머니 위숙왕후가 본래 지리산 산신이라는 기록이 있다.

이조시대에는 5악 중 남악南岳으로 하여 제사를 지내오다가 일제 점령기와 6.25사변을 전후해서 중단되었던 것이다.

이렇듯 지리산신은 언제나 그 시대를 상징하는 가장 위대한 여신으로서 공통되며, 나라를 수호하고 이끌어가는 성모로서 민족적 원시신앙의 대상이 되어왔다. 그러면 이제 지리산 산신제의 기원을 밝히기 위해 삼신산 및 지리산 산신과 관련된 여러 가지 설 등을

---

1 단군의 어머니 설은 고조선 편에서 별도로 언급하기로 한다.

시대별로 구분하여 살펴보기로 한다.

1. 삼신산三神山

예로부터 지리산은 금강산, 한라산과 더불어 해동 삼신산의 하나로 방장산方丈山이라 하여 고대인들의 숭앙을 한 몸에 받아온 민족의 영산이다.

『택리지擇里志』에는 지리산을 이렇게 소개하고 있다.

> 지리산智異山은 남해南海가에 있는데 이는 백두산의 큰 줄기가 다한 곳이다. 그래서 일명 두류산頭流山이라고도 한다.
> 세상에서 금강산을 봉래蓬萊라 하고 지리산을 방장方丈이라 하고 한라산을 영주瀛洲라고 하는데 이른바 삼신산三神山이다.

이승휴의 『제왕운기』에 의하면 금金나라에서는 고려를 조상의 나라父母鄉라고 하였다.

주석에서 말하기를 금나라 사람의 시에,

> 거친 땅 신선굴 삼한은 부모의 나라[2]

라고 하였는데, 이는 근본을 잃지 않겠다는 뜻일 것이라고 했다.

---

2 蕪地 神仙窟 三韓 父母鄉

신선굴神仙窟이란 신선이 사는 곳으로 봉래·영주·방장 삼신산을
말한다.

이리하여 고려와 금나라는 천자와 제후가 아닌 형제로 맺어 사신
이 왕래하였는데 그 예로 이승휴가 일찍이 식목집사式目執事가 되어
도감都監의 문서를 보다가 우연히 금나라 조서詔書 두 통을 얻었다.

그 서문에

대금국大金國 황제는 고려국 황제에게 글을 부친다. 운운[3]

하였으니 이는 형제를 맺은 확실한 증거가 된다고 했다.[4]

이는 『삼국유사』에서 신라 국왕들의 죽음에 대하여 붕崩이라는
글자를 쓰고 있는 것과 통하는 것인데 천자天子의 죽음을 붕崩이라
하고 제후의 죽음을 홍薨이라 한다.

중국에서 우리나라를 조상의 나라 혹은 군자국君子國이라고 일컫
는 것은 모두 삼신산에 근거를 두고 있는 것이다.

『산해경山海經』에는 삼신산을 5제帝의 시조인 소호少昊의 나라라
고 하였다.

동해의 밖 대학大壑은 소호少昊의 나라이다. 소호가 전욱顓頊 임금
을 이곳에서 키우고 그때의 거문고를 버려두었다. 감산甘山이라

는 곳이 있어 감수甘水가 여기에서 나와 감연甘淵을 이룬다.[5]

여기에 대학大壑이란 삼신산이 있는 곳을 말한다.
『열자列子』에는 삼신산에 관해 이렇게 말했다.

발해渤海의 동쪽으로 몇 억 만 리 나 되는지는 알지 못하지만
그곳에 대학大壑이 있는데 실은 바닥이 없는 골짜기여서 그 아래엔
바닥이 없으며 그곳을 귀허歸墟라 부른다.
온 세상 팔방八方의 물과 은하수의 흐르는 물이 모두 그곳으로
흘러들지만 물은 늘지도 않거니와 줄지도 않는다.
그 가운데에 다섯 개의 산이 있는데, 첫째는 대여岱輿, 둘째는
원교員嶠, 셋째는 방호(方壺, 방장산), 넷째는 영주瀛州, 다섯째는
봉래蓬萊이다. 그 산들은 높이와 둘레가 3만 리이며 그 꼭대기에는
9천 리 넓이의 평평한 곳이 있다.
산들 중간의 거리는 7만 리인데 그곳에서는 이웃처럼 지내고
있다. 그 위의 누대樓臺와 궁관宮觀들은 모두가 금과 옥으로 장식
되어 있고 그 위의 새와 짐승들은 모두가 순백색이다. 주옥珠玉으
로 된 나무들은 모두가 떨기로 자라고 있고 그 꽃과 열매들은
모두 맛이 좋아서 그것을 먹으면 누구나 늙지도 않고 죽지도
않는다.

---

5 『산해경』 14 대황동경 1. 東海之外大壑 少昊之國 少昊孺帝顓頊于此 棄其琴
  瑟 有甘山者 甘水出焉 生甘淵

그곳에 사는 사람들은 모두가 신선과 성인의 무리이다. 하루 낮이나 하루 저녁에 날아서 서로 왔다 갔다 하는 사람들이 이루 헤아릴 수 없을 정도이다.

그런데 다섯 산의 뿌리는 연결되어 붙은 곳이 없다. 언제나 조류와 물결을 따라서 올라갔다 내려왔다 하여 잠시도 멎어 있는 일이 없다. 신선과 성인들은 이것을 근심하여 그 사실을 상제上帝께 하소연하였다.

상제는 서쪽 끝으로 흘러가 버리어 여러 성인들이 살 곳을 잃게 될까 두려워하시어 곧 우강禹彊에게 명하여 거대한 자라金鼇 15마리로 하여금 머리를 들고 다섯 신산神山을 머리에 이고 있게 하였는데, 세 마리가 한 조가 되어 번갈아가며 6만년 만에 한 번 교대하도록 되었다.

다섯 산은 이에 비로소 안정되었다.

그런데 용백龍伯의 나라에 대인大人이 있어서 발을 들어 몇 발자국 가지도 않아서 다섯 산이 있는 곳에 다다랐다. 그는 한 낚시로 여섯 마리의 자라들을 연달아 낚아 가지고 모두 짊어진 다음 잽싸게 그의 나라로 돌아와 그것을 구워 먹고는 뼈를 헤아렸다. 이에 대여岱興와 원교員嶠의 두 산은 북극으로 흘러 내려가 대해大海 속에 가라앉아서 옮겨오는 신선과 성인들이 수억을 헤아릴 정도였다.[6]

---

6 『열자列子』 탕문湯問

이와 같이 삼신산은 원래 5신산神山이었는데 대여岱興와 원교員嶠
두 산은 대해大海 속에 침몰되어 버리고 지금은 방호方壺[7]·영주瀛洲·
봉래蓬萊 등 삼신산三神山이 되었다는 것이다.

소호는 황제 헌원씨軒轅氏의 아들로 제위에 올라 84년 동안 천하를
다스렸으며 전욱은 소호의 조카인데 왕위를 계승하여 재위하기
78년이다.

소호少昊·전욱顓頊·제곡帝嚳·요堯·순舜을 5제帝라고 한다.

『산해경』에는 소호의 도읍지가 있는 곳을 좀 더 구체적으로 밝히
고 있는데 '감산이라는 곳이 있어 감수가 여기에서 나와 감연甘淵을
이룬다.'고 하였다.

감연甘淵이란 태양이 목욕하는 곳으로 이곳은 해가 처음 뜨는
곳이며 이곳을 양곡暘谷이라고 한다. 이리하여 『삼국사기』에 이런
말이 있다.

신라인들은 스스로 '소호 금천씨少昊金天氏의 후예이므로 성을
김金으로 한다.'고 하였고 김유신의 비문에 또한 '헌원軒轅의 후예
요, 소호少昊의 자손이다.'라고 하였으니, 곧 남가야南加耶의 시조
김수로왕은 신라와 더불어 같은 성이다.[8]

---

7 방장方丈을 방호方壺라고도 한다.
8 『삼국사기三國史記』 41권 열전 김유신金庾信 상. 羅人自謂 少昊金天氏之後
　故姓金 庾信碑亦云 軒轅之裔 少昊之胤 則南加耶 始祖 首露 與新羅同姓也

중국을 통일한 진시황은 삼신산에 있다는 신선과 불로장생의
영약을 구하기 위해 목욕재계한 동남·동녀 수천 명을 보냈다는
사실은 유명한 일화이다.

제齊의 위왕威王·선왕宣王, 연燕의 소왕昭王이 사람을 시켜 바다
를 건너 봉래蓬萊·방장方丈·영주瀛洲의 삼신산三神山을 찾게 하는
일을 시작했다.

이 삼신산은 전하여 내려오는 말로는 발해渤海 가운데에 있다고
하며 그렇게 멀리 떨어져 있지는 않으나, 다만 배가 닿을 듯하면
바람에 밀려 자꾸 멀어지는 것이 걱정이라는 것이다. (그럼에도
불구하고) 그곳에 도달한 사람도 있었다고 한다. 그곳에는 여러
신선 및 불사약도 모두 있으며 그곳의 물건 및 짐승은 모두 흰색이
고 황금·은으로 지은 궁궐도 있다고 한다. 그곳에 도착하기 전에
바라보면 마치 구름 같으나, 도착해 보면 삼신산은 도리어 물
밑에 있으며 가까이 가면 바람에 밀려 멀어지기 때문에 끝내
도달할 수 없다고 한다. (이런 소문 때문에) 세상의 군주들 치고
여기에 가고 싶어 하지 않은 사람이 없었다. 진시황秦始皇이 천하
를 통일한 후 해안지방에 도착하자 수많은 방사方士들이 삼신산에
대하여 상주하였다. 시황은 자신이 직접 바다로 나아가도 그곳에
도달하지 못할 것이 두려워 다른 사람을 시켜 동남·동녀를 거느리
고 바다로 나아가 그것을 찾도록 하였다. 그 배들은 해상에서
서로 만나 모두 바람을 핑계대기로 하고 '비록 도착하지는 못하였

지만 (멀리서) 바라보았다.'고 보고하였다.[9]

이와 같이 '삼신산은 바다에 떠 있는데 그곳에는 여러 신선 및 불사약不死藥도 모두 있으며 그곳의 물건 및 짐승은 모두 희고 황금과 은으로 지은 궁궐도 있다.'는 말은 도를 터득한 선인仙人들이 혜안으로 보고 밝혀 놓은 것이기 때문에 일반인들의 육안으로는 확인하기 어렵다.

다만 우리나라의 금강산·지리산·한라산이 삼신산이라는 사실은 옛 성현들이 누차 밝히고 있는 사실이니 의심할 여지는 없는 것이다. 전북 남원의 광한루는 삼신산 숭배신앙의 전형으로 중국에서는 이미 오래 전부터 황실에서 삼신산을 조영하고 동경하였던 자취가 역력하다.

전한前漢 무제 태초 원년(太初元年, B.C 104)에 감천甘泉에 건장궁 建章宮이라는 대규모의 궁궐을 새로 지었는데, 그 북쪽에 높이 2백여 척尺의 수중 누대樓臺가 세워진 거대한 연못을 만들고 이름 을 태액지泰液池라고 하였다. 그 안에 해중海中의 삼신산을 상징하 는 봉래蓬萊 방장方丈 영주瀛洲의 세 섬과 호량(壺梁, 오작교) 구어 (龜魚, 금오) 등을 만들어 설치하였다.[10]

---

9 『사기史記』 봉선서封禪書

10 『사기史記』 무제기武帝紀

백제 무왕 35년(634) 3월에 왕은 궁궐의 남쪽에 연못을 파고 물을 20여 리 밖에서 끌어 들였으며 네 언덕에 버드나무를 심고 연못 가운데 크고 작은 섬을 만들어서 방장선산方丈仙山에 비기었다는 기록이 『삼국사기』에 보이고 있다.[11]

이로 미루어 보면 무왕 역시 삼신산을 매우 동경하였음을 알겠고 그 연못과 누각이 화려하게 꾸며졌음을 짐작케 한다.

푸른 연못 가운데에 삼신산이 있고 연못가에는 무성한 버드나무 숲과 백 척尺의 화려한 누각이 삼신산을 바라보며 날아갈 듯하게 자리하고 있던 그 그윽한 정경을 지금은 볼 수 없지만 이와 유사한 것을 전북 남원의 광한루廣寒樓에서 볼 수 있다.

광한루의 정문에 들어서면 '청허부淸虛府'라는 현판이 걸려 있다. 여기에서 청허부라 하는 것은 천상의 백옥경白玉京을 들어서면 옥황상제가 기거한다는 궁궐이 있어 여기에는 '광한청허지부廣寒淸虛之府'라고 쓰여 있다 하는데, 광한이나 청허부는 여기에서 따온 이름이다. 그 구조를 살펴보면 바다 가운데 신선이 살고 있다는 삼신산의 하나인 방장산(方丈山, 지리산)의 골짝 골짝에서 흘러내린 천 갈래 만 갈래의 맑은 물이 합치고 어울리어 남원의 요천강蓼川江이 되었으니 이 물을 끌어 들여 연못에 담아 바다 가운데 삼신산을 상징하는 세 섬을 만들었는데 이른바 영주·봉래·방장산이다.

이 삼신산에는 자그마한 다리를 놓아 서로 건너다닐 수 있도록

---

11 『삼국사기』 백제본기 무왕武王

하였고 영주 섬에는 영주각瀛洲閣이 세워져 있고 방장 섬에는 방장정方丈亭이 세워져 있다. 금강산은 여러 이름이 있는데 여름 산을 봉래산이라 한다.

또 요천강에서 끌어들인 수정같이 맑은 물줄기는 천상의 은하수를 상징한다 하여 견우와 직녀가 1년에 한 번 칠월 칠석, 이날 밤 은하수를 건너 서로 만나기 위하여 건너간다는 오작교烏鵲橋를 삼신산의 아래에 연못을 동서로 가로질러 설치하였다. 연못가에는 돌로 깎은 자라 상像이 연못을 향하고 있는데 삼신산을 머리로 이고 있다는 동해의 큰 자라金鼇를 상징하고 있는 것이다. 그 곁에는 물 가운데 삼신산을 바라보고 있는 거대한 누각이 있는데 이른바 광한루廣寒樓이다. 광한루는 처음에 황희 정승이 양녕대군의 세자 폐위를 반대하다 낙향하여 이곳에 광통루廣通樓라는 누각을 짓고 고을 어른들과 시인들이 경치를 감상하며 놀던 곳이다.

그 후 세종 16년(1443)에 민여공閔汝恭이 누각을 새로 짓고 주변을 단장하였다.
그로부터 3년 후에 부사 유지례柳之禮가 단청을 곱게 하였다.
세종 26년(1443)에 관찰사 정인지鄭麟趾가 광통루에 올라 아름다움에 감탄한 나머지 광한루廣寒樓로 이름을 고치도록 하였다.
선조 15년(1582) 전라도 관찰사로 부임한 정철鄭澈이 중수하였다.
정유재란으로 인하여 소실된 것을 선조 40년(1607)년 부사 원신元愼이 작은 누각을 복원하였다.

인조 4년(1626) 부사 신감申鑑이 현재의 광한루를 복원하였다. 정조 19년(1794) 영주각瀛洲閣이 세워지고 1964년 방장정方丈亭이 세워졌다.

공자는 중국에 도가 행해지지 않음을 안타깝게 여겨 뗏목을 타고 바다를 건너 구이(九夷, 조선)에 가서 살고 싶어 하였다.[12] 이것을 고려 한림학사 최행귀崔行歸가 지은 『균여전』의 서문에서는 '공자께서 이 땅에 와서 살고자 했으나 오두鰲頭 이르지 못하였다.'[13]고 하였다.

여기에 자라머리(鰲頭)란 선인들이 산다는 신선세계인 삼신산을 머리에 이고 있다는 동해의 큰 자라를 말하는 것으로 공자가 동경하여 살고 싶어 했던 곳도 삼신산이며, 조선조 유림들이 광한루를 조영하고 삼신산을 동경했던 이유도 여기에 있는 것이다.

이렇듯 삼신산은 고대인들에게 있어 영산의 차원을 넘어 신앙의 대상이었으며, 그 삼신산의 중심은 방장산으로 지금의 지리산이다.

---

12 『논어論語』에, 공자가 말하기를 "도道가 행해지지 않으니 내 뗏목을 타고 바다를 항해하려고 한다. 이때 나를 따라 올 자는 아마 자로子路일 것이다." (子曰 道不行 乘桴 浮于海 從我者 其由與, 공야장公冶長) 공자가 구이九夷에 가서 살고 싶어 하니, 혹자가 말하기를 "누추한 곳인데 어떻게 합니까?" 하니 공자가 말하기를 "군자가 사는 곳인데 무슨 누추함이 있겠는가!" 하였다.(子欲居九夷 或曰 陋如之何 子曰 君子居之 何陋之有. 자한子罕)

13 魯文宣欲居於此地 未至鰲頭

2. 지리산 산신山神에 관한 여러 가지 설

1) 마고성모麻姑聖母 설

중국의 전설에서 마고선녀는 삼신산의 하나인 방장산에 살고 있다고 한다. 마고선녀가 실제 모습을 드러냈던 사실이 『신선전神仙傳』에 전해지고 있는데 '마고는 젊고 아름다운 여자로서 나이는 열일곱 여덟 정도였다. 머리는 위로 틀어 올리고 남은 머리는 허리에까지 늘어뜨리고 있었다. 옷은 꽃무늬로 천은 비단은 아니었지만 무어라 형용하기 어려울 만큼 눈부신 광채가 났다.'고 하였다.

노고단老姑壇이라는 지명을 글자대로 풀이하면 '늙은 시어미 제사 터'라는 말이 되는데 이는 시대를 초월하여 최초의 인간을 탄생시킨 마고할미의 제사 터라는 내용과 부합되고 있다.

또한 노고단을 다른 측면에서 풀이할 때 노老는 존칭의 의미로 고姑는 마고麻姑를 상징한다고 하여 이곳이 마고성모의 제사 터라는 해석이 있는데 역시 같은 말이다.

『장자莊子』에는 마고성모를 막고야산의 여신女神이라 소개하고 있다.

견오肩吾가 연숙連叔에게 물어 말했다.

"내가 접여接輿에게서 이야기를 들었는데, 그 이야기는 크고 끝이 없어서 앞으로 나아가기만 하고 돌아올 줄을 몰랐소. 나는 그의

이야기가 은하수처럼 끝이 없었기 때문에, 놀라고 두려움마저
느꼈소. 너무나 상식 밖의 이야기여서, 이 인간 세상에 있다고
생각할 수 없는데……."

연숙이 말했다.

"그의 이야기가 어떤 것이었소."

견오가 말하기를,

"그 이야기는 '막고야산藐姑射山에 신인神人이 살고 있는데, 피부
가 얼음과 눈처럼 희고 자태가 아름다운 처녀와 같다. 오곡을
먹지 않으며, 바람을 호흡하고 이슬을 마신다. 구름을 타고 하늘을
나는 용龍을 몰아 뜻대로 사해四海의 밖에까지 가서 노닌다. 그
신기神氣가 집중되면, 만물이 병드는 일 없이 성장하며, 해마다
곡식이 잘 익는다.'는 것이었소. 나는 그 이야기를 허황되다고
생각하기에 믿을 수가 없소." 연숙이 말했다.

"그렇겠지, 장님은 문장文章을 보여 줄 수 없고, 귀머거리는 함께
종과 북의 소리를 들을 수 없네. 그런데, 어찌 육체에 있어서만
귀머거리와 장님이 있겠는가. 대저 지혜에 있어서도 장님이나
귀머거리가 있는 것이네. 이 말은 바로 자네와 같은 사람을 두고
하는 말이지. 그 여신의 덕은 만물萬物에 널리 퍼져 오직 하나의
큰 근본에서 움직이네. 그러므로 세상 사람들이 다스려주길 원해
안달하고 애써도, 무엇 때문에 천하를 다스리는 고달픈 일 따위를
하겠는가. 이 신인은, 어떠한 것도 피해를 입힐 수가 없네. 물이
하늘에 닿는 큰 홍수가 나도 빠지지 않으며, 큰 가뭄이 들어

쇠와 돌이 녹아 흐르고 흙과 산이 다 타도 타지 않는다네.
이 신인은 세속의 겨와 쭉정이 같은 따위로도 능히 요堯 순舜같은
성인으로 만들 수 있는데, 무엇 때문에 스스로 나서 만물을 다스리
려 하겠는가!"[14]

마고성모(관세음보살)

막고야산은 예로부터 도가道家에서 말하는 이상향으로 일컬어져
온다. 여기에 고姑는 마고麻姑를 야射는 벼슬 이름인 복야僕射의
약칭으로 노고단의 노고老姑와 거의 같은 의미로 해석된다. 『장자』
의 이 대목은 마고성모의 실체를 밝히는 데 매우 귀중한 자료로
여겨진다.

불교에서는 관세음보살이 나는 용을 타고 다니면서 중생들을
제도한다고 하는데 마고성모와 흡사하다.

2) 마야부인摩耶夫人 설

고려 박전지(朴全之, 1250~1325)의 「영봉산 용암사 중창기靈鳳山
龍巖寺重創記」에서 말하였다.

옛날에 개국 조사祖師 도선道詵에게 지리산智異山의 주인 성모
천왕天王이, "만일 세 곳의 암사三巖寺를 창건하면 삼한三韓이
합하여 한 나라가 되고 전쟁이 저절로 종식될 것이다." 한 비밀스러
운 부탁으로 인하여 이에 세 곳의 암사巖寺를 창건하였으니, 곧
지금의 선암사仙巖寺·운암사雲巖寺와 이 절이 그것이다. 그러므
로 이 절이 국가에 대하여 큰 비보裨補가 되는 것은 고금 사람들이
함께 아는 일이다.[15]

신라 제54대 경명왕景明王이 매를 부리기 좋아하더니 일찍이 선도
산仙桃山에 올라서 매를 날렸다가 잃었다. 이에 성모에게 기도하
기를 "만약 매를 얻게 되면 벼슬을 봉하리라." 했더니 조금 있다가

---

15 昔開國祖師道詵 因智異山主 聖母天王 密囑曰 若創立三巖寺 則三韓合爲一
  國 戰伐自然息矣 於是創三巖寺 卽今仙巖雲巖與此寺是也 故此寺之於國家
  爲大裨補 古今人之所共知也 『동문선東文選』 제68권 기記.

매가 날아와 탁자 위에 앉았다. 이로 인하여 천왕天王으로 봉
했다.[16]

지리산신이 석가여래의 어머니 마야부인이라는 사실은 김종직
(金宗直, 1431~1492)의 『유두류록遊頭流錄』에 자세히 거론되고
있다. 『유두류록』은 김종직이 함양 군수로 있을 때 일행과 함께
지리산을 등정하였던 일을 기행문으로 엮은 것이다.

이때에 천왕봉에 올라보니 그 아래에 성모의 석상이 모셔진 자그
마한 사당이 있어 관대를 갖추고 세수하고 사당에 들어가 제사를
드리고 나서,

또 묻기를 "여기에 모셔진 성모는 세상에서 어떤 신이라 이르느
냐?" 하니 대답이 "석가釋迦의 어머니 마야부인이라 한다."
"아! 이럴 수가 있느냐. 서축(西쯛, 인도)이 동진(東震, 조선)과
더불어 천백세계가 가로 막혔는데 가유국 부인이 어떻게 이 땅의
신이 되겠는가. 나는 일찍이 이승휴의 『제왕운기』를 읽어보니
성모가 도선에게 명하는 구절의 주석에 지금 '지리산의 천왕天王'
은 고려 태조의 어머니 위숙왕후를 가리킨 것이라고 하였다.
고려 사람이 선도성모仙桃聖母의 이야기를 익히 들었기로 그 임금
의 계통을 신성화하기 위하여 이 이야기를 만든 것이다. 이것을
이승휴가 믿고서 『제왕운기』에 적어 놓았으나 이것 또는 증빙할

---

16 『삼국유사』 5권, 선도성모仙桃聖母 수희불사隨喜佛事

수 없거늘 하물며 승려들의 허무맹랑한 말에 있어서랴."[17]

라고 하면서 불쾌감을 나타내며 반박하고 있다. 이 내용을 보면
지리산 산신에 관해 불교계에서는 석가의 어머니 마야부인이라
하였으나 김종직은 반박하고 있고, 원래 박혁거세의 어머니 선도성
모인데 고려 김부식 일행이 송나라에 사신으로 갔을 때 선도성모에
관해 자세하게 들은 바 있으므로 고려에서도 그 임금의 계통을
신성화하기 위하여 태조 왕건의 어머니 위숙왕후가 지리산 산신이라
고 했다는 말이다. 후에 김일손(金馹孫, 1464~1498)도 지리산에
올라 천왕봉 성모의 사당에 들러 같은 경우를 겪게 되는데 이에
대해 말하기를,

"여러 거주민에게 물으니 산신을 마야부인으로 삼는데 이는 거짓
말이고 점필재 김종직은 우리나라의 박문 다식한 큰 선비인데
이승휴의 『제왕운기』를 고증하여 산신을 고려태조의 어머니 위숙
왕후로 삼았으니 이것이 믿을 만한 글이다."고 하였다.

이에 대해 동행하였던 정여창鄭汝昌이 말하기를, "세상에서는

---

17 『점필재집佔畢齋集』 제2권 『유두류록遊頭流錄』. 又問 聖母世謂之何神也 曰釋
迦之母 摩耶夫人也 噫有是哉 西竺與東震 猶隔千百世界 迦維國夫人 焉得爲
玆土之神 余嘗讀李承休帝王韻紀 聖母命詵師 註云 今智異天王乃指高麗太
祖之妣威肅王后也 高麗人習聞仙桃聖母之說 欲神其君之系 創爲是談 承休
信之 筆之韻記 此亦不可徵 矧緇流妄誕幻惑之言乎

방금 마야부인이라 하고 있는데 그대가 위숙왕후라고 밝혔지만
세상 사람들의 의심을 면하지 못할까 걱정이니 그만두는 것만
같지 못하다."[18]

라고 하여 정여창은 지리산신이 마야부인이라는 설에 대하여 일면
긍정하는 듯한 태도를 하고 있다.

남효온(南孝溫 1454~1492)의 「지리산일과智異山日課」에서도,

정미년(1487, 성종18) 9월 30일,
의문, 일경 선사와 함께 향적암에서 상봉(上峰, 천왕봉)으로 올라
갔다. 구름에 묻히고 바람에 깎이어 나무는 온전한 가지가 없고
초목은 푸른 잎이 없었다. 서리가 매섭고 땅이 얼어 추위가 산
아래보다 갑절이나 더하였다. 구름사다리와 석굴(통천문)은 겨우
한 사람이 지나갈 정도였는데 우리들이 뚫고서 올라갔다.
상봉에 올랐을 때에 이른바 천왕天王이라는 것을 보았다. 승려가
말하기를 "이는 석가의 어머니 마야부인摩倻夫人이 이 산의 신령이
된 것으로, 세상의 화복禍福을 담당하다가 장래에 미륵불彌勒佛이
(석가의) 대를 이어 태어날 것입니다." 하였다. 그 말이 한 결
같이 이리 요원하여 문헌으로 의거할 수 없단 말인가. 나는 사당
모퉁이의 바위 부리에 앉았다.[19]

18 『속동문선續東文選』 21권 록錄 속두류록續頭流錄
19 『추강집秋江集』 제6권 잡저雜著 「지리산일과智異山日課」. 丙寅 與義文及岡師

라고 하였다. 불교를 배척하였던 이조의 유학자들은 지리산 산신이
마야부인이라는 설에 대하여 비판적인 소견을 보이고 있음을 볼
수 있다.

이에 대해 『구례읍지』에는 이렇게 말하였다.

지리산 산신을 마야부인이라고 한다. 천왕봉에 성모의 사당이
있었는데 부인의 석상과 그림이 있었다. 어느 시대에 세워져
언제 폐지된 것인지는 알 수 없다.

동인(東人, 고려의 김부식)이 중국에 사신으로 갔을 때 중국인이
한 오래된 그림의 여자 선녀상女仙像을 보여 주면서 말하기를
"이것이 조선의 지리산신입니다."고 하였다. 지금도 성모천왕의
옛 석상石像이 남아 있다.[20]

『삼국유사』에 이런 구절이 있다.

『화엄경』에 마야부인 선지식이 제11지地에 머물면서 부처를 낳아
대원지환해탈문大願智幻解脫門을 보임과 같다.[21]

自香積登上峯 雲埋風磨 木無完枝 艸無青葉 霜嚴地凍 天寒倍於山下 雲梯石
竇 僅出一人 余等穿土 及登上峯 見所謂天王者 僧曰 此釋伽母摩倻夫人爲此
山神 禍福當世 將來代生彌勒佛者 其言一何遼遠而無文據 余坐堂隅石角
20 『구례속지』 명승고적. 智異山神 稱摩耶夫人 天王峰有聖母祠畵夫人像 刱廢
不知何時 東人入中國 中國人 示一本古畵女像曰 此朝鮮智異山神 今聖母天
王古碣尙存

마야부인은 도의 경지가 제11지地에 머물러 있기 때문에 중국 화엄종의 조사祖師인 지엄智儼을 비롯하여 법장法藏, 징관澄觀 등이 모두『화엄경』입법계품에 선재동자가 만난 선지식들의 수행 지위를 밝히면서 마야부인은 미륵과 함께 부처의 경지로 제 11지인 등각等覺에 해당한다고 하였다.『화엄경』에는 보살菩薩의 지위를 10지로 구분하는데, 제11지는 보살의 경지를 벗어난 것으로 부처의 경지이다. 부처의 경지에도 두 단계가 있으니 제 11지는 부처와 대등하다고 하여 등각等覺이라 하고, 제12지는 묘각妙覺으로 완전한 부처를 이루는 수행의 마지막 지위이다.

현재 도솔천에 머무는 미륵彌勒은 제 11지인 등각等覺의 경지에 해당하고, 석가모니 역시 제11지인 등각의 경지로 도솔천에 머물다 인간 세상에 내려와 마야부인을 어머니로 탄생하고 마침내 출가하고 성불하여 제12지인 묘각妙覺의 경지에 오른 것이다.

이와 같이 부처佛나 여래如來라는 말은 보살 10지의 수행을 마치고 신통력과 지혜가 완성의 경지를 뜻하는 말이다. 선재동자가 만난 53선지식 중에 보현普賢은 제12지인 묘각위妙覺位에 머물러 있는데도 불구하고 경전에서 보살이라고 호칭하는 이유에 대해 '여래의 처소에서 보살행을 닦아 쉼 없이 설한다면 이를 보살이라 이름한다.'고 밝히고 있다.

마야부인이 제11지라고 했으니 관세음보살과 같이 도의 경지가

21 『삼국유사』3권 남백월2성 노힐부득 달달박박. 華嚴經 摩耶夫人善知識 寄十一地 生佛如幻解脫門

이미 부처佛요, 사는 곳은 불국토佛國土이며 신통력이 자유자재
하였다.

　　가비라성과 여러 마을이며 다른 나라에 있는 남자·여자거나 사내
　　아이거나 계집아이거나 간에 귀신에 들린 이로서 보살의 어머니
　　(마야부인)를 보기만 하여도 모두 저절로 나아 버리며, 혹은 여러
　　가지의 병든 중생으로서 중풍과 황달·담기痰氣·장님·귀머거리·
　　벙어리·몸의 마비·치통·연주창·문둥병·소갈증·미치광이·혹
　　·부스럼·흉터 등 갖가지의 모든 병은 보살의 어머니가 손을 펴서
　　이마를 만져 주면 저절로 사라져 없어져 버리며, 설령 이런 병이
　　있는 중생이 몸소 가서 보살의 어머니를 뵙지 못한다 하더라도
　　성후(聖后, 마야부인)가 그때에 풀을 꺾어서 산가지를 만들어
　　내려주시면 겨우 산가지를 붙잡는 그때에 모든 병의 고통은 다
　　싹 가시어서 평상대로 회복되어 본래와 같이 되느니라.[22]

　　앞에서 이미 지리산신이 석가여래의 어머니 마야부인이라는 여러
기록을 보았다.
　　과연 가능한 말일까?『화엄경』에는 선재동자가 마야부인 선지식
을 직접 만나 마야부인은 모든 것을 밝히고 있다.

　　선남자여, 마지막 몸을 받은 한량없는 보살들이 이 세계에서

---

22 『방광대장엄경方廣大莊嚴經』 제2권

가지가지 방편으로 태어남을 보일 적에 나는 그들의 어머니가
되었느니라.

선남자여, 이 세계의 현겁賢劫 중에서 이와 같이 지나간 세상의
구류손불拘留孫佛 구나함모니불拘那含牟尼佛 가섭불迦葉佛 그리
고 지금의 세존이신 석가모니불이 출현하여 탄생하실 적에도
내가 그들의 어머니가 되었고 오는 세상에 미륵彌勒보살이 도솔천
에서 신神으로 내려오실 적에 큰 광명을 놓아 법계에 두루 비추며
모든 보살이 태어나는 신통변화를 나타내어 인간에서 훌륭한
가문에 탄생하여 중생을 조복하는 때에도 나는 그의 어머니가
되느니라. 이와 같이 차례차례로 사자불獅子佛 법당불法幢佛 선안
불, 정화불, 화덕불, 제사불, 불사불, 선의불 …중략… 무량현불,
보수순자재불, 최존천불이며 이렇게 누지樓至여래에 이르기까지
현겁 동안에 이 삼천대천세계에서 부처님 되실 이의 어머니가
되느니라. 이 삼천대천세계에서와 같이 이 세계에 있는 시방의
한량없는 세계와 모든 겁劫에서 보현의 행과 원을 모두 닦아서
모든 중생들을 교화하려는 이에게도 나의 몸이 그들의 어머니가
되는 것을 내가 보노라.[23]

---

23 『대방광불화엄경』 76권 입법계품. 善男子 有無量最後身菩薩 於此世界
種種方便 示現受生 我皆爲母. 善男子 如此世界賢劫之中, 過去世時 拘留孫
佛 拘那含牟尼佛 迦葉佛及 今世尊釋迦牟尼佛 現受生時 我爲其母 未來世中
彌勒菩薩從兜率天 將降神時 放大光明 普照法界 示現一切諸菩薩衆受生神
變 乃於人間 生大族家 調伏衆生 我於彼時 亦爲其母. 如是次第 有師子佛
法幢佛 善眼佛 淨華佛 華德佛 提舍佛 弗沙佛 善意佛 -중략- 無量賢佛

　마야부인은 선재동자에게 석가모니가 도솔천에서 내려와 태속에 들어 머물고 출생할 때의 신통 자재한 일들을 소상히 밝히면서 석가모니 부처님뿐만이 아니라 과거의 구류손불·구나함모니불·가섭불 등이 모두 마야부인을 어머니로 출생하였고 앞으로 출현할 미륵으로부터 누지여래樓至如來에 이르기까지 무려 195명의 부처님 되실 이의 이름을 차례차례로 거명하면서 그들 모두의 어머니가 되리라고 말하고 있다.

　아울러 마야부인은 평범한 왕비가 아니라 본래 관세음보살과 같이 도의 경지가 보살의 경지를 벗어난 여래지에 들어가 있어 신통변화가 자재한 여신임을 밝히고 있다.

　그렇다면 마야부인과 지리산은 어떤 관련이 있는 것일까? 「대화엄사 사적」에는 석가모니의 생애에 관해 이렇게 적고 있다.

　주周나라 소왕昭王 26년 갑인(甲寅 B.C 1027) 4월 8일에 석가씨釋迦氏가 서역 정반왕궁의 마야부인 태胎에서 탄생하였다. 태어난 지 7일 만에 마야부인은 세상을 떠나 도리천에 태어났다. 소왕 44년 임신(壬申 BC 1009)에 출가를 하니 그때 나이는 19세였다.

普隨順自在佛 最尊天佛 如是乃至樓至如來 在賢劫中 於此三千大千世界 當成佛者 悉爲其母 如於此三千大千世界 如是於此世界海 十方無量諸世界一切劫中 諸有修行普賢行願 爲化一切諸衆生者 我自見身 悉爲其母.

목왕穆王 3년 계미(癸未 BC 1000)에 성도成道하시니 그때 나이는
30세였다.

53년 임신(壬申 B.C 949)에 입적하시니 그때 나이는 79세였다.

마야부인은 태자가 태어난 지 7일 만에 세상을 떠나 도리천에
태어났다고 하였다.

마야부인이 말하였다.

"옛날에 내가 백정왕의 왕궁에서 태자를 낳은 지 겨우 7일 만에
그만 세상을 떠나고 말았다. 그래서 손수 이를 안아서 키우면서
모자간의 정을 펼쳐 보지도 못하고 이모인 마하파사바제摩訶波闍
波提에게 부탁하여 그로 하여금 젖을 먹여서 키우게 하였던 것이
다. 그리고 차츰 장대하여 나이가 19세에 이르자 한밤중에 성城을
넘어서 출가하였으므로 온 궁성의 안팎이 모두 슬퍼하고 괴로워
하지 않은 자가 없었다."[24]

『장아함경長阿含經』에서도 부처님의 어머니가 목숨을 마친 뒤에
는 도리천에 태어나는데 이것은 모든 부처님의 공통된 법이라고
하였다.

---

24 『마하마야경摩訶摩耶經』 하권. 昔日在於白淨王宮 始生七日 我便命終 竟未
抱育 展母子情 付囑摩訶波闍波提 令其姨母 而乳養之 及已長大 至年十九
便於中夜 踰城而出 擧宮內外 莫不悲惱

석가모니 부처님은 비구들에서 말씀하셨다.

"비바시毗婆尸 보살이 도솔천兜率天에서 내려와 어머니의 태에
드실 때 생각을 오로지 하여 어지럽지 않았다. 그 어머니는 5계五戒
를 받들어 지녀 범행梵行이 청정하고 신심이 돈독하여 어질어
남을 사랑하였다. 모든 선행을 성취하고 안락하여 두려움이 없었
다. 그래서 몸을 마친 뒤에는 도리천에 태어났으니 이것이 (모든
부처님의) 공통된 법이다."[25]

이와 같이 마야부인이 살고 있는 곳은 도리천이다.

신라 27대 선덕여왕善德女王이 기미를 미리 알아차린 세 가지
일이 있으니 그 셋째,

왕이 건강한 때에 군신群臣들에게 '내가 아무 해 아무 달 아무
날에 죽을 것이니 도리천에 장사하라.' 하였다. 신하들이 그곳을
알지 못하여 '어디 입니까?' 하니 왕이 대답하기를 '낭산狼山의
남쪽이니라.' 하였다. 과연 그달 그날에 세상을 떠나니 군신들이
낭산의 양지에 장사하였다. 그 후 10여년에 문무대왕이 사천왕사
四天王寺를 왕의 무덤 아래에 창건하였다. 불경에 이르기를 사천왕
천四天王天의 위에 도리천이 있다고 하였다. 이에 선덕왕이 신령한

---

25 『장아함경長阿含經』大本經. 佛告比丘. 毗婆尸菩薩 從兜率天 降神母胎 專念
不亂 其母奉持五戒 梵行淸淨 篤信仁愛 諸善成就 安樂無畏 身壞命終 生忉利
天 此是常法

성인이었음을 알게 되었다.[26]

선덕여왕의 죽음에 관해 이렇게 말하였다.

> 즉위 16년(647) 봄 정월에 비담毗曇과 염종廉宗 등이 말하기를, "여자 임금은 나라를 잘 다스릴 수 없다." 하고 반역을 꾀하여 군사를 일으켰으나 이기지 못하였다.
> 이해 정월 8일에 세상을 떠나니 시호를 선덕善德이라 하고 낭산狼山에 장사지냈다.[27]

이로 미루어보면 도리천은 낭산狼山의 양지에 있고 그 아래에 사천왕사가 창건되었음을 알 수 있다. 신라의 낭산은 일찍부터 영지靈地로 보호되고 있었다.

> 신라 실성왕 12년(413) 가을 8월에 구름이 낭산狼山에서 일어났는데 그것을 바라보니 흡사 누각과 같았고 향기는 강렬히 풍기며 오랫동안 사라지지 않았다. 이에 왕은 "이는 반드시 신선이 내려와 노니는 것이니 응당 이곳은 복지福地일 것이다." 하여 이후로부터

---

26 『삼국유사』 1권 善德王 知幾三事. 王無恙時 謂君臣曰 朕死於某年某月日 葬我於忉利天中 群臣罔知其處 奏云 何所 王曰 狼山南也 至其月日 王果崩 群臣葬於狼山之陽. 後十餘年 文虎大王創四天王寺 於王墳之下 佛經云 四天王天之上 有忉利天 乃知大王之靈聖也

27 『삼국사기』 신라본기

사람들이 나무를 베는 것을 금하게 했다.[28]

낭산 아래 신유림神遊林에 창건된 사천왕사는 나당 연합군이 백제와 고구려를 차례로 치고 신라가 3국을 통일하자 전쟁이 채 끝나기도 전에 이번에는 당나라가 신라를 정벌하려고 50만 대군을 비밀리에 훈련시켜 국경을 침범하여 나라가 위기에 놓였으나 기도의 힘으로 국난을 면하게 한 호국사찰이다.
『삼국유사』에는 그 사실을 이렇게 적고 있다.

상원 원년(674) 갑술甲戌 2월에는 유인궤로 계림도총관을 삼아 신라를 치게 하였다. 우리 고기古記에는 당나라가 육로장군 공공孔恭과 수로장군 유상有相을 보내니 신라의 김유신 등이 격멸하였다 했는데 여기에는 인문·흠순 등이라 하고 유신이 없으니 알 수 없다.
이때 당나라 패잔병의 모든 병사들이 돌아가지 않고 우리를 습격하려 하니 왕이 알고서 군사를 펴서 항거했더니 이듬해에 당 고종이 사신으로 인문 등을 불러서 꾸짖되
"너희가 우리에게 군사를 청하여 고구려를 격멸하고도 도리어 해치는 것은 어찌된 일이냐!" 하고는 감옥에 가두고 군사 50만을 훈련시켜 설방薛邦으로 장수를 삼아 신라를 치려고 하였다.

<hr>

28 『삼국사기』 신라본기. 十二年, 秋八月 雲起狼山 望誌如樓閣 香氣郁然 久而不歇 王謂是必仙靈降遊 應是福地 從此後 禁人 斬伐樹木

이때 의상義湘대사가 당나라에 유학하고 있었다. 인문이 찾아와 사건을 설명하니 의상이 곧 환국하여 왕에게 아뢰니 왕이 심히 걱정되어 군신을 모아놓고 방비책을 물었다.

각간 김천존金天尊이 아뢰기를 "가까이에 명랑법사明朗法師가 있는데 용궁龍宮에 들어가 비법을 전수해 왔으니 조서로 청하여 물으십시오." 하니 명랑법사가 대답하기를 "낭산狼山의 남쪽에 신유림神遊林이 있으니 거기에 사천왕사四天王寺를 창건하여 도량을 개설함이 좋겠습니다." 한다.

그때 이미 정주貞州에서 사람이 와서 보고하기를 "당나라 군사들이 무수히 와서 해상의 국경을 돌아다닌다."고 하였다. 왕은 다시 명랑법사를 불러 "일이 급박하니 어찌할까?" 물으니 "색채가 있는 비단으로 가건축이라도 하는 것이 마땅합니다." 한다. 이에 색채 있는 비단으로 절을 만들고 오방신상五方神像을 만들고 유가瑜珈의 명승明僧 12명으로 하여 명랑을 수좌로 삼아 문두루비밀법文豆婁秘密法을 시행했더니 당병이 신라병과 싸우기도 전에 풍랑이 크게 일어 당나라 전선이 모두 침몰하였다.

후에 다시 고쳐 절을 창건하고 사천왕사라 하여 단석壇席이 끊이지 않는다. 국사에 의하면 조로 원년(679)에 당이 다시 조헌을 장수로 삼고 5만 명의 군사를 보내어 침범하므로 또 그 법을 행하니 역시 전선이 침몰하였다. 이때 한림랑 박문준이 인문과 옥중에 있었는데 고종이 문준을 불러 "너희 나라에는 무슨 비밀법이 있기에 대군을 두 번이나 보냈으나 살아오는 자가 없느냐?"

하니 문준이 "신들은 귀국에 온지 10여년이 되므로 본국의 일을 잘 알지 못하나 멀리서 듣건대 귀국의 은혜를 입어 삼국을 통일하였으므로 그 은덕을 갚기 위하여 낭산狼山 남쪽에 사천왕사를 창건하고 법석을 열어 황제의 만수무강을 빈다는 것뿐입니다." 하였다.

고종이 이 말을 듣고 크게 기뻐하여 예부시랑 락붕구를 사신으로 신라에 보내어 그런 절이 있느냐고 묻도록 하였다.

이미 당의 사신이 온다는 말을 듣고 '이 절은 보이는 것이 마땅치 않다.' 하여 다시 그 남쪽에 새 절을 지어 놓고 기다렸더니 사신이 와서 황제를 축수하는 처소인 사천왕사에 분향하려하므로 새 절로 인도하여 보였다. 사신이 문 앞에 와서 이것은 사천왕사가 아니고 망덕요산지사望德遙山之寺라 하며 들어가지 않으므로 황금 천 냥을 주었다 사신이 돌아가서,

"신라가 사천왕사를 창건하고 황제의 만수를 새 절에서 빌더이다." 하였다. 사신의 말에 따라 망덕사望德寺라 하였다. 왕은 문준이 잘 아뢰어 황제가 너그럽게 사면해 줄 뜻이 있다는 말을 듣고 강수强首선생에게 명하여 인문을 사면해 달라는 표문을 짓게 하고 사인 원우를 시켜 당에 아뢰니 황제가 표문을 보고 눈물을 흘리며 인문을 되돌려 보냈다. 인문이 감옥에 있을 때 나라에서 그를 위하여 절을 세워 인용사仁容寺라 하고 관음도량을 개설하였다. 인문이 돌아오다가 바다 위에서 죽으니 고쳐서 미타도량이라 했는데 지금까지 전한다.

문무왕은 21년 동안 나라를 다스리다가 영륭2년 신사(辛巳 681)년
에 붕어하니 유언에 따라 동해東海 가운데 큰 바위 위에 장사하
였다.

왕이 평소에 늘 지의법사智義法師에게 이르되

"짐은 죽은 뒤에 호국하는 큰 용이 되어 불법을 받들고 숭상하여
나라를 수호하기를 원한다." 하였다. 법사가 말하기를

"용이란 축생보가 되는데 어찌합니까?" 하니 왕은

"나는 세간의 영화를 싫어한지 오래니 비록 추한 갚음을 받아
축생이 되더라도 짐의 뜻에 적합하다." 하였다.

_『삼국유사』 2권 문무왕 법민

신라의 삼국통일이 완성되는 과정이 잘 나타나 있다.

원효, 의상 등과 더불어 신라 10성十聖의 한 분으로 흥륜사의
금당에 봉안되었던 안함(安含, 579~640)은 수隋나라에 들어가 5년
간 유학하고 본국에 돌아와 참서(讖書, 예언서) 1권을 지었는데
그 요지에

　① 제일여주第一女主 장도리천葬忉利天
　② 급천리전군지패及千里戰軍之敗　사천왕사지성四天王寺之成
　③ 왕자환향지세王子還鄕之歲　대군성명지년大君盛明之年[29]

---

29 『해동고승전』, 석 안함

이라고 하였다.

여기서 ①의 '제일여주 장도리천'은 신라 최초의 여왕인 선덕여왕(632~646 재위)이 '내가 죽거든 도리천에 장사하라'라는 유촉에 따라 낭산狼山의 남쪽에 장사지낸 것과 통한다.

②의 '급천리전군지패 사천왕사지성'은 당의 50만 대군이 신라를 침범하자 명랑법사明朗法師가 낭산의 남쪽 신유림에 임시로 사천왕사를 가설하여 문두루비밀법으로 당병을 물리치고 그 뒤에 다시 5만 명의 군사를 보냈으나 또 그렇게 하여, 문무왕 19년(679)에는 그곳에 사천왕사가 정식으로 완공되는 것과 통한다.

③의 '왕자환향지세 대군성명지년'은 신라가 반당작전으로 볼모로 소환 투옥되었던 왕자 김인문이 환향함으로써 나당관계가 다시 원만해져 문무왕의 통일 대업이 안정된 것과 통한다 하겠다.

안함이 입적한 것은 선덕왕 9년(640)인데 그의 예언은 눈으로 보듯이 맞아떨어지고 있는 것이다. 문두루를 신인神印이라고도 하는데 고려시대에도 사천왕사와 신인종神印宗 사찰에서 자주 행해졌음을 『고려사』는 전하고 있다.

「대화엄사 사적」의 의상전義湘傳에서 말하였다.

본국의 승상 김인문(일명 흠순) 양도良圖 등이 당나라에 볼모로 잡혀 와 옥에 갇혀 있었는데 당 고종이 장차 대병을 일으켜 신라를 정벌하려 한다는 사실을 의상대사에게 알리자 함형咸亨 원년 경오(庚午, 670)년에 귀국하여 조정에 이 사실을 알리니 신인종神

印宗의 대덕 명랑법사 등이 문두루비밀법을 화엄사에 가설하고 기도하여 나라의 위기를 면하였다.[30]

『삼국유사』에는 사천왕사가 세워진 곳이 낭산 남쪽의 신유림이라고만 하여 정확한 장소를 고증하기 어려웠으나 화엄사 사적의 의상전에는 문두루비밀법을 지리산 화엄사에 설치했다고 지적하여 사천왕사가 창건된 신유림이 화엄사 지역에 속해 있음을 밝히고 있다.

이렇게 볼 때 낭산의 도리천과 그 남쪽아래 신유림에 창건된 사천왕사는 지금의 화엄사 지역에 속해 있음이 분명하며 도리천에 살고 있다는 마야부인이 지리산신이라는 말은 다른 각도에서 고증해 보아도 충분히 근거가 있다.

실제 대장경에서도 삼신산의 하나인 방장산方丈山이 불경에서 말하는 수미산須彌山이며 수미산의 정상에 도리천이 있다고 한다.

선덕여왕은 진평왕의 맏딸이고 왕에게는 아들이 없어 신라 최초의 여왕이 된 것이다. 선덕여왕의 어머니는 김씨 마야부인이며 진평왕의 이름은 백정白淨으로 석가의 부모와 같은 이름을 쓰고 있으며 문수보살 역시 선덕여왕이 이미 장차 부처가 될 수기受記를 받은 보살이라고 하였다.

---

30 本國丞相 金仁問(一名欽純)良圖等 往囚於唐 唐高宗將大擧東征 欽純等密遣湘師誘而先之以 唐高宗 咸亨元年庚午 還國聞事於朝 命神印大德設密壇法 於華嚴寺 禳之國乃免禍

3) 선도성모 설

김종직은 지리산신이 마야부인이라는 당시의 주장에 대해 이승휴의
『제왕운기』를 인용하여 고려 태조 왕건의 어머니 위숙왕후라는
주장을 하면서 고려 사람이 선도성모仙桃聖母의 이야기를 익히 들었
기로 그 임금의 계통을 신성화하기 위해 그런 이야기를 만들어
냈다는 논리를 펴고 있다. 김종직도 송나라 조정의 우신관佑神館에
모셔진 선도성모가 지리산의 산신이라는 사실은 인정하고 있다.
여기에 고려 사람은 김부식 일행이 당시 송宋나라에 사신으로 갔을
때 중국에서 선도성모에 관해 들었던 일을 말하는 것으로 그 내용이
국사에 실려 자세히 전해지고 있다.

　　김부식은『삼국사기』의 신라본기를 마감하면서 이렇게 말하였다.

　　정화(政和, 1111~1117) 연간에 우리 조정(고려)에서는 상서尚書[31]
　　이자량을 송나라에 보내어 조공했을 때 신 부식富軾은 문필의
　　임무를 띠고 같이 가서 우신관佑神館[32]에 참배하고 한 사당에
　　여자 신선상女仙像을 모셔둔 것을 보았다. 관반학사館伴學士[33]인

31　상서尚書: 고려의 관직. 육부六部의 각 장관
32　우신관佑神館: 우신佑神은 천우신조天佑神助의 약어. 송나라 조정에서 나라의
　　복을 비는 신사神祠
33　관반학사館伴學士: 송대宋代 한림원翰林院을 관각館閣이라 하였고 반伴은
　　한림원의 학사를 말함. 한림학사

왕보는 말했다.

"이것은 귀국貴國의 신神인데 공들은 이를 아십니까?"

마침내 말했다.

옛날 제실帝室의 공주가 있었는데 남편이 없는데도 아이를 배어 남에게 의심을 받게 되자 이에 바다를 건너 진한에 이르러 아들을 낳으니 해동의 첫 임금이 되었으며 제왕의 딸은 지선(地仙, 산신)이 되어 길이 선도산仙桃山에 있다는데 이것은 그 선인의 상像입니다. 부식은 또 송나라 사신 왕양이 지은 동신성모東神聖母에게 제사 드리는 글에 '현인을 낳아 나라를 세운다.'는 구절이 있는 것을 보고 그제야 동신東神이 곧 선도산仙桃山의 신성神聖임을 알았다.

그러나 그 아들이 어느 때 임금을 한 것인지는 알 수 없다.[34]

『삼국유사』에는 선도성모가 진한의 선도산에 와서 낳은 아들은 바로 신라의 시조인 박혁거세임을 밝히고 선도성모에 관해 자세하게 기록하고 있다.

---

34 政和中 我朝遺尙書李資諒 入宋朝貢 臣富軾 以文翰之任輔行 詣佑神館 見一堂設女仙像 館伴學士王黼曰 此貴國之神 公等知之乎 遂言曰 古有帝室之女 不夫而孕 爲人所疑乃泛海 抵辰韓生子 爲海東始主 帝女爲地仙 長在仙桃山 此其像也 臣又見大宋國信使王襄祭東神聖母文 有娠賢肇邦之句 乃知東神 則仙桃山神聖者也 然而不知其子王於何時

선도성모 진영 (장흥 보림사 소장)

신라 진평왕 때에 지혜知惠라는 비구니가 있어 착한 행적이 많았
다. 안홍사安興寺에 살면서 불전을 새로 수축하려 하나 힘이 모자
랐다. 꿈에 한 선녀가 아름다운 위품으로 주옥과 비취를 장식하고
와서 위로하기를

"나는 선도산 성모인데 네가 불전을 수리하려는 것이 기뻐서
금 10근을 주어 그 일을 돕고자 한다. 마땅히 내 자리 밑에서
금을 가져다가 주불 세 존상을 만들고 벽 위에는 53불과 6류성중六
類聖衆 및 모든 천신과 5악신군(五嶽神君, 토함산·지리산·계룡산·
태백산·팔공산)을 그리고, 매년 봄가을 두 계절에 10일 동안 선남
선녀를 모아서 일체 함령을 위하여 점찰법회를 여는 것을 연례행

사로 삼아라." 하였다.

지혜는 놀라 깨어 무리를 거느리고 신모 사당의 자리 밑으로 가서 황금 160량을 파내어 불전 수리의 일을 이루었는데 모두 신모가 가르치던 대로 행하였다. 그 절은 지금도 남아 있으나 법사法事는 폐지되었다.

신모는 원래 중국 제실의[35] 공주였는데 이름은 사소娑蘇였다. 일찍이 신선의 술법을 터득하여 해동에 와서 머물러 오랫동안 돌아가지 않았다. 그의 아버지인 황제는 편지를 솔개의 발에 묶어 보내면서 "이 솔개가 멈추는 곳에 집을 지으라." 하였다. 사소가 편지를 받고 솔개를 날리니 이산(선도산)에 와 그치므로 그곳에 집을 짓고 지선地仙이 되었다. 그래서 산 이름을 서연산西鳶山이라고도 한다.

신모가 이 산에 오래 머물면서 나라를 도와 영이한 일이 심히 많았다. 나라가 선 이후로 항상 3사[36]三祀의 하나가 되어 지위가 산천에 지내는 모든 제사의 위에 있었다.

제 54대 경명왕이 매를 부리기 좋아하더니 일찍이 여기에 올라서 매를 날렸다가 잃었다. 이에 성모에게 기도하기를 "만약 매를 얻게 되면 벼슬을 봉하리라." 했더니 조금 있다가 매가 날아와

---

35 『삼국사기』에는 '옛날 제실帝室의 공주가 있었는데(古有帝室之女)'라고 했는데, 여기에는 중국中國이라는 글자가 추가되어 있다. 『환단고기』에는 고조선의 후예인 부여夫餘 제실의 공주였다고 했다.

36 3사三祀: 신라시대에 명산대천을 대사大祀, 중사中祀, 소사小祀로 구분하여 제사 지냈다.

탁자 위에 앉았다. 이로 인하여 천왕天王[37]으로 봉했다.

성모가 처음 진한에 와서 성자聖子를 낳아 동국의 첫 임금이 되었다 하니 대개 박혁거세와 알영부인 두 성인의 유래다. 그러므로 계룡鷄龍·계림鷄林·백마白馬 등으로 일컬어지는데 닭이 서쪽에 속해 있기 때문이다. 일찍이 제천諸天의 선녀들에게 비단을 짜게 하고 붉은 물을 들여 조정의 의복을 만들어 그의 남편에게 주었으니 나라 사람들이 비로소 그의 신령한 영험을 알게 되었다. …중략…

이제 금을 시주하여 불법을 받들고 중생을 위하여 향화香火를 열어 나루터의 다리를 만들었으니 어찌 다만 오래 사는 술법만 배워 아득한 속에 있는 자이랴!

예찬한다.

서연산西鳶山에 와서 산지 몇 십 성상星霜인가
선녀를 불러 선인仙人의 옷을 짜고
장생술도 반드시 무생법인과 다르지 않는데
과거의 부처님을 뵈옵고 옥황상제가 되었도다.[38]

---

37 삼국유사 원문에 대왕大王은 천왕天王의 오기. 『제왕운기』 참조

38 『삼국유사』 5권 선도성모仙桃聖母 수희불사隨喜佛事. 眞平王朝 有比丘尼名 智惠 多賢行 住安興寺 擬新修佛殿而力未也 夢一女仙 風儀婥約 珠翠飾鬟 來慰曰 我是仙桃山神母也 喜汝欲修佛殿 願施金十斤以助之 宜取金於予座 下粧點主尊三像 壁上繪五十三佛 六類聖衆 及諸天神 五岳神君(羅時五岳 謂東吐含山 南智異山 西鷄龍 北太伯 中父岳 亦云 公山也) 每春秋二季之十

앞서 인용한『구례속지』에는 김부식 일행이 송나라에 사신으로 갔을 때 선도성모에 관해 들었던 일을 소개하면서 이것이 지리산신이며 마야부인이라고 단정하고 있다.

실제 선도성모를 기리는 찬문의 말미에 '과거의 부처님을 뵈옵고 옥황상제가 되었도다.(故謁金仙 作玉皇)'라는 구절은 선재동자가 마야부인에게 "이 해탈을 얻은 지는 얼마나 오래 되었나이까?" 즉, 언제부터 어떤 이유로 여러 부처님의 어머니가 되었습니까? 라는 질문에 마야부인이 대답하기를 '아득히 헤아릴 수 없는 옛날 도량 맑은 신이 되어 있을 때 대위덕이라는 전륜왕이 악마들을 물리치는 일을 보고 한량없이 기뻐하면서 당시 부처님의 발에 엎드려 절하고 "이 전륜왕이 여러 곳에 태어날 적마다 또는 필경에 부처를 이룰 때에 내가 항상 그의 어머니가 되게 하소서."라고 원을 세우고 10나유타 부처님께 기원하고 공양하여 소원이 성취되었던 일과 통한다.

日 叢會善男善女 廣爲一切含靈 設占察法會 以爲恒規 惠乃驚覺 率徒往神祠座下 堀得黃金一百六十兩 克就乃功 皆依神母所論 其事唯存 而法事廢矣 神母本中國帝室之女 名娑蘇 早得神仙之術 歸止海東 久而不還 父皇寄書繫(鳶)足云 隨鳶所止爲家 蘇得書放鳶 飛到此山而止 遂來宅爲地仙 故 名西鳶山 神母久據玆山 鎭祐邦國 靈異甚多 有國已來 常爲三祀之一 秩在群望之上 第五十四景明王好使鷹 嘗登此放鷹而失之 禱於神母曰 若得鷹 當封爵 俄而鷹飛來止机上 因封爵大(天)王焉 其始到辰韓也 生聖子爲東國始君 蓋赫居閼英二聖之所自也 故 稱雞龍雞林白馬等 雞屬西故也 嘗使諸天仙 織羅緋染 作朝衣 贈其夫 國人因此始知神驗 …중략… 今能施金奉佛 爲含生開香火 作津梁 豈徒學長生 而囿於溟濛者哉 讚曰 來宅西鳶幾十霜 招呼帝子織霓裳 長生未必無生異 故謁金仙作玉皇

이것은 마야부인이 바로 옥황상제임을 뜻하는 말이다.

또 송나라 사신 왕양이 고려에 와서 선도성모에게 제사지낸 제문에 '현인을 낳아 나라를 세운다.(娠賢肇邦)'라는 구절은 마야부인이 여러 부처님뿐만이 아니라 '보현의 행과 원을 모두 닦아서 모든 중생들을 교화하려는 이에게도 나의 몸이 그들의 어머니가 되는 것을 내가 보노라.'[39]라는 말과 통한다.

이렇듯 마야부인과 선도성모는 서로 다른 여신이 아니다. 이러한 맥락에서 본다면 선도성모는 송나라에서 우신관佑神館이라는 신사神祠에 사당을 짓고 모셔졌던 사실이나 본국에서는 '나라가 선 이래로 항상 3사三祀의 하나가 되어 지위가 산천에 지내는 모든 제사의 위에 있었다.'[40]라는 등의 기록에서 신격神格이 잘 드러나 있으며 대사大祀의 하나임을 알 수 있다.

신라 시조 박혁거세의 어머니는 제실의 공주였는데 이름은 사소娑蘇였다. 남편이 없는데도 아이를 잉태하여 남에게 의심을 받게 되자 이에 바다를 건너 진한에 이르렀다.

일찍이 신선의 술법을 터득하여 해동에 와서 머물러 오랫동안 돌아가지 않았다. 그의 아버지인 황제는 편지를 솔개의 발에 묶어 보내면서 '이 솔개가 멈추는 곳에 집을 지으라.' 하였다. 사소는 편지를 받고 솔개를 날리니 이 산(선도산)에 와 그치므로 그곳에 집을 짓고 지선(地仙, 산신)이 되었다. 그래서 산 이름을 서연산西鳶山

---

39 諸有修行 普賢行願 爲化一切諸衆生者 我自見身 悉爲其母

40 有國已來 常爲三祀之一 秩在群望之上

이라고도 한다.

　근래에 정신문화연구원에서 간행된 대백과사전의 노고단老姑壇
조에,

　노고단이라는 지명은 할미당에서 유래한 것으로 할미는 도교道教
　의 국모신國母神인 서술성모西述聖母 또는 선도성모仙桃聖母를
　일컫는다.

라고 하였다. 지리산 산신을 선도성모라고 하는데, 선도성모는 바로
곤륜산崑崙山 서왕모西王母를 가리키는 말이다.

　『서유기西遊記』에 의하면 곤륜산에는 반도원蟠桃園이라는 과수원
에 모두 3천6백 주의 복숭아나무가 있는데 이것은 모두 서왕모가
직접 심어 가꾼 것이라고 한다.

　그중에 천이백 그루는 천년 만에 한 번씩 익는데 그것을 사람이
먹으면 몸이 튼튼하고 가볍게 된다. 그리고 중간에 천이백 주는
6천년 만에 한 번씩 익는데 사람이 이것을 먹으면 안개를 타고
날아다니며 불로장생한다. 나머지 천이백 주는 9천년 만에 한 번씩
익는데 그것을 사람이 먹으면 天地日月과 수명을 같이 하게 된다.

　서왕모는 매년 자신의 생일인 3월 3일에 잘 익은 복숭아와 천상의
진기한 음식을 마련하고 석가여래를 비롯하여 관음보살 태상노군
등 천상의 존귀한 신들을 초대하여 곤륜산에 있는 요지瑤池의 못가에
서 성대한 잔치를 여는데 이것을 반도대회蟠桃大會라고 한다.

『심청전』을 보면, 심청은 본래 곤륜산 서왕모의 딸로 어느 날 반도대회에 반도를 진상하러 가는 길에 옥진비자를 잠깐 만나 이야기하다 시간을 놓쳐 상제께 득죄하여 인간 세상에 떨어지는데 석가의 지시로 심 봉사의 딸로 태어나게 되었다고 하였다.

이 복숭아를 천도天桃, 선도仙桃, 반도蟠桃라고 하는데, 옛날 주 목왕穆王은 여덟 마리의 준마가 끄는 수레를 타고 곤륜산崑崙山에 가서 요지瑤池의 못가에서 서왕모와 시를 주고받으며 즐기느라 돌아올 것을 잊었다고 하며,[41] 한 무제武帝 때에는 서왕모가 무제의 궁전에 내려왔는데 이때 선도 7개를 가져와 나누어 먹었다고 한다.[42]

그러므로 대장경에, '동해 가운데에 방장(方丈, 지리산)이라는 산이 있는데, 또한 곤륜산崑崙山이라고도 부른다.'[43]고 하여 지리산이 바로 곤륜산이라고 하였다.

또한 최치원이 지은 법장화상法藏和尙 전기에서도, '한 나라(신라)로 하여금 화엄학華嚴學이 10산山에 두루하게 하였으니 잡화(雜花, 화엄경)가 반도산蟠桃山[44]에서 무성하게 빛나게 된 것도 역시 법장法藏의 힘이었다.'[45]고 하였다. 이것은 의상대사가 지리산 화엄사를

---

41 목천자전穆天子傳

42 한무내전漢武內傳

43 東海中 山名方丈 亦名崑崙.

44 반도蟠桃는 선도仙桃와 같은 것이므로 반도산蟠桃山은 곧 선도산仙桃山으로 지금의 지리산을 말한다.

45 誘令一國學徧十山 雜華盛耀蟠桃 蓋亦藏之力爾. 「화엄사 사적」 '의상전' 참조

화엄십찰華嚴十刹의 중심사찰로 삼아 전교했던 사실을 두고 하는
말이다.

제실의 공주인 사소娑蘇는 부왕의 명에 따라 선도산의 솔개가
멈춘 곳에 살면서 시조를 낳아 그곳에 도읍을 정하고 나라를 세웠으
며, 그곳의 산신이 되었다. 신라는 그 후로 한 번도 도읍지를 옮긴
적이 없다.

다만 신문왕神文王 9년(689) 8월에 도읍을 달구벌達句伐로 옮기려
하였으나 실현하지 못하였다. 또 5소경小京이 있었다.

> 진흥왕 18년(557) 국원(國原, 충주)에 소경을 설치
> 선덕여왕 8년(639) 하슬라주(何瑟羅州, 명주)에 소경을 설치하였
> 으나 무열왕 5년(658)에 폐지하였다.
> 문무왕 18년(678) 북원(北原, 원주)에 소경을 설치
> 문무왕 20년(680) 금관(金官, 김해)에 소경을 설치
> 신문왕 5년(685) 서원(西原, 청주)과 남원南原에 소경을 설치하
> 였다.[46]

제실의 공주인 사소가 남편이 없는데도 아이를 배어 시조를 낳은
것은 마리아 성모가 동정녀童貞女의 몸으로 예수를 잉태하였다는
말과 흡사하다. 사소는 원래 부처님의 어머니인 마야부인의 화신化

---

46 『삼국사기』 신라본기

身으로 현인을 낳아 나라를 세우기 위하여 제실의 공주로 태어나 신통변화를 나타낸 것이다.

신라 제2대 남해왕 3년(서기 6년)에는 시조의 사당(始祖廟)을 짓고 역대 왕이 친히 제사하였으며, 제21대 소지왕炤知王 9년(487)에는 시조가 처음 태어났던 곳에 신궁神宮이라는 사당을 짓고 그 이후로는 역대 모든 왕이 즉위하면 친히 제사를 지내고 죄수들을 크게 사면하였다.

신라에서 산천의 신에게 제사지내는 대사大祀의 대상으로는 나력奈歷·골화骨火·혈례穴禮 등 세 곳인데 현재 위치가 밝혀지지 않고 있다. 『삼국유사』 김유신의 전기를 보면 유신이 화랑으로 있을 때 백제의 첩자인 백석白石이란 자에게 유인되어 위기에 처하자 세 여자가 문득 나타나 신神으로 변하여 유신에게 말하기를 "우리들은 나림奈林·혈례穴禮·골화骨火 등 세 곳의 호국신護國神입니다. 지금 적국의 사람이 낭을 유인하는데도 낭은 그것을 알지 못하고 따라가므로 우리는 낭을 말리려고 여기 온 것입니다." 하였으니 대사의 대상이 모두 여신女神임을 알 수 있다.

마고 마야와 함께 신라에서 대사大祀의 대상으로 추정되는 여신으로 희화羲和를 들 수 있다. 희화는 해 뜨는 곳인 양곡暘谷에서 일월日月의 출입을 주관하는 여신이다.

신라의 풍속에 '정월 초하루에는 서로 경축하며 이날 일월신日月神께 예배한다.'[47]고 하였다.

4) 위숙왕후 설

지리산 산신을 거론할 때 빼놓을 수 없는 것이 고려 태조 왕건의 어머니 위숙왕후威肅王后가 원래 지리산 산신이었다는 설이다.

이것은 이미 앞에서 김종직과 김일손 등에 의해서 제기된 바 있고 『제왕운기』의 왕건 출생에 관한 부분에,

> 어언 간에 지리산 성모(智異聖母, 지리산 천왕)는 성자(왕건)를 낳고……[48]

라는 구절에 주석을 달아 여기에 성모는 '지리산의 천왕天王'이라고 하여 왕건의 어머니 위숙왕후가 지리산 산신임을 밝히고 있다. 왕건의 출생에 관해 『고려사』에서 말하였다.

> 세조(왕융)는 용모가 빼어나게 훌륭하고 수염이 아름다웠으며, 포부와 도량이 굉장히 커서 삼한을 병합할 뜻을 가졌다. 어느 날 꿈에 한 아름다운 여자를 만나 부부가 되기를 약속하였다. 후에 송악(개성)으로부터 영안성永安城으로 가다가 한 여자를 만났는데 꿈에 본 그 여자의 얼굴과 꼭 같으므로 드디어는 그와 혼인을 하였으나 그가 어디로부터 온지 알 수 없는 까닭으로

---

47 『신증동국여지승람』 21권 경주부 풍속

48 於焉誕聖智聖母(智異山 天王也)

세상에서는 몽부인夢夫人이라 부르고 혹은 그가 삼한의 어머니가
되었으므로 드디어는 성을 한韓씨라고 하였는데 이가 곧 위숙왕후
威肅王后이다.

세조는 송악松嶽의 옛집에 살다가 그 남쪽에 또 새집을 짓고자
하였는데 그 터는 곧 연경궁延慶宮 봉원전奉元殿의 터였다.

이때 동리산桐裏山 조사祖師 도선道詵이 당唐나라에 들어가서 일
행一行에게서 지리법地理法을 얻고 돌아와서 백두산으로 올라갔
다가 곡령鵠嶺에 이르러서 세조가 새로 지은 집을 보고 '제稊를
심을 땅에다 왜 마麻를 심었을까?' 하는 말을 남기고 가므로 몽부인
夢夫人은 이 말을 듣고 곧 세조에게 이를 알리자, 그는 급히 도선국
사道詵國師를 쫓아가서 만나보았는데 곧 친히 알던 사람과 같이
대하게 되어 드디어는 함께 곡령으로 올라갔는데 그는 산수의
맥脉을 살펴 위로는 천문을 보고 아래로는 시수時數를 살핀 다음
말하기를 "이 지맥地脉은 임방壬方 백두산 수모목간水母木幹으로
부터 뻗어내려 와서 마두馬頭에 떨어진 명당明堂이라. 그대는
수명水命이니 마땅히 물의 대수大數를 따라 집을 육육六六으로
짓고 36구區로 만들면 천지의 대수大數가 부응하여 명년에는 반드
시 신성한 아들을 낳을 것이니, 이름을 왕건王建이라 짓는 것이
좋겠다." 하고 이에 관계되는 글을 지어 봉하고 겉봉투에 쓰기를
'삼가 글을 받들고 백번 절하면서 이 글을 써서 장차 삼한을 통합할
주인 대원군자大原君子의 발아래에 올리나이다.'라고 했다.

이때는 당 희종僖宗 건부 3년(乾符三年, 신라 헌강왕 2년, 876)

4월이었다.

세조는 도선의 말을 따라 집을 짓고 여기에서 살았는데 이달에 꿈에서 본 부인 곧 위숙왕후는 아이를 배어 드디어는 태조 왕건을 낳았다.[49]

또 서산대사는 태조 왕건의 출생에 관해 이렇게 말하였다.

당나라 일행선사一行禪師가 일찍이 말하기를 '골짜기의 물이 거슬러 흐르면 내 도를 전할 사람이 올 것이다.' 하여 그 문인門人들이 그 말을 기록했더니 하루는 그 문인 한 사람이 달려와 알리기를 '오늘 골짜기 물이 거슬러 흐릅니다.'고 하였다.

일행은 그 말을 듣고 곧 위의威儀를 갖추고 문밖에 나갔더니 우리나라의 도선이 갑자기 왔었다. 일행은 '기다린 지 오래입니다. 왜 그리 더디십니까.' 하고 서로 크게 기뻐하며 도선을 맞아들여 여러 달을 머물게 하였다. 도선은 그 술법을 모두 배운 뒤에 하직을 고하였다. 일행은 전송하면서 '내 법이 동쪽으로 갔소, 부디 진중하시오.' 하고 봉封한 단서丹書 하나를 주면서 경계하되 '삼가 빨리 열지 말고 왕씨王氏의 집에 부탁해 두었다가 7년 뒤에 열어 보아야 한다.'고 하였다.

도선은 그 훈계를 받고 개성開城으로 가서 왕융王隆의 집에 자면서 천문天文을 우러러 관찰하고 지리를 굽어 살펴보다가 감탄하며

---

49 『고려사』 고려세계

말하기를 '명년에는 반드시 귀한 아들을 낳아 백성들을 도탄塗炭의 괴로움에서 구제할 것이다.' 하였다. 왕융은 그 말을 듣고 너무 기뻐 신을 거꾸로 신고 나왔었는데 그 이듬해에 과연 왕건 태조를 낳았다.[50]

위숙왕후 역시 마야부인이 다시 환생하여 고려를 건국하기 위하여 왕융의 아내로 나타났던 것이다. 신라 말기의 대 문호인 최치원은 진성여왕眞聖女王의 정사政事가 문란해지자 왕건이 천명을 받아 장차 고려를 일으킬 것을 미리 알고 '계림은 누른 잎이요, 곡령은 푸른 솔이라'[51]는 말을 남기고 가족들을 데리고 가야산에 들어가 은거하다가 자취를 감추었다.

고려 태조 26년 여름 4월에 왕은 중신인 박술희朴述希를 내전으로 불러 친히 훈요10조訓要十條를 지어 주며 모든 후사後嗣에게 조석으로 펴 보며 영원히 귀감으로 삼도록 하였다. 제6조에

짐이 원하는 바는 연등燃燈과 팔관八關에[52] 있었는데 연등은 부처佛를 섬기는 까닭이고 팔관은 천지신령과 오악五嶽 명산대천 용신龍神을 섬기는 까닭이었다. 후세에 간신들이 가감加減할 것을

---

50 『청허당집淸虛堂集』 7권, 양창해楊滄海에게 답하는 서신

51 鷄林黃葉 鵠嶺靑松

52 고려시대에 모두 일정하지는 않지만 대부분 팔관회八關會는 매년 11월 14일, 연등회燃燈會는 매년 2월 14일에 열렸다

건의하여도 일체 마땅히 금지할 것이다. 내 또한 당초에 마음에 맹서하여 회일會日에 국기國忌[53]를 범하지 않고 군신들과 같이 즐겼으니 마땅히 공경하며 이를 시행할 것이다.[54]

라고 하였다.

실제로 태조 즉위 원년(918) 11월에 처음으로 팔관회를 베풀고 왕은 의봉루儀鳳樓에 나가서 이를 관람하고 이로부터 해마다 연례행사로 하였다. 불교에서 현세現世에는 복을 누리고 오는 세상에는 좋은 곳에 태어나는 비결에 관해 8계戒를 지킬 것을 권한다.

① 살생하지 말 것
② 주지 않는 것을 가지지 말 것
③ 삿된 음행을 하지 말 것
④ 거짓말을 하지 말 것

---

53 국기國忌: 재일齋日에 앞서 임금과 집사관이 재계齋戒를 행하던 산재散齋와 제사를 지내기 바로 앞서 행하는 치재致齋를 말한다. 임금은 별전別殿에서, 행사 집사관行事執事官은 본사本司에서, 조상弔喪과 문병問病을 하지 않고 음악을 듣지 않고 형살 문서刑殺文書 등을 계문하지 않았다. 그 기간을 제사에 따라 일정하지 않는데, 대사大祀에는 4일 동안, 중사中祀에는 3일 동안, 소사小祀에는 2일 동안 재계하였다.

54 朕所至願 在於燃燈八關 燃燈所以事佛 八關所以事天靈 及五嶽 名山大川 龍神也 後世姦臣建白加減者 切宜禁止 吾亦當初誓心 會日不犯國忌 君臣同樂 宜當敬依行之

⑤ 술을 마시지 말 것

⑥ 음식은 때를 맞추어 먹을 것

⑦ 높고 넓은 평상에 처하지 말 것

⑧ 풍류를 멀리하고 향이나 꽃으로 몸을 꾸미지 말 것[55]

이 8계를 설명하고 지킬 것을 권하는 불교행사를 일컬어 팔관회라고 한다. 그러나 훈요10조에서 말하는 팔관회는 천지 신령 및 오악五嶽 명산대천과 용신龍神 등에 제사지내는 의식을 병행하고 있는데 이는 우리나라에서만 볼 수 있는 독특한 경우이다.

마야부인이 살고 있다는 도리천이 신라의 낭산狼山에 있다는 말과 아울러 금강산에는 법기보살이 살고 있는 곳이라고 하였다.

바다 가운데 금강산이 있으니 옛적부터 여러 보살들이 거기 있었으며 지금은 법기보살法起菩薩이 그의 권속 1천 2백 보살들과 함께 항상 그 가운데 있으면서 법을 연설하느니라.[56]

이렇듯 삼신산이 골격을 이루고 있는 우리의 국토가 곧 불보살佛菩薩이 살고 있는 불국토라는 인식에서 비롯된 것으로 보인다.

---

55 『증일아함경增一阿含經』

56 『화엄경』 45권 제보살주처품諸菩薩住處品. 海中有處 名金剛山 從昔已來 諸菩薩衆 於中止住 現有菩薩 名曰法起 與其眷屬 諸菩薩衆 千二百人俱 常在其中 而演說法

인류 역사상 가장 이상적인 정치를 구현하였다는 요순시대에도
오륜五倫의 기강을 바로 세우고 '천체의 운행을 관찰하여 하늘의
뜻을 살피고 상제께 제사 지내고 산천을 제사 지내고 여러 신神들을
두루 제사지냈다.'는 기록이 『서경書經』에 보이고 있는데 이것은
훈요10조 중에 팔관회와 관련된 항목과 거의 동일하다.

3. 구례군의 풍수지리

어느 날부터 서서히 진면목을 드러내는 구례군의 산천은 참으로
경이로운 광경이었다.

솔개가 날아들고 흰 연꽃이 피어나며 봉황은 둥지에 날아들어
알을 품고 동해의 큰 자라는 삼신산을 머리에 이고 거대한 용龍은
긴 몸을 늘어뜨리고 붉은 노을 속에서 여의주를 희롱한다.

세상에서 말하기를 금강산이 천하의 절경이라고 하지만 실제로
삼신산의 중심은 방장산方丈山이며, 화엄사를 중심으로 한 구례군
일대의 산천을 자세히 들여다보면 마치 하늘이 빚어놓은 조각 공원
처럼 신화 속의 여러 동물들이 각각 산 이름에 걸맞은 형상을 하고
화엄사를 향해 에워싸고 있어 금강산에서는 볼 수 없는 또 다른
비경을 간직하고 있다.

예로부터 지리산에는 마고와 마야 두 여신이 모셔지고 있었고
두 여신을 제사지내던 신사神祠 역시 별도로 있었다. 그중에 하나는
노고단老姑壇으로 아득한 태고 적부터 마고성모를 제사지내던 곳이

다. 다른 하나는 신궁神宮으로 신라 소지왕炤知王 9년(487) 조에,

> 봄 2월에 신궁神宮을 나을奈乙에 설치했다. 나을은 시조가 처음 탄생하신 곳이다.[57]

라고 하였다. 이후로 신라의 역대 국왕들이 즉위하면 모두 신궁神宮에 친히 제사지내고 죄수들을 크게 사면하였다. 이 기록은 신궁이 세워졌던 정확한 장소를 고증하는데 결정적인 근거 자료가 되며 수준 높은 역사 기술방식이다.

결론부터 말하자면, 한반도를 몸으로 삼는 마고성모와 이와는 별도로 규모는 작지만 지리산에 마야부인이 성모의 몸을 갖추고 있고 신궁神宮이 세워진 나을奈乙은 처음에 백마가 울고 시조가 태어난 알이 있던 곳으로 마야부인(선도성모)의 음부형상을 한 봉우리라는 말이다. 비록 지리산 산신이 제실의 공주로 현신하였더라도 시조 혁거세를 낳을 때는 성모의 음부형상을 한 곳에서 낳았다는 말이다. 신라의 선도성모와 고려 위숙왕후는 별도의 여신이 아니라 마야부인이 보현의 행원行願을 닦아 일체중생을 교화하려는 현인을 낳아 나라를 세우기 위하여 다시 현신現身한 것으로 실제로는 같은 여신이다.

동진시대 곽박(郭璞, 276~324)이 지은 『금낭경錦囊經』에서는 가

---

57 『삼국사기』 신라본기. 春二月 置神宮於奈乙 奈乙始祖初生之處也

장 이상적인 풍수지리에 관해 말하기를,

　모든 강물이 바다에 흘러들고, 모든 별들이 북극성을 에워싸고
있는 듯한 형국朝海拱辰

이라 하였고, 아울러 주석에서 덧붙이기를

　뭇 물이 흘러 마침내 모이는 것이 모든 강물이 바다에 흘러드는
것과 같고 천산千山이 에워싸 호위하는 것이 모든 별이 북극성을
둘러싸는 듯하다는 말이다.[58]

라고 하였다.

　지금 구례군의 화엄사를 중심으로 지리산 일대에는 마치 하늘이
빚어놓은 조각 공원처럼 여러 가지 동물 형상을 하고 있는 여러
산이 화엄사를 향해 에워싸고 있다.

　이를테면 마산(馬山, 말), 오산(鰲山, 자라), 봉성산(鳳城山, 봉황),
오봉산(五鳳山, 다섯 봉황), 용방산(龍方山, 용), 계족산(雞足山, 닭
발), 응봉(鷹峰, 매), 계림(雞林, 닭) 등이 있는데 각각 그 이름에
걸맞은 형상을 하고 있다. 그리고 화엄사 사리탑에서 멀리 섬진강을
바라보면 강줄기가 태극선을 이루며 화엄사를 향해 들어오는 형국이
다. 이렇듯 구례군의 산천은 풍수지리의 가장 이상적인 천하 대명당

58　言衆流畢會 如百川朝海 千山環衛 如萬宿拱辰也

의 조건을 갖추고 있으며 지리산의 진면목과 이 고장의 역사를 바로 알기 위해서는 우선 구례군의 산천 형상을 살펴보아야 한다.

또한 산신이 여신인 지리산 역시 여자의 몸 형상을 하고 있다. 예를 들면 여근곡女根谷, 유방, 엉덩이(반야봉), 그리고 생명의 탄생지인 음부陰部 등이 선명하게 모양을 갖추고 있다.

신라의 개국신화에 '솔개가 그치는 곳을 따라 집을 삼으라'[59] 하였고 또 시조가 처음 태어난 곳에는 '한 백마가 무릎을 끓어 절하고 있는 형상이 있었다.'고 하였고 왕비 알영부인이 태어날 때에도 닭과 용(鷄龍)이 나타나 상서를 나타내고 김알지가 계림에서 출현할 때에도 금궤 아래에서 흰 닭이 울고 있었다고 하였다.

여기에 흰 말(馬山)이나 계림鷄林의 흰 닭, 용(龍山), 솔개 역시 산의 형상이 그런 모양을 하고 있고, 그 산의 산신이 현신하여 성인이 출현하였음을 세상에 알리는 것이다.

지리산 화엄사는 구례군 마산면馬山面에 속하는데 노고단에서 흘러내린 한 준령이 마산면의 진산鎭山을 이루고 그 형상이 마치 거대한 말이 화엄사를 향해 무릎을 끓어 울고 있는 듯한 형상이라 하여 마산馬山이라고 한다.

이리하여 「화엄사 사적」의 서문 첫머리에서도 '구례읍에서 동북쪽으로 두 소의 울음소리가 들리는 곳에 한 총림叢林이 있으니 대화엄大華嚴이라고 한다.'고 하였다.

---

59 隨鳶所止爲家

구례읍에서 동쪽으로 멀리 지리산을 바라보면 말 형상의 마산馬山이 보이고, 그 너머에 또 육중한 체구의 황소가 나란히 화엄사를 향해 쭈그려 앉아 있는 듯한 형상을 볼 수 있다.

또 화엄사의 대법당인 각황전覺皇殿 앞에서 동쪽으로 산기슭을 바라보면 금정암金井庵이라는 암자가 보이는데 그 뒷 봉우리를 보면 두 무덤을 나란히 앉혀 놓은 듯 똑같은 모양의 두 봉우리가 있다. 두 봉우리 위를 짙푸른 노송老松들이 덮고 있는데 어찌 보면 유방이요, 어찌 보면 푸른 솔로 이루어진 선이 마치 솔개가 날아드는 형상이다.

판본 화엄사 사적에는 이곳이 바로 솔개가 멈춘 곳임을 밝혀주고 있다.

대 화엄이라고 하는 절은 혹 천자의 조칙이 멀리서 미쳐 와 단봉丹鳳[60]이 천자의 조서를 전하기도 하였다.[61]

신라 시조 박혁거세의 어머니 선도성모는 원래 제실의 공주였는데 이름은 사소娑蘇였다. 남편도 없이 아이를 잉태하여 남에게 의심을 받게 되자 바다를 건너 해동에 와서 머물렀다.

---

60 천자의 조서는 단봉(丹鳳, 붉은 칠을 한 나무로 깎은 봉황)의 입에 물리어 조서를 전하고, 제후의 조서는 황곡(黃鵠, 누런 칠을 한 나무로 깎은 고니)의 입에 물리어 전했다고 한다.

61 大華嚴爲寺也 或有綸言遠及丹鳳御書

부왕은 편지를 솔개의 발에 묶어 보내면서 이르기를 '솔개가 그치는 곳을 따라 집을 삼으라'고 하였다. 사소가 편지를 받고 솔개를 날리니 이 산에 와서 그치므로 그곳에 집을 짓고 살면서 시조를 낳았고 후에 이 산의 산신이 되었다.

또 금정암에 올라가 화엄사의 중심 법당인 각황전의 뒷 봉우리를 보면 두툼하게 적당히 부어오른 등성이에 오래된 노송들로 음모陰毛처럼 그곳을 소복하게 덮고 있는데 이른바 여기가 마야부인의 음부陰部이다.

이 봉우리 앞에 화엄사의 대법당인 각황전을 건립하여 마야부인이 낳은 과거 현재 미래의 삼존불三尊佛을 봉안하여 봉우리의 중요성을 강조하고 있다.

신궁神宮은 생명의 탄생지인 음부 형상을 하고 있는 바로 이 봉우리의 입구에 세워졌던 것으로 보이는데, 신궁의 유지遺址로 보이는 옛 축대가 각황전 뒤편에 지금도 남아 있다.

그런데 지리산에는 여자의 음부 형상을 하고 있는 봉우리가 또 있는데 이것이 지리산에 두 여신이 모셔지게 된 배경이다.

해발 1,732m의 거봉巨峰 지리산 반야봉은 여자 엉덩이 형상을 하고 있고, 그 남쪽에 있는 노고단은 드러누운 여체의 둔덕 형상이다. 또 노고단의 서쪽, 지금의 천은사가 있는 골짜기는 여자의 생식기가 활짝 벌어진 형상의 여근곡女根谷이다.

지리산을 혹은 두류산頭流山이라고도 한다.

한반도의 골격을 이루고 있는 백두대간의 큰 준령이 백두산에서부

터 남으로 면면하게 이어져 이곳에 이르렀다고 하여 붙여진 이름이
다. 신라 선덕여왕이 기미를 미리 알아차린 일 중에 여근곡에 관해
해설하면서 음양오행설을 인용하여 '여자를 음陰이라 하고 그 색은
백白이다.'⁶²라는 말을 하였다. 이렇듯 백두산의 白은 여성을 상징하
는 것이며, 또한 삼신산三神山의 삼신은 우리 민간 신앙의 삼신할머
니를 말하는 것이다.

그러므로 백두산은 성모의 머리 산이며 금강산은 가슴에 해당하
고, 여자 엉덩이 형상을 한 반야봉이나 음부형상의 노고단은 거대한
규모로 지리산에 웅거하고 있으나 실은 백두대간을 몸으로 삼은
마고성모의 골반 부위를 형성하고, 천은사가 있는 골짜기인 여근곡
女根谷은 최초의 인간이 탄생할 때 생식기가 활짝 벌어진 형상을
하고 있는 것이다. 마고성모는 바로 민간신앙의 삼신할머니를 말
한다.

이렇게 볼 때 신라 조정에서 오악五嶽은 중사中祀의 예로 제사하고,
이와는 별도로 대사大祀 세 곳은 모두 여신으로 마고와 마야, 그리고
해 뜨는 양곡暘谷에서 일월의 출입을 주관하는 희화羲和의 사당이
모두 지리산 일대에 있었음을 알 수 있다. 박혁거세가 처음 태어난
곳에 신궁神宮을 세웠다는 사실에서 드러나듯이, 산신이 여신일
때에는 생명의 탄생지인 음부형상을 한 곳에 사당이 세워지기 때문
이다.

---

62 女爲陰也 其色白

「화엄사 사적」에는

반야般若라고 하는 봉우리는 백두대간을 비조鼻祖로 삼고 봉래(蓬
萊, 금강산) 영주(瀛洲, 한라산)를 백숙伯叔으로 삼아 세상에서
말하는 해동 삼신산의 하나이다.[63]

라고 하였다.

여기에서의 백두는 백두산만을 지목한 것이 아니라, 백두산에서
지리산에 이르기까지 면면히 이어지는 백두대간의 준령에 삼신산이
포함되어 있다는 말이다.

과거 일본인들은 한반도를 토끼 형국으로 비하하였고 요즘에는
호랑이 형국으로 묘사하고 있으나 사실은 최초의 인간을 탄생시킨
성모의 몸을 형성하고 있는 것이다.

신라 법흥왕 때에 불교가 국교로 정해진 후의 신라와 고려는
제정일치 사회였다고 해도 좋을 만큼 불교가 융성했기 때문에 고려
시대에 와서도 지리산신의 신격이나 신사神祠에 변화가 있었을 것으
로 보이지는 않는다.

전북 남원의 읍지인 『용성지龍城誌』에는 조선 초 이태조 때에
지리산 신사가 본래의 자리에서 지금 구례군 광의면 온당리 당촌
마을로 옮겨진 후의 사정을 비교적 자세하게 기록하고 있다.

---

63 般若之爲峰也 以白頭爲鼻祖 以蓬萊瀛洲爲伯叔 世稱海東三神山之一也

지리산 신사神祠는 남원부의 남쪽 64리 소의방(所義坊, 지금 구례군 광의면)에 있으며 신사는 국가의 남악南嶽이다.

위패에 이르기를 '지리산지신智異山之神'이라 하였으며 매년 봄가을 그리고 정월 초하루에 언제나 임금께서 친히 향·축香祝을 내리어 치제致祭를 하며 혹 재앙으로 말미암아 특별한 제의祭儀가 있기도 한다.

당상관堂上官으로써 헌관獻官을 삼고 수령守令을 대축大祝을 삼으며 집사는 생원生員이나 진사進士 아니면 교생校生이 한다. 또한 모여서 제의를 도와주는 사람은 여러 유생들이 한다. 음식을 장만 할 쌀은 관청으로부터 지급된다.

옛날에는 전우殿宇 세 칸이 있었고 다른 재齋나 사舍는 없었다. 제관祭官들이 오게 되면 인근 마을에서 묵게 되는데 불편이 막심하였다.

지난 정사(丁巳, 1737)년 관청에 소의방所義坊에서 가장 먼저 본 사당을 수리할 것을 결정하여 건의하고 다른 곳의 수리까지 오랫동안 잘 다스려 하였는데 무릇 주민들이 서로 합심하여 일을 하였고 관가에서는 모든 마을의 주민들의 일을 반감半減시켜 주었다.

재력財力을 취합하여 먼저 객사客舍 다섯 칸을 세우고 기와를 새로 갈았으며 유생청儒生廳 및 지응청支應廳 마구馬廐 대문을 세웠다. 각 의례儀禮가 있을 때면 부사府使 정동설鄭東卨이 또한 전우殿宇를 개수改修하게 하였는데 봄에 일을 시작하여 가을에 이르러 끝이 났다.

신문神門에는 다락樓이 있었으며 성생청省牲廳에도 역시 다락이 있었다. 이로부터 사당의 모습이 일신되었다. 일은 참으로 간단하지는 않았다. 다만 무당들의 기도가 옛 부터 습속習俗으로 이루어져 멀고 가까운 곳에서 앞을 다투어 더럽히고 업신여기므로 관부官府로부터 끊어지고 멀어지기도 하였으며, 이와 같은 행위를 금지하기도 하였고 부득이 행하고자 할 때에는 속된 어지러운 잘못을 고치도록 하는 이와 같은 일이 있었다.

전우殿宇 3칸, 신문神門 3칸, 성생청省牲廳 3칸, 객사客舍 5칸인데 동서東西에 방이 있다. 유생청儒生廳 3칸인데 동서東西에 방이 있다. 지응청支應廳 3칸, 마구馬廐 5칸, 대문大門 1칸

제기祭器

유보구개鍮簠具盖 4개, 유궤구개鍮簋具盖 4개, 유작鍮爵 3개, 유향합鍮香合 1개, 유향로鍮香爐 1개, 유촉대鍮燭臺 1쌍, 생갑牲匣 1쌍, 유광명대鍮光明臺 1쌍, 삼헌홀기三獻笏記 1, 단헌홀기單獻笏記 1, 철마鐵馬 3마리, 당직堂直 1명이 있다.[64]

조선 태조 2年(1393) 조정에서 전국의 명산대천의 신에게 봉작을 내리는데 지리산은 호국백護國伯이라 하였다.

태종 14년(1414) 예조에서 산천의 사전祀典 제도를 올렸는데,

---

64 『용성지龍城誌』 4권 사묘祠廟

지리산은 중사에 해당하고 중사中祀는 2품의 관리를 보내 제향祭享
하도록 제정하였다.[65]

세종 19년(1437) 지리산은 중사中祀이고, 사당의 위판은 지리산
지신智異山之神이라고 했다.[66]

매년 봄, 가을 그리고 정월 초하루에 언제나 임금께서 친히 향과
축원문을 내리시고 관찰사를 보내 헌관을 삼고 고을의 수령으로
하여금 대축을 삼아 제례를 행하였다.

또한 제기 조에 보면 유보구개와 유궤구개가 각각 4개씩인데
이것은 위패의 양 옆에 하나씩 놓는 제기를 말하는 것으로 두 신위神位
를 모셨다는 증거이다. 행사의 경비는 관청의 부담이었으며 신사神
祠를 이룩한 초창기에는 3칸짜리 사당 등이 있을 뿐이어서 조정에서
온 제관과 관리들이 오게 되면 부득이 인근의 민가에 묵을 수밖에
없으므로 그 폐단이 막심하였다.

영조 13년(1737)에 남원 부사로 부임한 정동설은 그 폐단을 알고
객사客舍 5칸, 유생청儒生廳 3칸, 지응청支應廳 등을 증축하여 면모를
일신하였다. 그러나 이처럼 유서 깊은 행사가 1908년 11월 2일
마침내 폐사廢祀하였다.

---

65 『세종실록 지리지』에 '지리산은 오악중의 남악南嶽이며 중사中祀로 하였고,
　봄·가을에 향과 축문香祝을 내리어 관찰사觀察使로 하여금 제사지내게 한다.'
　고 했다.

66 『조선왕조실록』

이제까지 지리산 관련 역사 자료를 살펴보면서 간과할 수 없는
것이 신라 도읍지와 관련된 사료들이 대부분을 차지하고 있다는
점이다.

가령 박혁거세의 어머니 선도성모가 산신이 되었다는 선도산仙桃
山, 마야부인이 사는 곳이고 신라 선덕여왕을 장사지냈다는 도리천,
그리고 도리천 아래에 창건된 사천왕사와 그 남쪽에 창건된 망덕사望
德寺, 박혁거세가 처음 태어난 곳에 지은 신궁神宮 등은 모두 신라
도읍지에 있는 유적지이다.

제2장 신라 천년의 도읍지는
지리산에 있었다

일반적으로 삼국시대의 역사를 연구하는 학자들은 『삼국사기』를 정사正史라 하고 『삼국유사』를 야사野史라고 말한다. 삼국사기는 김부식이 왕명을 받들어 편찬한 사서史書이기 때문에 체제가 정연하게 잘 정리되어 있다.

그러나 신라는 불교가 전래된 이후로 불교문화가 극히 융성하여 불교를 깊이 있게 섭렵하지 못하고서는 신라의 역사를 올바로 이해하기 어렵다. 그럼에도 불구하고 김부식은 유학자의 한계를 벗어나지 못하고 유학자의 소견으로 역사를 편찬하다 보니 국사國史에 결코 빠져서는 안 될 요긴한 자료들을 빠트리는 오류를 범하고 말았다.

이에 반해 삼국유사는 비록 야사라고는 하지만 고려 충렬왕 때에 국존國尊으로 책봉된 고승 일연(一然, 1206~1289)이 불교와 제자 백가서를 두루 섭렵하고 분연히 붓을 들어 삼국사기가 범한 오류를 바로잡고 있다.

이렇게 볼 때 어느 것이 정사니 야사니 분간하고 단점만을 거론하며 시비를 논하는 것 보다는 오히려 사기와 유사를 상·하권으로 된 하나의 삼국사三國史로 보는 편이 타당할 것이다.

삼국유사에 대한 번역이나 연구도 불교에 전문 지식이 없는 이들이 번역하고 거론하다 보니 수박 겉핥기 수준에 그치고 훌륭한 역사서를 두고도 사료의 빈곤을 개탄하는 동안 정작 알맹이는 사장死藏되고 있다. 우리 민족사의 근간이 되는 사기와 유사의 전체적인 내용을 분석해 보면 신라 중심으로 엮어져 있고, 더 구체적으로는 신라 도읍지 중심의 역사로 기술되어 있다.

이에 관해 혹자는 논평하기를 신라가 삼국을 통일하였기 때문에 '역사는 승자의 기록 운운' 하고 또 김부식은 신라 김씨의 후손이고 일연은 영남 출생으로 활동 무대가 영남권이기 때문에 그렇게 엮어진 것이라고 하지만 반드시 그렇지만은 않다. 신라 도읍지는 『후한서』동이전에서 극찬하고 있듯이 인류문명의 근원성지이기 때문에 삼국사가 신라 도읍지 중심으로 엮어진 데에는 그만한 이유가 있다.

그런데 이제까지 지금의 경주 지역이 신라 천년의 도읍지로 의심 없이 받아들여지고 있지만 『삼국사기』의 열전 최치원 조에 보면 최치원이 28세에 당나라에서 귀국할 때 중국인 친구 고운顧雲이 송별을 아쉬워하며 지어준 시가 실려 있다.

시의 내용을 보면 신라 도읍지의 명승지인 금오산과 계림이 신선이 산다는 삼신산 인근에 있었음이 분명하게 드러나 있다. 이것은 곧 신라 천년의 도읍지가 지금의 경주 지역이 아닌 삼신산에 있었다는 것을 말하는 것이다.

지리산 일대의 신라 도읍지 관련 명승지

지리산 산신을 신라 시조 박혁거세의 어머니 선도성모仙桃聖母라고 한다. 그리고 여기에 용산·금오산·계림·여근곡 등은 이곳이 신라 도읍지라는 사실을 입증하는 천연적인 물증物證이 되고, 또한 여러 가지 동물형상을 한 산들은 이곳이 지상낙원 에덴동산이라는 사실을 밝혀주는 단서가 된다.

구약성서 창세기에 태초에 천지가 창조되고 에덴에서 흙으로 사람을 지으시고, 또 '하나님이 흙으로 각종 들짐승과 공중의 각종 새를 지으시고'라고 하여 최초의 인간과 모든 동물들 역시 에덴동산에서 처음 출현하였다고 하였다.

1) 용산龍山

한 무제武帝 때 동방삭東方朔이 지은 『신이경神異經』에 이런 말이 있다.

곤륜산崑崙山의 서쪽에 큰 뱀이 있는데 그것이 곤륜산을 휘어 감는다 하더라도 그 길이는 3만 리나 될 것이다.

이에 대해 혹자는 말하기를, '몸길이가 3만 리나 되는 큰 뱀이 곤륜산의 서쪽에 서리어 있으면 서역의 여러 나라들이 응당 그 비늘조각 아래에서 유목 생활을 했을 터인데, 세상에 어찌 그런 일이 있을 수 있겠는가?'[67]라고 반문하기도 하였다.

그러나 에덴동산에서 하와에게 권유하여 먹지 말라던 선악과를 따먹게 했던 뱀도 바로 이 뱀이요,[68] 신라 건국신화에 등장하는 큰 뱀 역시 이것을 말하는 것이다. 신라 시조 박혁거세는,

나라를 다스린 지 61년에 왕은 시신이 하늘로 올라갔다가 7일 뒤에 유체遺體가 땅으로 흩어져 떨어졌다. 왕후도 따라 죽으므로 나라 사람들이 합장하려 했으나 큰 뱀이 있어 쫓아다니며 방해하므로 각각 장사지냈다. 오체五體를 오릉五陵이라 하는데 또는 사릉蛇陵이라고도 한다.[69]

---

67 『규원사화』단군기. 又看 神異經曰 崑崙之西 有大蛇繞山 長三萬里云云. 長三萬里大蛇 盤據於崑崙之西 則西域諸國 應遊牧於鱗角之下 世間寧有是 事耶

68 『요한계시록』20장 1~2: 또 내가 보매 천사가 무저갱無底坑 열쇠와 큰 쇠사슬을 그 손에 가지고 하늘로서 내려와서 용龍을 잡으니 곧 옛 뱀이요 마귀요 사단이라.

69 理國六十一年 王升于天 七日後 遺體散落于地 后亦云亡 國人欲合而葬之

라고 하였다. 이것은 마치 석가모니 부처님이 열반하실 때 관이
저절로 공중에 올라가 관 속에서 나온 삼매의 불로 공중에서 화장하
여 여덟 섬 네 말이나 되는 사리가 땅에 쏟아지는 장면을 연상케
한다. 이것만 보아도 박혁거세는 보현보살의 행원行願을 닦아 일체
중생을 구원하려 했던 대 보살大菩薩이요, 진정한 구세주라고 할
수 있다.

대장경에는 『십주기十洲記』를 인용하여 이렇게 말했다.

동해 가운데 방장方丈이라는 산이 있는데 또는 곤륜崑崙이라고도
부른다.[70]

여기에 방장산은 봉래 영주와 함께 삼신산의 하나로 지리산을
지목한 것이며 지리산이 바로 곤륜산이라는 말이다.

이와 같이 곤륜산의 서쪽에 큰 뱀이 있다는 말은 최치원이 지은
지증대사 비문에 '계림鷄林의 땅은 오산鼇山의 옆에 있는데'[71] 라는
구절과 같이 천연적인 산천의 형상을 응용하여 전설 속의 곤륜산이
어느 곳에 있는 산인지를 분명하게 밝혀 주고 있는 것이다.

구례읍에서 북쪽으로 읍내를 벗어나면 용방면龍方面이라는 곳이

有大蛇逐禁各葬 五體爲五陵 亦名蛇陵

70　十洲記云 東海中 山名方丈 亦名崑崙

71　鷄林地在鼇山側

있다. 이곳을 용방龍方이라고 하는 것은 이 지역에 길게 뻗어 서쪽 성城을 이루고 있는 해발 7백 미터 가까이 되고 20여 리에 걸쳐 길게 늘어진 산이 있는데 한 마리 거대한 용龍의 형상을 하고 있기 때문이다.

용龍의 형상을 보기 위해서는 산 전체를 한눈에 볼 수 있는 광의면 연파리에서 구만리로 이어지는 하천 둑에서 바라보면 잘 보인다. 행정구역상으로 용방면에 해당하는 사림리 뒷산에서부터 산동면과의 경계인 죽정리 뒷산에 이르기까지 구렁이처럼 길게 늘어진 산 전체를 한 마리 용으로 보면 된다.

그러니까 농협 연수원 뒷산은 용의 오른쪽 발이고 두동斗洞 마을 뒷산은 용의 머리이며 죽정리 뒷산의 높은 언덕은 용의 엉덩이 부분이고 꼬리를 구만리 뒷산으로 둘렀다.

종일 내리던 비가 그치고 대지에 깔리던 안개구름이 서둘러 하늘로 오르면 몸길이가 20여리에 이르고 몸뚱이는 해발 7백여 미터가 되는 용이 구름 속을 헤치며 비늘을 번득이고 거대한 몸뚱이를 꿈틀거리며 남쪽으로 내려가다가 동쪽의 지리산을 향해 머리를 돌리고 두 앞발을 힘 있게 버티고서 금방이라도 지축을 흔들며 거대한 몸이 움직일 듯한 환상적인 형상을 하고 있다.

이 용은 가끔씩 모습을 달리하여 신비스런 모습을 보여주기도 하는데 매서운 찬바람과 함께 눈보라가 몰아치는 날에는 새하얀 백설로 옷을 갈아입고 거대한 몸을 꿈틀거리며 찬바람을 즐기고 때로는 붉은 노을과 어우러져 노을 속을 헤엄치는 듯한 위용을 떨치기도 한다.

이른바 풍수지리에서 말하는 회룡고조回龍顧祖, 즉 용이 고개를 돌려 모든 산의 조종祖宗인 곤륜산을 바라보는 형국이다.

2) 금오산金鼇山

자라형상의 금오산(金鼇山, 해발 530m)

구례읍에서 남쪽으로 십 여리 떨어진 섬진강 건너에 우뚝 솟은 산이 있는데 산 전체가 한 마리 거대한 자라 모양을 하고 있어 오산鼇山[72]이라고 한다. 「사성암 사적」에 의하면 이 산이 금자라 형상이라고 했는데 그리하여 이곳이 금오산金鼇山이라고 하였다.

---

[72] 鼇=鼇 큰 자라 오, 삼신산을 머리에 이고 있다는 신화 속의 신령한 자라를 말한다.

　형상을 보려면 구례의 여러 산이 그렇듯 산 전체를 하나의 거대한 수석처럼 생명체로 보아야 하는데, 산의 북쪽 그러니까 구례읍이나 마산면 쪽에서 한눈에 바라보면 마치 한 마리의 거대한 자라가 동쪽으로 목을 빼고 가다가 멈추어 있는 듯한 모양인데 산 주위를 넓다란 섬진강이 휘어 감고 있어 전체적으로 보면 큰 자라가 물 위에 떠 있는 형국이다. 금오산은 계림雞林 과 같이 신라 도읍지의 상징물이며 숱한 역사와 전설을 간직하고 있는 명산이다.

　지리산은 신선이 산다는 삼신산의 하나로 방장산方丈山이라고 한다. 전설에 삼신산이 동해(東海, 혹은 발해)의 위에 떠있어 바람이 불면 파도에 밀려 이리저리 떠다니므로 상제上帝께서 이를 걱정하여 동해의 큰 자라를 시켜 삼신산을 머리로 이고 있게 하였다는 설화가 있다.

　일찍이 최치원이 중국에 건너가 과거에 급제하고 문장으로 명성을 떨치고 28세에 귀국할 때에 같은 해에 급제한 중국인 친구 고운顧雲이 이런 시를 지어 송별을 아쉬워하였다.

내 들으니 바다 위에 금오金鼇 셋이 있어
금오는 머리에 높고 높은 삼신산을 이고 있다네.
산 위에는 구슬궁전 진주대궐 황금전각이 있고
산 아래는 천리만리 넓은 물결이라네.
그 곁에 한 점 계림雞林이 푸른데
오산鼇山의 빼어난 정기 기특한 인재 낳았도다.

12세에 배를 타고 건너와 문장으로 중국을 감동시켰네.

18세에 과거에 나아가 한 화살 쏘아 과녁을 깨쳤다네.[73]

이 시를 보면 신라 도읍지는 신선세계인 삼신산에 있었으며 삼신산을 머리에 이고 있다는 금오산 곁에 계림이 있다는 사실이 뚜렷이 드러나 있다.

최치원은 금오산의 정기를 받아 태어났다고 하며『계원필경桂苑筆耕』에서도 '아무개는 사는 곳이 자라봉鰲峯근처이다.'[74]라고 밝히고 있다.[75]

삼신산을 머리에 이고 있다는 동해의 큰 자라를 금오(金鼇=金鰲)라 하고 금오형상을 하고 있는 이 산을 오산鰲山이라 한다. 금오는 용이나 봉황 같은 신화 속의 신령한 동물이다.

금오산 관련 자료를 보기로 하자.

금송정琴松亭: 금오산의 꼭대기에 있으니, 옥보고玉寶高가 거문고를 타면서 놀고 즐기던 곳이다. 옥보고는 신라의 사찬沙湌 공영恭永의 아들로서 경덕왕 때 사람이다. 지리산 운상원雲上院에 들어가서 50년 동안 거문고를 배워 스스로 새 곡조 30곡을 지어서 전하니, 현학금玄鶴琴이라 이른다. 또는 현금玄琴이라고도 한다.

---

73 『삼국사기』 46권 열전

74 某居近鰲峯

75 『계원필경』 獻生日物狀

세상에서 전하기를, '옥보고가 선도仙道를 얻어 하늘로 올라갔다.'
고 한다.[76]

구성대九聖臺: 금오산에 있는데, 속설에 신라 때 아홉 명의 성인이
노닐던 곳이라 한다.[77]

오산鰲山의 정상에 한 바위가 있고 바위에 빈틈이 있는데 그
깊이를 측량할 수가 없다. 일찍이 중 도선道詵이 이 산에 살면서
천하의 지리를 그렸다.[78]

오산의 정상에 암자가 있고 암자의 위에 바위가 있는데 바위에
백길百丈이나 되는 빈틈이 있어 속칭 용암湧巖이라고 한다. 암자
주위에 바위 12대臺가 있어 각각 이름이 있다.
그 기이한 형세와 괴이한 형상이 금강산과 같아서 소금강산小金剛
山이라고도 한다. 산허리의 바위에 석굴이 있는데 깊이를 측량할
수 없으며 아래로 東海와 통한다. 고승 도선이 일찍이 이 산에
살면서 동국 산천을 다 그렸으며 그 이인異人의 형상을 바위벽에
새겼는데 속칭 영자대影子臺라고 한다.[79]

---

76 『세종실록지리지』 경주부
77 『동국여지승람』 21권 경주부
78 『동국여지승람』 구례현
79 『봉성지鳳城誌』

산허리의 바위에 석굴이 있는데 깊이를 측량할 수 없으며 아래로 동해東海와 통한다고 하였다. 이는 삼신산이나 금오산이 동해의 위에 떠 있다는 전설과 통하는 말이며 산 아래에 동해라는 마을이 지금도 있다.

오산은 보는 위치에 따라 모양이 달라지는데 산의 서쪽 그러니까 구례읍 봉서리 산정이나 오봉마을 근처에서 바라보면 탄탄하게 부풀은 여자 유방 형상인데 산의 정상에 거무스레한 바위들이 모여서 젖꼭지 모양을 이루고 있으며 그 바위들이 양지에 암자 하나가 들어 앉아 있다. 그 암자의 위치는 물 위에 떠 있는 자라의 등 위에 올라 앉아 있고 유방의 유두 속에 있다.

바라보고 있노라면 가히 하늘이 빚은 조각품이라 아니할 수 없다.

이 암자에서 원효·의상·도선·진각국사 네 성인이 수도하였던 곳이라 하여 지금은 사성암四聖庵이라 부르며 네 성인과 관련된 여러 일화가 전해지고 있다.

암자의 동쪽으로 모퉁이를 돌아가면 바위벽에 마애불이 새겨져 있는데 이것은 도선에게 풍수지리 비결을 전해준 이인異人의 모습을 새긴 것이라고 한다.

풍수지리의 대가인 도선국사는 15세에 화엄사에서 중이 되었는데 그가 이곳에서 수도하고 있을 때 천하의 지리를 통달하였다고 한다. 암자 뒤편으로 가면 도선이 수도하였다는 도선굴道詵窟이 있다.

진각국사는 일찍이 이곳에서 수도할 때 매일 5경五更이면 염불을 했는데 그 소리가 10리 밖에까지 들렸다고 하며, 『선문염송집』을 편집할 때에 이 암자에서 기필起筆했다고 한다.

암자의 뒤편으로 가서 강줄기를 내려다보면 경치가 그윽한데 마치 큰 붓으로 획을 그어 놓은 듯하여 큰 활의 형세를 하고 있는데 잔잔한 수정 빛 강줄기는 옥대玉帶를 연상케도 한다.

이 산의 기이한 형상이 금강산과 같아 소금강산小金剛山이라 하였다. 계림의 금강산은 이차돈의 순교와도 인연이 있는 곳인데 '이윽고 목을 베니 목에서 흰 젖과 같은 피가 한길이나 솟았으며 그 머리는 날아가 금강산 꼭대기에 떨어졌다.'고 하였다.

신라에는 네 곳의 신령한 땅이 있어 나라의 큰일을 의논할 때는 대신들이 그 곳에 모여서 모의하면 그 일이 반드시 이루어졌다고 하는데 서라벌의 금강산은 네 영지靈地 중의 하나이다.[80]

최치원 선생의 문집에 의하면 신라 48대 경문왕은 오산鰲岑에서 탄생하였으며,[81] 49대 헌강왕은 오수鰲岫에서 세상을 떠났다고 한다.[82]

---

80 『삼국유사』 1권 진덕왕

81 대왕은 오잠鰲岑에서 탄생하시었다.(大王 鰲岑降跡; 崇福寺 碑文에서) 岑은 작고 우뚝한 산 잠.

82 헌강대왕은 갑자기 오수鰲岫에서 돌아가실 기한을 독촉하였다.(君也 遽促還 期於鰲岫. 岫는 산굴 수. 「華嚴寺 事蹟」)

3) 계림雞林

신라의 대문호인 최치원 선생이 지은 봉암사 지증대사 비문에 '계림雞林의 땅은 오산鼇山의 곁에 있는데'라는 말이 있다.

또한 최치원이 귀국할 때 중국인 고운顧雲이 지은 송별 시 중에도 '금오산 곁에 한 점 계림이 푸른데'라고 하여 계림이 오산의 근처에 있음을 밝히고 있다.

금오산金鼇山은 신선세계인 삼신산을 머리에 이고 있다는 자라형상의 산을 말하는 것이고 그 곁에 계림이 있다고 하였으니, 바로 삼신산에 닭 형상의 계림이 있다는 말이다.

이것은 천연적인 산천의 형상을 응용하여 수천 년의 세월이 흘러 역사가 왜곡되고 지명이 바뀌어도 역사 속의 명승지를 분명하게 밝힐 수 있는 수준 높은 역사 기술 방식이다.

계림에 관해 이렇게 말하였다.

탈해왕 9년(65) 봄 3월에 왕이 밤에 금성金城의 서쪽에 있는 시림始林의 수목 사이에서 닭 우는 소리가 나는 것을 듣고 날이 샐 무렵에 호공瓠公을 보내어 살펴보게 하였는데 금빛 작은 궤짝이 나뭇가지에 걸려 있고 흰 닭이 그 밑에서 울고 있었다.

호공이 돌아와서 아뢰니 왕이 사람을 시켜 궤짝을 가져오게 하여 열어보니 자그마한 사내아이가 그 속에 있는데 자태와 용모가 기이하고 컸다.

왕은 기뻐하여 측근의 신하들에게 말했다.

"이것이 어찌 하늘이 나에게 후사後嗣를 준 것이 아니랴!"

이에 거두어 길렀는데 성장하자 총명하고 지략이 많았으므로 이름을 알지閼知라 하고 금궤에서 나왔으므로 성을 김金씨라 했으며 시림始林을 고쳐서 계림鷄林이라 이름하고 그대로 국호로 삼았다.[83]

영평 3년 경신(庚申, 60)년 8월 4일에 호공瓠公이 밤에 월성月城 서쪽 마을을 가다가 큰 광명이 시림始林 가운데에서 비치는 것을 보았다. 자줏빛 구름이 하늘로부터 땅에 뻗쳤는데 그 구름 속에 황금 궤가 나뭇가지에 걸려 있고, 그 빛은 궤 속에서 나오고 있었다. 또한 흰 닭이 나무 밑에서 울고 있었다.

이 상황을 왕에게 아뢰자, 왕이 그 숲에 행차하여 궤를 열어보니 어린 사내아이가 누워 있었는데 곧 일어났다. 마치 혁거세의 고사故事와 같았으므로 그 말에 따라 알지閼知라고 이름했다. 알지란 곧 우리말로 어린 아이를 일컫는 말이다. 그 아이를 안고 대궐로 돌아오니 새와 짐승들이 서로 따르면서 기뻐하여 뛰놀고 춤을 추었다.

---

83 『삼국사기』 신라본기 脫解尼師今. 九年 春三月 王夜聞金城西 始林樹間 有鷄鳴聲 遲明遺瓠公視之 有金色小櫝 掛樹枝 白鷄鳴於其下 瓠公還告 王使 人取櫝開之 有小男兒 在其中 姿容奇偉 上喜謂左右曰 此豈非天遺我以令胤 乎 乃收養之及長聰明多智略 乃名閼智 以其出於金櫝 姓金氏 改始林 名鷄林 因以爲國號

왕은 좋은 날을 가려 태자로 책봉했다. 후에 파사왕婆娑王에게 사양하고 왕위에 오르지 않았다. 금궤에서 나왔으므로 성을 김金 씨라 했다.[84]

이와 같이 계림은 본래 시림이라고 했는데 이곳에서 김씨의 시조 인 김알지가 출현하였으며, 흰 닭이 울고 있었으므로 계림이라 고치고 이것을 국호로 삼았다.

사기에는 계림이 있는 곳을 금성金城의 서쪽이라고 했고 유사에는 월성月城의 서쪽이라고 했다. 금성과 월성은 모두 궁실이 있었던 곳이다.

이 계림이 구례에 있음을 시사하는 서산대사의 시가 있다.

봉성을 지나다 낮에 닭 우는 소리를 듣고(過鳳城聞午鷄)

터럭은 희어도 마음은 희지 않으니
옛 사람이 일찍이 누설하였다.
이제 한 가닥 닭 우는 소리 들으니
대장부 할 일을 다 했구나.[85]

---

84 『삼국유사』1권, 金閼智 脫解王代. 永平三年庚申 八月四日 瓠公夜行月城西 里 見大光明於始林中 有紫雲從天垂地 雲中有黃金櫃 掛於樹枝 光自櫃出 亦有白雞鳴於樹下 以狀聞於王 駕幸其林 開櫃有童男 臥而卽起 如赫居世之 故事 故因其言 以閼智名之 閼智卽鄉言小兒之稱也 抱載還闕 鳥獸相隨 喜躍 蹌蹌 王擇吉日 冊位太子 後讓於婆娑 不卽王位 因金櫃而出 乃姓金氏

이 시의 제목에서 봉성鳳城은 구례의 별호이다.

가섭迦葉과 아난阿難에 이어 선종禪宗의 제3대 조사인 상나화수가 시자인 우바국다에게 어느 날 묻기를 "그대 나이 몇인가?" 하니 대답하기를 "제 나이 열일곱입니다." 하였다.

존자尊者가 다시 묻기를 "몸이 열일곱 살인가, 성품이 열일곱 살인가?" 하니 시자가 도리어 묻기를 "스님 머리가 이미 희신데 머리가 흽니까, 마음이 흽니까?" 존자가 대답하기를 "나는 머리만이 희다. 마음이 희지 않다." 시자도 덧붙이기를 "저도 몸이 열일곱 살일지언정 성품이 열일곱 살인 것은 아닙니다." 하였다. 상나화수는 그가 법기法器임을 알고 3년 후에 우바국다에게 법법法을 전하여 선종의 제4대 조사가 되었다.[86]

시의 내용을 요약하면 '서산대사가 구례를 지나다가 낮에 흰 닭이 울고 있는 것을 보았는데 이것은 김알지 신화에 이미 누설된 일이다.' 라는 요지이다.

계림鷄林이란 자라형상의 금오산과 같이 닭이 양 날개를 활짝 펴고 있는 형상을 하고 있는 산을 말하는 것이다.

구례읍에서 북쪽으로 읍내를 1km쯤 벗어나 멀리 동쪽의 지리산 앞자락을 바라보면 짙푸른 숲으로 이루어진 선이 마치 거대한 한 마리의 닭이 양 날개를 펴고 화엄사를 향하여 울고 있는 듯한 형상을

---

85 髮白非心白 古人曾漏洩 今聽一聲鷄 丈夫能事畢
86 『전등록傳燈錄』 1권

볼 수 있다.

계림

이른바 풍수지리에서 말하는 금계포란金鷄抱卵으로 닭이 알을
품은 형국이다. 흰 닭이 울고 있었다는 신라 도읍지의 계림은 바로
이곳을 말하는 것이다.

계림의 흰 닭이란 이 산의 닭 신이 인간세상을 구제할 성인이
출현하였음을 알리기 위해 현신한 것으로, 이 닭을 천계天鷄 또는
금계金鷄라고 한다. 지리산은 삼신산의 하나인 방장산인데 사마천
의 『사기史記』에서 '삼신산에는 여러 신선 및 불사약도 모두 있으며
그곳의 물건 및 새와 짐승은 희고 황금과 은으로 지은 궁궐도 있다.'[87]
고 하였다. 박혁거세가 처음 태어났던 곳에도 백마가 울고 있었다고

하였는데 이것 역시 마산馬山의 천마天馬가 현신하여 성인이 출현하였음을 세상에 알린 것으로 계림이나 마산이 삼신산에 있다는 말이 된다.

『삼국유사』에 이런 말이 있다.

천축 사람들은 해동海東을 일컬어 '구구타예설라'라고 하는데, 구구타란 닭雞을 말하고, 예설라는 귀하다(貴)는 말이다.
천축에서는 서로 전하여 말하기를
"그 나라〔신라〕는 닭 신雞神을 받들어 공경하여 거룩하게 여기기 때문에 닭의 깃털을 관에 꽂아서 장식하여 쓴다."[88] 하였다.

그렇다면 신라의 왕실은 어디에 있었던 것일까?
처음에 시조 혁거세와 알영왕후가 탄생하자 '궁실을 남산南山의 서쪽 기슭에 짓고 두 성스런 아기를 봉양하였다.'[89]고 하였다.
『삼국사기』에 의하면

박혁거세 21년(B.C 37) 서울에 성을 쌓아 이름을 금성金城이라

---

87 『史記』봉선서封禪書. 諸僊人及不死之藥皆在焉 其物禽獸盡白 而黃金銀爲
宮闕

88 『삼국유사』4권, 천축으로 간 여러 법사歸竺諸師. 天竺人呼海東云 矩矩吒翳
說羅 矩矩吒言雞也 翳說羅言貴也 彼土相傳云 其國敬雞神而取尊 故戴翎羽
而表飾也

89 『삼국유사』신라시조 혁거세왕. 營宮室於南山西麓 奉養二聖兒

했다.

26년(B.C 32) 봄 정월에 궁궐을 금성에 지었다.

후에 파사왕婆娑王 22년(101) 봄 2월에 성을 쌓아서 월성月城이라

하고 여름 7월에 왕이 월성에 옮기어 거처했다.

라고 하였다. 이와 같이 신라는 금성과 월성에 대궐을 짓고 거처하면서 나라를 다스렸다. 그런데 사기에는 계림이 금성의 서쪽에, 유사에는 월성의 서쪽에 있다고 하였다.

이로 미루어 보면 금성과 월성은 똑같이 계림의 동쪽 즉 지금 화엄사 골짜기에 있었음을 알 수 있다. 후에 진흥왕 14년(553) 봄 2월에 담당관청에 명하여 새 궁궐을 월성의 동쪽에 짓게 했는데 황룡이 그 땅에서 나타났다. 왕이 이를 이상히 여겨 고쳐 절로 삼고 이름을 내려 황룡사皇龍寺라 했다. 금성과 월성이 계림의 동쪽에 있고 황룡사 역시 월성의 동쪽에 있으니 신라의 왕실과 황룡사가 거의 같은 지역에 있었음을 알 수 있다.

조선 중기의 고승 월저 도안月渚道安이 지은 시 '부상扶桑에서 떠오르는 해(扶桑曉日)'를 음미해 보기로 하자.

양곡暘谷의 천계天雞가 비로소 날개를 치며 우니
부상扶桑 나무 위에 자주 빛 노을이 서린다.
태양火珠이 솟아오르매 천지가 새벽인데
눈부신 태양이 우주의 광명이 되누나.

동식물과 날고 잠기는 동물이 비춤을 은혜입고
크고 작은 동식물이 모두 햇살 받고 자란다.
이같이 이미 사사로운 은택이 없거니
어찌하여 먹구름은 팔방을 어둡게 가리는가.[90]

시의 첫머리에 양곡暘谷은 우이嵎夷라고도 하는데 해가 뜨는 곳으로 고조선과 신라의 궁궐이 있던 곳이다. 그리고 천계天雞는 바로 계림의 흰 닭을 가리키는 말이다. 부상扶桑은 해 뜨는 곳에 있다는 신목神木으로, 해가 뜰 때에는 이 나뭇가지를 흔들고서 올라온다고 하는데, 이때 금계金雞가 한 번 크게 울면 천하의 닭이 모두 따라 울면서 새벽이 밝아 온다고 한다.[91]

이 시는 차천로(車天輅, 1556~1615)의 시를 차운한 것인데, 차천로가 지은 시의 첫머리에 '금계金雞가 새벽을 알리고 금오金烏[92]가 날개를 치니 양곡暘谷의 새벽노을이 멀리까지 펼쳐진다.'[93] 하였고 마지막 구절에서 '동이를 덮어 쓰고 누가 다시 암담하다고 원망하는가.'[94]라고 하였는데 이 구절은 당시 조선왕조에서 역사를 날조한

---

90 『월저당대사집月渚堂大師集』 한국불교전서 9책, 暘谷天雞始鼓翔 扶桑樹上
　紫霞揚 火珠湧出乾坤曉 赤暈輪囷宇宙光 動植飛潛皆荷照 洪纖草物盡傾陽
　旣能如許無私澤 何有雲遮暗八荒
91 『신이경神異經』 동황경東荒經
92 금계金雞는 천계天雞와 같고, 금오金烏는 태양속의 세발 까마귀(三足烏)로
　해가 扶桑에서 막 떠오르는 광경을 형용한 것이다.
93 金雞警曉織烏翔 暘谷晨霞啓遠揚

사실을 백성들에게 모두 동이를 덮어씌운 것에 비유하여 암담한
세상을 만들어 놓았다는 사실을 풍자한 시이다.

4) 여근곡女根谷

신라 제27대 선덕여왕(善德女王, 632~647 재위)이 기미를 미리
알아 낸 세 가지 일이 있는데 그중 둘째,

> 영묘사靈廟寺의 옥문지玉門池에 겨울철에 많은 개구리가 모여
> 삼사일 우니 나라 사람들이 이상하게 여겨 왕에게 물었다.
> 왕은 급히 각간角干 알천 필탄 등을 시켜 "훈련된 정예 병력 2천명을
> 데리고 속히 서쪽 교외로 나가서 여근곡女根谷이란 곳을 물어
> 가면 반드시 적병이 있을 것이니 습격하여 잡아라." 하였다.
> 두 장군이 명을 받들어 각각 군사 천명을 거느리고 서쪽 교외로
> 가서 물으니 부산富山 아래에 과연 여근곡이 있었다.
> 백제 군사 5백 명이 그 곳에 와서 숨어 있었으므로 모두 잡아
> 사살했고 백제 장군 우소于召가 남산南山 고개의 바위 위에 숨어
> 있었으므로 에워싸 사살했다.
> 또한 후속부대 1천 3백 명이 오는 것도 사살하여 한 사람도 남기지
> 않았다. 당시에 여러 신하들이 왕에게 "어떻게 개구리의 기미가
> 그러한 줄을 알았습니까?" 하니 왕은 "개구리의 성난 모습은 군사

---

94 覆盆誰復怨荒荒

의 형상이며 옥문玉門이란 여근(女根, 여자의 생식기)이다. 여자를 음陰이라 하고 그 색은 백白이며 백白은 서방西方이다. 그러므로 군사들이 서방에 있음을 알았고 남근男根이 여근女根에 들어가면 반드시 곧 죽으므로 쉽게 잡을 것을 알았다." 하니 군신들이 모두 성스런 지혜에 탄복하였다.[95]

백제 무왕武王 37년(636) 여름 5월에 왕은 장군 우소于召에게 명하여 군사 5백 명을 이끌고 가서 신라의 독산성獨山城을 습격하려 하였다.
우소가 옥문곡玉門谷에 이르자 해가 지므로 안장을 풀고 군사를 쉬게 하였는데 신라의 장군 알천閼川이 군사를 이끌고 엄습하여 와서 무찔렀다. 우소는 큰 바위 위에 올라가서 활을 당겨 항거하다가 화살이 다하여 사로잡히었다.

_『삼국사기』 백제본기

대궐의 서쪽 교외에 있는 부산富山 아래에 과연 여근곡이 있다고

---

95 『삼국유사』 1권 善德王 知幾三事. 於靈廟寺玉門池 冬月衆蛙集鳴三四日 國人怪之 問於王 王急命角干閼川 弼呑等 鍊精兵二千人 速去西郊 問女根谷 必有賊兵, 掩取殺之 二角干旣受命 各率千人問西郊 富山下果有女根谷 百濟 兵五百人 來藏於彼 並取殺之 百濟將軍亐召者 藏於南山嶺石上 又圍而射之 殪 又有後兵一千三百人來 亦擊而殺之 一無孑遺 當時君臣啓於王曰 蛙有怒 形兵士之像 玉門者 女根也女爲陰也 其色白白西方也 故知兵在西方 男根入 於女根 則必死矣 以是知其易捉 於是君臣 皆服其聖智

하였다. 우선 여근곡이 있는 부산富山은 어느 산인지 보기로 하자.
이중환의 『택리지擇里誌』에서 말하였다.

지리산智異山은 남해 가에 있는데 이는 백두산의 큰 줄기가 다한
곳이다. 그래서 일명 두류산頭流山이라고도 한다.
세상에서 금강산을 봉래蓬萊라 하고 지리산을 방장方丈이라 하고
한라산을 영주瀛洲라고 하는데 이른바 삼신산三神山이다.
『지리지地理誌』에 지리산은 태을太乙이 사는 곳이며 여러 신선들
이 모이는 곳이라고 한다.[96]
계곡이 서리어 깊고 크며 땅 성질이 또한 두툼하고 기름지어
온 산이 모두 사람 살기에 적당하다. 산 속에는 백리나 되는
긴 골짜기가 많은데 밖은 좁고 안쪽은 넓어서 왕왕 사람이 알지
못하는 곳이 있어 세금을 내지 아니하는 수가 있다.
땅이 남해에 가깝고 기후가 온난하여 산 속에 대나무가 많고
또 감과 밤도 대단히 많아서 가꾸는 사람이 없어도 저절로 열고
저절로 떨어진다.
높은 봉우리 위에 기장과 조를 뿌려도 무성하지 않는 곳이 없다.
평지의 밭에도 거의 심을 수 있으므로 산 속의 촌거村居는 승사僧寺
와 섞이어 산다. 스님이나 속인이나 대나무를 꺾고 감과 밤을

---

96 『세종실록 지리지地理誌』에, 속설에 전하기를, '태을太乙이 그 위에 살고,
여러 신선神仙이 모이는 곳이며, 용상龍象같은 무리가 살고 있다.'고 한다.(諺
傳 太乙居其上 群仙之所會 衆龍之所居也)

주위서 살아 노력하지 않고도 생리生利를 얻을 수 있다. 농부와 공인들도 역시 그리 노력을 하지 않아도 모두 풍족하다. 이런 까닭으로 온 산이 풍년과 흉년을 모르고 지내므로 부산富山이라 부른다.

이상의 기록을 자세히 분석해 보면 몇 가지 중요한 사실을 알 수 있다.

첫째, 여근곡이 있는 부산富山은 신라 도읍지에 있는 산인데 『택리지』에는 지리산이 바로 부산이라고 하였다.

둘째, 여근곡에 숨어 있던 백제 군사 5백 명은 모두 사살되고 장군인 우소는 남산南山 고개의 바위 위에 숨어 있었다고 했는데 이로 미루어 부산과 남산이 같은 산임을 알 수 있다.

셋째, 우소가 거느린 백제 군사 5백 명이 별다른 교전도 없이 아침에 백제에서 출발하여 해질 무렵에 신라 도읍지에 있는 여근곡에 무사히 도착하여 숨어 있었는데도 측근 신하들이 아무도 그 사실을 모르고 있었으며, 또한 백제의 후속부대 1천 3백여 명이 여근곡에 즉시 투입되고 있다.

이것은 신라 도읍지가 영토의 중심부에 있었던 것이 아니라 백제와의 접경지대에서 멀지 않은 곳에 있었음을 짐작케 하는 것이다.

넷째, 옥문지는 여근곡에 있는 연못을 뜻하는 것이고 영묘사에 옥문지가 있었으므로 여근곡에 영묘사가 있었다.

여근곡을 옥문곡玉門谷이라고도 하는데 진덕여왕 때에도 이곳에서 백제군과의 치열한 전투가 있었다.

드디어 고을의 군사들을 선발하여 훈련시켜 적에게 나아가게
하여 대량성大梁城 밖에 이르렀는데, 백제가 미리 방어하고 있었
다. 이기지 못하여 도망치는 체하면서 옥문곡(玉門谷, 여근곡)까
지 이르니 백제가 그들을 가볍게 여겨 많은 병사들을 거느리고
왔다. 복병이 그 앞뒤에서 일어나 공격하여 백제군을 크게 물리쳤
는데, 백제 장군 8명을 사로잡고 죽이거나 사로잡은 이가 1천
명에 달하였다.[97]

여근곡

그렇다면 여근곡은 현재 어디에 있는 것일까?

구례읍에서 동북쪽으로 20여리 떨어진 천은사泉隱寺 입구에 용전
龍田이라는 마을이 있다.

---

[97] 『삼국사기』 제41권 열전 김유신金庾信 상

이 마을의 입구에서 동쪽의 천은사 골짜기를 바라보면 멀리 차일봉遮日峰이라는 높은 봉우리가 보이고 그 앞에 시루봉(甑峰)이 불쑥 솟아 있는데 시루봉을 가운데 두고 주위의 능선들이 꽃잎처럼 겹겹이 에워싸고 있다. 산의 형상을 무심코 바라보고 있노라면 마치 신성한 향기를 머금고 갓 피어나는 한 송이의 연꽃을 보는 듯 하고 어찌 보면 출산할 때나 볼 수 있는 여근女根의 양 문이 활짝 열려지면 그 속에 감추어진 신비스러운 국토를 펼쳐놓은 듯한 절묘한 형국을 볼 수 있다. 이것이 풍수지리에서 말하는 연화부수蓮花浮水, 즉 한 송이 연꽃이 물위에 떠 있는 형국으로 부용봉芙蓉峰이라고도 한다.

이른바 여기가 백련白蓮이요, 여근곡이다. 불교에서는 서방정토 극락세계를 백련이라고도 한다. 왕의 해설에 여근곡을 서방西方이라고 한 것이 우연한 말이 아님을 알 수 있다.

백련을 노래한 서산대사의 시가 있다.

합장하고 서쪽을 향해 앉아
마음을 모아 아미타불을 부르네.
한평생 그리는 일은
항상 백련화白蓮花에 있네.[98]

왕은 이곳의 지형을 설명하기를 '옥문이란 여근을 말한다. 남근男

根이 여근에 들어가면 반드시 곧 죽으므로 쉽게 잡을 것을 알았다.'고
하여 침입한 백제 병사들을 남근에 비유하고 산세가 여근이 활짝
벌려진 형국임을 밝히고 있다.

혹자는 경주 인근 건천 지역에 여자의 음부陰部 형상을 한 그곳이
여근곡이라고 하지만 그곳은 음문陰門이 닫힌 형상이라서 그 속으로
병사들이 잠입해 들어갈 수가 없으므로 그곳은 역사 속의 여근곡이
아니다.

이 산자락의 아래에 대전大田이라는 마을이 있는데, 글자대로
풀이하면 큰 밭이라는 말이다.

여기서의 밭이란 농작물을 가꾸어 내는 땅이라는 뜻이 아니다.
옛말에 여자를 밭(田)이라 하고 남자를 씨(種)라고 한다.

여자를 밭이라고 하지만 좀 더 구체적으로는 옥문을 밭이라 한다.

대전大田은 여근곡을 지목한 것인데 혹은 우리말로 한밭이라고도
한다. 충청도에 있는 대전이라는 지명 역시 여기에 근거를 둔 것이다.

여근곡에 들어 앉아 있는 천은사는 본래 감로사甘露寺라고도 불리
었는데, 이 절의 창건에 대해 극락보전에 걸린 상량문을 보면

'당 희종 2년(875)에 연기(緣起, 도선)가 가람을 건설하고 덕운德
雲이 증수增修하였다.'고 했다.

그런데 1922년에 간행된 『구례속지』에는 상량문을 잘못 해석하여
신라 흥덕왕 3년(828)에 덕운조사德雲祖師가 창건하였다고 했으나
덕운德雲은 도선국사 이후에 천은사를 증수한 것이지 창건주는 아니
다. 이 상량문이 조선시대 배불의 와중에서 쓰여진 것이라 창건에

관해 정확하게 밝히고 있지 않지만 여근곡에 자리 잡은 천은사는
처음에 영묘사로 창건된 것으로 추정된다.

영묘사는 선덕여왕 즉위 4년(635)에 왕이 친히 창건하고 양지법
사良志法師가 장육존상丈六尊像 등을 조성하였다. 봉덕사종[99]은 조선
세조 때에 영묘사에 옮겨 달았다고 한다.

봉덕사종奉德寺鍾: 신라 혜공왕惠恭王이 주조한 종으로 구리 12만
근이 들었다. 치면 소리가 백여 리 까지 들린다. 뒤에 봉덕사가
북천北川에 침몰하자, 천순天順 4년 경진년(庚辰年, 1460)에 영묘
사靈妙寺에 옮겨 달았다.[100]

5) 봉성산鳳城山

구례읍의 서쪽에 있으며 대숲이 무성한 곳으로 구례읍의 진산鎭山이
다. 이곳은 산세가 비봉포란飛鳳抱卵 형국인데 산의 동쪽 즉 마산면
쪽에서 산 전체를 한눈에 바라보면 봉황이 이제 막 둥지에 날아들어
양 날개를 활짝 펴고 알을 품는 듯한 형국이며 바람결에 일렁이는
대숲을 보고 있노라면 봉황의 앞가슴에 난 보드라운 솜털을 연상케
한다. 이른바 풍수지리에서 말하는 봉황귀소鳳凰歸巢이다.

이리하여 봉황이 구례읍의 서쪽에 성城을 이루며 날아드는 형국이

---

99 성덕대왕신종
100 『신증동국여지승람』 제21권 경주부

라 하여 봉성산鳳城山이라 하며 구례읍은 봉황의 둥지가 되어 절묘한 조화를 이루고 있는 천하의 명당이다.

봉황은 생김새가 닭 같은데 오색으로 무늬가 있고 먹고 마심이 자연의 절도에 맞으며 절로 노래하고 절로 춤추는 데 이 새가 나타나면 천하가 태평해진다고 한다. 또한 봉황은 생충을 먹지 아니하고 생초를 딛지 않으며 오동나무가 아니면 앉지 아니하고 대나무 열매가 아니면 먹지 않는다고 하였다. 이리하여 이 산에는 대숲이 무성하다고 한다.

원래 봉황이나 용 등은 천국에 사는 동물이라 하는데 실제로 이런 동물이 나타났다는 기록이 자주 보이고 있으며 이것이 나타나면 나라에 태평성대가 열리는 상서로운 징조라고 한다.

구례의 별호를 봉성鳳城이라고 하며 구례군의 역사를 기록한『봉성지鳳城誌』가 있다.

6) 오봉산五鳳山

구례읍에서 남쪽으로 십 여리 떨어진 섬진강 건너에 오산鰲山이 우뚝 솟아 있고 그 산의 동쪽에 병풍처럼 나지막하게 다섯 봉우리가 나란히 열 지어 있는데 섬진강을 앞에 두고 지리산과 마주하고 있다.

이 산을 강 건너에서 멀리 바라보면 다섯 신하가 의관을 갖추고 지리산을 향해 큰 절을 올리고 있는 듯한 형상으로 보이고, 어찌 보면 다섯 마리의 큰 새가 금방이라도 지리산을 향해 날아갈 듯한 형상을 하고 있는데 다섯 마리의 봉황이라고 하여 오봉산五鳳山이라고 한다.

이 산은 봉성산과 좋은 조화를 이루고 있는데 봉성산은 어미 봉황이 알을 품고 있는 형상이며 오봉산은 그 가족들이 지리산을 향해 금방이라도 날아갈 듯한 모습으로 열 지어 있다.

오봉산의 동쪽 모퉁이에 봉산사鳳山祠가 있고 그 옆에 오봉정사五鳳精舍가 있는데, 구한말 면암 최익현의 제자인 경당警堂 임현주林顯周가 후학들을 가르치던 서원이다.

신라는 전한 선제宣帝 오봉 원년(五鳳元年, B.C 57)에 개국하였다.
오봉정사 주련에 이런 글귀가 있다.

조양(朝陽, 동방)에 해가 다시 창공에 떠오르고
봉황이 떠나니 성인의 시대 멀다.
모든 강줄기는 동방에서 흘러나오고
에워싼 높고 낮은 산 준령이 모두 모여드네.[101]

이 시를 보면 지리산의 진면목과 구례군 일대의 풍수지리를 익히 알고 후학들을 일깨우기 위해 한 수의 시로 압축해 놓은 걸작이다.

---

101 朝陽空復留 鳳去聖人遠 萬水自東流 衆巒皆北拱.
북공北拱, 공진拱辰, 공북拱北 등은 같은 것으로 북극성을 중심에 두고 모든 별이 에워싸고 도는 것을 말한다.

아침 해가 처음 뜨는 동방의 에덴에서 대지를 적시는 4대강이 흘러나오고 수미산 도리천이 있는 불국토(화엄사)를 향해 이곳을 에워싼 높고 낮은 봉우리와 강줄기가 모두 모여든다.[102]

옛날 이곳은 나루터였다고 하는데 별은 드물고 달 밝은 밤이면 강위의 작은 배는 사람이 없어도 스스로 양쪽 기슭을 왔다 갔다 하였다 한다.

세상에 전하기를 오봉산에 선인이 있어 지리산에 왕래하고 있어 그렇다고 한다.

이백李白이 일찍이 금릉의 봉황대에 올라 '등금릉 봉황대登金陵鳳凰臺'라는 시를 지어서 당시에 대단히 회자되었다.

봉황대 위에선 일찍이 봉황새가 놀더니
봉황은 가고 빈 대 앞에 강물만 절로 흐르네.
오吳나라 궁전의 화초는 오솔길에 묻혀 있고
진晉나라 시대 귀인들은 옛 무덤을 이루었구나.
삼신산三神山은 푸른 하늘 밖으로 반공半空 중에 떨어져 있고
두 강줄기는 백로가 노는 모래섬에서 나누어졌네.
이 모두가 뜬구름이 해를 가린 때문이라
장안長安을 볼 수 없어 사람을 시름하게 하누나.[103]

---

102 조해朝海는 모든 강줄기가 바다에 흘러든다는 의미로서 화엄사 사리탑에서 섬진강을 바라보면 강줄기가 태극선을 이루며 북으로 역류하여 들어온다.

103 『이태백집李太白集』 4권. 鳳凰臺上鳳凰遊 鳳去臺空江自流 吳宮花草埋幽徑

7) 계족산鷄足山

오봉산의 동남쪽에 있는 큰 산인데 산의 북쪽에서 멀리 바라보면
마치 닭발鷄足과 같이 생겼다. 계족산은 석가모니의 제자였던 가섭
존자迦葉尊者가 부처님의 금란가사金欄袈裟를 가지고 미륵불彌勒佛
이 탄생하시기를 기다리고 있다는 산이다.

최치원의 「사산비명四山碑銘」 중의 하나인 숭복사崇福寺 비문에
이런 말이 있다.

주변의 수승한 경관을 돌아보더라도 먼 변방에서 경치가 걸출한
곳이었다. 좌측의 나지막한 산봉우리는 닭의 발(鷄足)이 구름을
움켜쥐는 것 같고, 우측의 언덕과 습지는 용의 비늘이 햇살에
번득이는 것 같다. 앞을 굽어보면 높고 낮은 산이 검푸르게 줄
지어 있고, 뒤를 돌아보면 봉황 같은 봉우리가 갈고리처럼 이어져
있다. 그래서 멀리서 바라보면 가파르면서 기이하고 가까이에서
관찰하면 상쾌하면서 수려하니, 낙랑(樂浪, 신라)의 선경仙境은
참으로 낙방樂邦이요, 초월初月이라는 명산은 진실로 환희의 동산
(初地)이라고 이를 만하다.[104]

晉代衣冠成古丘 三山半落靑天外 二水中分白鷺洲 總爲浮雲能蔽日 長安不
見使人愁

104 「大崇福寺碑銘」. 就觀勝槩傑出退陬 左峰巒則鷄足挐雲 右原隰則龍鱗閃日
前臨則黛列鯷嶠 後睇則鉤連鳳崗 故得遠而望也峭而奇 迫而察也爽而麗 則
可謂 樂浪仙境 眞是樂邦 初月名山 便爲初地.

8) 마산馬山

구례읍에서 동북쪽으로 멀리 지리산을 바라보면 노고단에서 남쪽으로 흘러내린 한 준령이 마치 천마도天馬圖에서 보는 것처럼 거대한 말이 화엄사를 향해 쭈그리고 앉아있는 형상이라고 하여 이 산을 마산馬山이라고 하며 이 지역을 마산면馬山面이라고 한다.

9) 솔개봉(鳶峰)

화엄사 각황전 앞마당에서 동쪽으로 산기슭을 바라보면 금정암金井庵이라는 암자가 보이는데 암자 뒤편으로 유방처럼 생긴 두 봉우리가 나란히 있는데 두 봉우리를 짙푸른 노송들로 덮여 있어 마치 솔개가 날아드는 형상이다.

지리산 산신을 신라 시조인 박혁거세의 어머니 선도성모仙桃聖母라고 한다.

박혁거세의 어머니는 제실의 공주였는데 이름은 사소娑蘇였다. 남편이 없는데도 아이를 임신하여 남에게 의심을 받게 되자 이에 바다를 건너 진한에 이르렀다.

그의 아버지인 황제는 편지를 솔개의 발에 묶어 보내면서, "이 솔개가 멈추는 곳에 집을 지으라." 하였다. 사소는 편지를 받고 솔개를 날리니 삼신산의 하나인 방장산(方丈山, 지리산)에 와 그치므로 그곳에 살면서 혁거세를 낳아 그곳에 도읍을 정하고 신라를 건국하여 마침내는 이 산의 산신이 되었다. 그 후로 신라는 한 번도 도읍지를 옮긴 적이 없다.

『삼국사기』에는 신선세계인 삼신산에 계림이 있다는 사실을 분명하게 밝히고 있고, 또한 신라 도읍지에는 인위적으로 조작할 수 없는 뚜렷한 증거물이 있다. 전북 진안군에 가면 말의 두 귀를 닮은 형상의 마이산馬耳山이 있듯이, 신라 도읍지에는 여자의 생식기가 활짝 벌어진 형상의 여근곡女根谷, 삼신산을 머리에 이고 있다는 자라형상의 금오산金鰲山, 닭이 홰를 치고 있는 형상의 계림雞林 등이 구례군 일대에 선명하게 모양을 갖추고 있다.

이렇듯이 신라 도읍지를 비롯한 한국 상고사 관련 사료들을 삼신산(지리산)에 대비시켜 풀어 가면 그 의미가 분명하게 드러나지만 삼신산과 관련이 없는 경주 지역이라는 전제하에 이해하려고 하면 그 의미가 모호하여 결국에는 귀중한 사료들이 사장死藏되는 결과를 빚게 되고 엄청난 민족적 문화유산을 잃게 되는 결과를 초래한다.

제3장 고조선 도읍지 아사달은 신라 도읍지와 같은 곳이다

신선이 산다는 삼신산三神山이 국토의 골격을 이루고 있는 삼천리 금수강산.

인류문명은 선인들이 산다는 삼신산에서 대륙으로 퍼져나간 것일까, 아니면 대륙에서 한반도로 흘러들어온 것일까?

아득한 옛날 환웅천왕이 천상에서 인간세상을 구제하기를 탐할 때 천상의 임금인 환인桓因이 아들의 뜻을 알고 인간 세상을 내려다보니 삼위 태백산(三危太伯山, 삼신산)이 인간 세상을 널리 이롭게 하기에 가장 적합한 땅이었다. 이에 환웅은 무리 3천 명을 거느리고 태백산太伯山 정상에 있는 신단수神壇樹 아래에 내려왔다.

이곳을 신시神市라 하고 여기에서 단군을 낳아 아사달에 도읍을 정하고 개국하여 국호를 조선이라고 했다.

그렇다면 환웅천왕이 처음 내려온 신시神市는 지금의 어느 지역을
말하는 것일까? 혹자는 태백산을 지금의 백두산으로 간주하고 백두
산 정상의 천지天池를 연상하기도 하지만 고기古記에서 삼위태백은
삼신산을 말한다고 했는데 이것은 한반도의 골격을 이루고 있는
백두대간에 삼신산이 포함되어 있다는 말이지, 지금의 백두산은
삼신산과 관련이 없는 산이다.

1. 고조선기

우선 고조선 관련 자료들을 살펴보기로 한다.

『위서魏書』에 말하였다.

지금으로부터 2천 년 전에 단군壇君 왕검王儉이 있었는데 아사달阿
斯達[105]에 도읍을 정하고 나라를 세워 국호를 조선朝鮮이라고 불렀
으니 이것은 요堯와 같은 시기였다.

고기古記에는 이렇게 말했다.

옛날에 환인桓因[106]의 서자庶子 환웅桓雄이 있었는데 자주 천하에
뜻을 두어 인간 세상을 구제하려고 탐내었다. 아버지는 아들의

---

105 原註: 경經에는 무엽산無葉山이라 하고 또는 백악白岳이라고도 하는데 백주白
   州에 있었다. 혹은 또 개성開城 동쪽에 있다고도 한다. 지금의 백악궁白岳宮
   이 이것이다.
106 原註: 제석帝釋을 이른다.

뜻을 알고 삼위 태백산三危太伯山[107]을 내려다보니 인간 세상을 널리 이롭게 할 만했다. 이에 환인은 천부인天符印 세 개를 환웅에게 주어 가서 인간의 세상을 다스리게 했다. 환웅은 무리 3천 명을 거느리고 태백산太伯山 정상에 있는 신단수神壇樹 아래에 내려왔다. 이곳을 신시神市라 하고, 이 분을 환웅천왕桓雄天王이라고 이른다.

환웅은 풍백風伯 우사雨師 운사雲師를 거느리고 곡식·수명·질병·형벌·선악善惡 등을 주관하고, 무릇 인간의 360여 가지 일을 주관하며 인간세상을 다스리고 교화했다.

이때 범 한 마리와 곰 한 마리가 같은 굴속에서 살고 있었는데 그들은 항상 신웅(神雄, 환웅)에게 변화하여 사람이 되기를 기원하였다. 이때 신웅이 영험한 쑥 한 다발과 마늘 20개를 주면서 말하였다.

"너희들이 이것을 먹고 백일 동안 햇빛을 보지 않으면 곧 사람이 될 것이다."

이에 곰과 범이 이것을 받아서 먹으며 삼칠일(21일) 동안 금기禁忌했더니 곰은 여자의 몸을 얻었으나 범은 금기를 지키지 못해 사람의 몸을 얻지 못했다. 웅녀熊女는 혼인해서 같이 살 사람이 없으므로 날마다 신단수 아래에서 잉태하기를 기원했다.

---

107 옛날의 삼신산이 곧 태백산이다.(古之三神山者 卽太白山也)『태백일사太白逸史』신시본기神市本紀.『산해경』에 삼위산三危山은 서왕모를 위해 시중드는 세 마리 청조靑鳥가 사는 곳이라고 한다.

환웅이 잠시 변하여 그와 혼인했더니 이내 잉태해서 아들을 낳았으니 이름을 단군왕검壇君王儉이라고 한다. 왕검은 요堯임금이 즉위한 지 50년인 경인년(庚寅年, B.C. 2311)[108]에 평양성平壤城[109]에 도읍하여 비로소 조선朝鮮이라 불렀다.

또 도읍을 백악산白岳山 아사달阿斯達로 옮겼는데, 이곳을 궁홀산弓忽山[110]이라고도 하고 금미달今彌達이라고도 한다. 1천5백 년 동안 나라를 다스렸다. 주나라 무왕武王이 즉위한 기묘(己卯, B.C. 1122)년에 기자箕子를 조선朝鮮에 봉했다.

이에 단군은 장당경藏唐京으로 옮겼다가 후에 돌아와 아사달阿斯達에 숨어 산신山神이 되니, 나이는 1,908세였다.[111]

---

108 原註: 요임금이 즉위한 원년은 무진戊辰년이다. 그러니 50년은 정사丁巳요, 경인庚寅이 아니다. 경인년이 아닌 것 같다.(唐堯卽位元年戊辰 則五十年丁巳 非庚寅也 疑其未實)

109 原註: 지금의 서경西京

110 原註: 일명 방홀산方忽山

111 『삼국유사』 고조선. 魏書云 乃往二千載 有壇君王儉 立都阿斯達(經云 無葉山 亦云白岳 在白州地 或云在開城東 今白岳宮是) 開國號朝鮮 與堯同時 古記云 昔有桓因(謂帝釋也) 庶子桓雄數意天下 貪求人世 父知子意 下視三危太伯 可以弘益人間 乃授天符印三箇 遣往理之 雄率徒三千 降於太伯山頂(卽太伯 今妙香山) 神壇樹下 謂之神市 是謂桓雄天王也 將風伯雨師雲師 而主穀主命主病主刑主善惡 凡主人間三百六十餘事 在世理化 時有一熊一虎 同穴而居 常祈于神雄 願化爲人 時神遺靈艾一炷 蒜二十枚曰 爾輩食之 不見日光百日 便得人形 熊虎得而食之 忌三七日 熊得女身 虎不能忌 而不得人身 熊女者 無與爲婚 故每於壇樹下 呪願有孕 雄乃假化而婚之 孕生子 號曰壇君王儉 以唐堯卽位五十年庚寅(唐堯卽位元年戊辰 則五十年丁巳

또 『제왕운기帝王韻紀』에서 말하였다.

처음 누가 개국하고 풍운風雲을 열었는가.

제석의 손자 이름은 단군이라네.

【본기本紀에 이르기를, 상제 환인桓因에게 서자가 있어 웅雄이라 하였다.… "삼위태백三危太白으로 내려가 널리 인간을 이롭게 하라."고 하였다. 이리하여 웅이 천부인天符印 3개를 받아 귀신 3천을 거느리고 태백산 꼭대기 신단수神檀樹 아래에 내려오니 이 분이 단웅천왕檀雄天王이다.… 손녀에게 약을 먹여 사람 몸이 되게 하여 단수의 신과 혼인하여 아들을 낳았다. 이름을 단군檀君 이라 하니 조선 땅에서 웅거하여 왕이 되었다. 그러므로 시라(尸羅, 신라)·고례(高禮, 고구려)·남북옥저·동북부여·예·맥은 모두가 단군의 후예이다. 1038년을 다스리다가 아사달 산에 들어가 신神이 되니 죽지 않았기 때문이다.】

요임금과 함께 무진년에 나라를 융성하게 일으켜

순임금 하 왕조를 거치도록 궁궐에 계시었다.

은나라 무정 8년 을미에 아사달 산에 들어가 신이 되었다. 【지금 의 구월산九月山이다. 일명 궁홀弓忽 또는 삼위三危라고 하는데, 사당이 아직도 있다.】

非庚寅也 疑其未實) 都平壤城(今西京) 始稱朝鮮 又移都於白岳山阿斯達 又名弓(一作方)忽山 又今彌達 御國一千五百年 周武王卽位己卯 封箕子於 朝鮮 壇君乃移於藏唐京 後還隱於阿斯達爲山神 壽一千九百八歲

나라를 누리기를 1천 28년

그 조화 환인桓因이 유전한 일.

그 후, 164년에 어진 사람이 다시 개국하여 군신君臣을 마련하다.

【일설에, 이후 164년 동안은 부자父子는 있으나 군신君臣은 없었
다고 한다.】

후조선後朝鮮의 시조는 기자箕子인데

주 무왕 원년 기묘년 봄에 망명해 와 스스로 국가를 세우더라.

무왕이 멀리서 조선왕에 봉하는 조서를 보내오니

예로써 갚으려고 찾아가 뵈올 적에

홍범구주 오륜五倫 등을 물어오다.

【『상서대전尙書大傳』에 이르기를, 무왕이 갇혀 있는 기자를 (석
방하니) 기자는 조선으로 달아나 나라를 세우니 무왕이 그 소식을
듣고 조선 왕에 봉하였다. 기자는 봉함을 받고 부득이 신하의
예가 없을 수 없다 하여 사례하기 위해 주나라에 찾아가 뵈었다.
이때 무왕이 홍범구주를 물었으니, 주 무왕 13년의 일이다.[112]】 [113]

---

112 武王釋箕子之囚 箕子不忍周之釋 走之朝鮮 武王聞之 因以朝鮮封之 箕子旣
受周之封 不得無臣禮 故於十二祀來朝 武王因其朝 而問洪範『상서대전尙
書大傳』 五德志

113 『제왕운기帝王韻紀』
初誰開國啓風雲 釋帝之孫名檀君
【本紀曰 上帝桓因有庶子 曰雄云云 謂曰 下至三危太白 弘益人間歟 故雄受
天符印三箇 率鬼三千 而降太白山頂 神檀樹下 是謂檀雄天王也云云 令孫女
飮藥 成人身 與檀樹神婚而生男 名檀君 據朝鮮之域爲王 故尸羅 高禮 南北
沃沮 東北扶餘 穢與貊 皆檀君之壽也 理一千三十八年 入阿斯達山爲神 不

당요唐堯 무진년에 신인神人이 단목檀木 아래에서 탄강誕降하시
니, 나라 사람들이 (그를) 세워 임금을 삼아 평양에 도읍하고
이름을 단군檀君이라 하였으니, 이것이 전조선前朝鮮이요, 주周나
라 무왕武王이 상商나라를 이기고 기자箕子를 조선에 봉하였으니,
이것이 후조선後朝鮮이며, 그의 41대 손孫 준準 때에 이르러,
연燕나라 사람 위만衛滿이 망명하여 무리 천여 명을 모아 가지고
와서 준準의 땅을 빼앗아 왕험성王險城에 도읍하니, 이것이 위만조
선衛滿朝鮮이다.[114]

死故也】

並與帝高興戊辰　經虞歷夏居中宸

於殷武丁八乙未　入阿斯達山爲神

【今九月山也　一名弓忽　又名三危　祠堂猶存】

亨國一千二十八　無奈變化傳桓因

却後一百六十四　仁人聊復開君臣

【一作　爾後一百六十四　雖有父子無君臣】

後朝鮮祖是箕子　周虎元年己卯春

遙來至此自立國　周虎遙封降命綸

禮難不謝乃入覲　洪範九疇問彝倫

【尙書疏云, 虎王箕子之囚　箕子走之　朝鮮立國　虎王聞之因封焉　箕子受封
不得無臣禮因謝　入覲　虎王問洪範九疇　在周之十三年也】

[114] 『고려사』 지志 제12권 지리地理 평양부. 唐堯戊辰歲 神人降于檀木之下
國人立爲君 都平壤 號檀君 是爲前朝鮮. 周武王克商 封箕子于朝鮮 是爲後
朝鮮 逮四十一代孫準時 有燕人衛滿 亡命聚黨千餘人 來奪準地 都于王險城
是爲衛滿朝鮮.

주지하다시피 고조선은 제정일치祭政一致 체제의 국가이기 때문에 단군왕검은 당시 종교의 교황과도 같은 존재이면서도 나라를 다스리는 국왕이었다. 그러므로 건국신화 역시 종교적인 세계관에 따라 경전에 의거하여 접근해야 한다.

환인桓因의 원명은 석제환인釋提桓因으로 불교의 세계 설에서 수미산須彌山 정상에 있는 도리천의 임금으로 도리천을 다스리며 아래로는 인간세상의 선악을 관찰한다.

제석帝釋·천주天主·석제釋帝·환인桓因·제석천왕帝釋天王 등은 모두 그의 별칭이다. 도리천을 33천三十三天이라고도 하며『화엄경』에는 제석이 사는 천상의 궁전을 묘승전妙勝殿이라고 했다. 신라 제54대 경명왕景明王 때에 제석帝釋이 흥륜사興輪寺의 누각에 내려와 열흘 동안 머무르기도 했다.[115]

2. 해 뜨는 곳 동방

『후한서後漢書』[116]의 동이전東夷傳[117]에서 말하였다.

---

115 『삼국유사』 3권 탑상塔像. 흥륜사 벽화의 보현보살 참조

116 『후한서後漢書』: 중국 후한後漢의 正史. 120권. 남북조시대南北朝時代에 송宋나라의 범엽(范曄, 398~445)이 저술한 책으로, 후한의 13代 196년간의 사실史實을 기록하였다. 기紀 10권, 지志 30권, 열전列傳 80권으로 되어 있는데, 이 중에서 지志 30권은 진晉의 사마표司馬彪가 저술한 것이다. 東夷傳은 우리나라에 관한 기록이다.

117 『후한서』 85권 동이열전東夷列傳 제75

왕제王制[118] 편에 이르기를 "동방을 이夷라고 한다." 하였다.

이夷라는 것은 근본이다.

어질고 생육生育하기를 좋아하며 만물이 이 땅을 저촉抵觸해서 산출된다는 말이다. 그러므로 천성이 유순하고 도리로 다스리기가 쉬우니, 군자국君子國[119]과 불사국不死國이 있기까지 하다. 동이東夷는 아홉 종족이 있으니, 견이畎夷·우이于夷·방이方夷·황이黃夷·백이白夷·적이赤夷·현이玄夷·풍이風夷·양이陽夷 등이다. 그러므로 공자도 구이九夷에 가서 살고 싶어 하였다.

옛날 요임금이 희중義仲에게 명하여 우이嵎夷에 살게 하였다. 이곳을 양곡暘谷이라고도 하니 대개 해가 뜨는 곳이다.[120]

고조선기에서는 단군조선과 기자조선의 건국 사실을 밝힌 것이라면, 여기에서는 고조선의 도읍지인 아사달이 어디에 있으며 그곳이 얼마나 신성한 곳인가를 잘 드러내고 있다.

아침 해가 처음 뜨는 곳을 동방이라고 하는데, 이곳은 인류문명의

---

118 『예기禮記』의 편명

119 『산해경』에, '군자국이 그 북쪽에 있는데 의관을 갖추고 띠를 두르고 검을 차고, 짐승을 잡아먹으며, 두 가지 무늬가 있는 호랑이를 곁에 두고 부린다. 그 사람들은 사양하기를 좋아하여 다투지 않는다.' 君子國在其北 衣冠帶劍 食獸 使二文虎在旁 其人 好讓不爭. 『山海經』 제6 海外東經.

120 王制云 東方曰夷 夷者柢也 言仁而好生, 萬物柢地而出 故天性柔順 易以道 御 至有君子不死之國焉 夷有九種 曰畎夷 于夷 方夷 黃夷 白夷 赤夷 玄夷 風夷 陽夷 故孔子欲居九夷也. 昔堯命義仲 宅嵎夷 曰暘谷 蓋日之所出也.

발상지이기 때문에 공자가 동경했던 이상향이고, 옛날 요임금도
천하를 다스릴 때 제일 먼저 중신인 희중義仲을 해 뜨는 곳인 양곡暘谷
에 파견하여 해 뜨는 것을 경건히 맞이하여 절기에 맞춰 봄 농사일을
고르게 다스리도록 했다는 것이다. 그리고 고조선 도읍지 아사달은
바로 요임금이 희중을 파견하여 살게 했던 우이嵎夷라는 말이다.
『상서尚書』 요전堯典에서 말하였다.

희중義仲에게 따로 명하여 우이嵎夷[121]에 살게 하니, 이곳을 양곡暘
谷이라고도 한다. 떠오르는 해를 경건히 맞이하여 봄 농사를
고르게 다스리도록 하였다.[122]

공안국孔安國의 주석에, '동표(東表, 동방)의 땅을 우이嵎夷라고
칭한다. 양곡暘谷에서 해가 떠오르고 희중義仲은 동방을 다스리는
관직이다.' 하였다.[123]

『신증동국여지승람』에,

---

121 사마천의 『사기史記』에는 우이嵎夷를 욱이郁夷로 표기하였다. '희중義仲에게
　따로 명하여 욱이郁夷에 살게 하니 양곡暘谷이라고 한다.'(分命義仲 居郁夷
　曰暘谷)
122 分命義仲 宅嵎夷 曰暘谷 寅賓出日 平秩東作
123 孔安國曰 東表之地稱嵎夷 日出於暘谷 義仲治東方之官. 『사기史記』 삼가주
　三家注 요전堯典 집해集解

조선朝鮮: 동표東表의 해 뜨는 땅에 (임금이) 살기 때문에 조선이
라 이름 하였다.[124]

라고 하였다.

요임금이 희중羲仲을 파견하여 살게 했던 해 뜨는 신성구역인
우이嵎夷를 혹은 양곡暘谷 혹은 동표東表라고도 하며, 희중羲仲은
동방을 다스리는 관직이라고 하였다.

그리고 『신증동국여지승람』에서는 바로 해 뜨는 신성구역인 우이
嵎夷에 고조선 단군왕검과 기자箕子의 궁궐이 있었기 때문에 국호를
조선朝鮮이라고 한다는 말이다.

춘추전국시대 말기에 공자의 6대손 공빈孔斌이 지은 동이전東夷傳
을 보기로 하자.

동방東方에 옛부터 나라가 있으니 동이東夷라 부른다. 별자리로는
기성箕星과 미성尾星 방향으로 땅은 선백鮮白에 접해 있다.
처음에 신인神人인 단군이 있었는데, 마침내 구이九夷의 추대로
임금이 되었는데, 요堯임금과 같은 시대였다.
요임금 때 순舜이 동이에서 태어나 중국에 들어가 천자가 되니
그 지극한 다스림은 많은 제왕들 중에 으뜸이었다.
자부선인紫府仙人은 학문에 통달하고 다른 사람들보다 뛰어난

---

124 『신증동국여지승람』 제51권 평양부平壤府 군명郡名. 朝鮮: 居東表 日出之地
　　故名朝鮮

지혜가 있었다. 황제 헌원이 그 문하에서 배우고 내황문內皇文을 받아와서 염제 신농씨 대를 이어 제왕이 되었다.

소련과 대련이 부모상을 잘 치렀다. 3일을 게을리 하지 않고 3년을 근심하였으므로 나의 선조 공자께서 칭찬하셨다.

하夏 우임금이 도산에서 제후들과 회맹會盟할 때에 부루夫婁가 친히 참석하여 나라의 경계를 정하였다. 유위자有爲子는 하늘이 낳은 성인으로 위대한 명성이 중국에까지 넘쳐흘렀다. 이윤이 그 문하에서 수업하여 은殷 탕임금의 어진 재상이 되었다.

그 나라는 비록 광대하나 스스로 교만하지 않았고, 그 군대는 비록 강성하나 남의 나라를 침략하지 않았다. 풍속이 순박하고 후덕하여 길 가는 사람은 서로 길을 양보하고 음식을 먹는 사람은 서로 밥을 권하였다. 남녀가 거처를 달리하여 앉는 자리를 함께 하지 않았으니, 가히 동방의 예의 바른 군자국이라고 일컬을 만하다.

그러므로 은殷 태사 기자箕子는 주周에서 벼슬할 마음이 없어서 동이 땅으로 피해 가서 살았다. 나의 선조 공자께서도 동이에서 살고자 하였으며 누추하다고 여기지 않으셨다.

나의 벗 노중련 역시 동해 지방을 답사할 뜻을 가지고 있었고, 나 역시 동이에 가서 살고 싶은 뜻이 있었다.

예년에 동이 사절이 (위魏 나라에) 입국하는 것을 살펴보니 그 몸가짐이나 태도가 대국인大國人다운 법도가 있었다.

동이는 대개 천여 년 이래로 우리 중화와 서로 우방의 의리가 있어서 인민들이 서로 살러 오고 살러 가는 일이 그치지 않았다.
나의 선조 공자께서 동이를 누추하다고 여기지 않은 것은 그
뜻이 역시 여기에 있었던 것이다. 그래서 나 역시 느낀 바가
있어서 이런 실정을 기록하여 후세사람에게 보이려는 것이다.

위魏 안리왕安釐王 10년(B.C 268)에 곡부曲阜에서 공빈孔斌이
기록하다.[125]

고려 말기 목은 이색(李穡, 1328~1396)이 일본국에 사신으로
떠나는 정몽주鄭夢周를 보내며 지어 준 '동방사東方辭'라는 제목의
글에 이런 말이 있다.

---

[125] 공빈의『東夷列傳』. 東方 有古國 名曰東夷 星分箕尾 地接鮮白 始有 神人檀
君 逐應 九夷之推戴 而爲君 與堯立立 虞舜 生於東夷 而入中國 爲天子
至治 卓冠百王 紫府仙人 有通之學 過人之智 黃帝 受內皇文於門下 代炎帝
而爲帝 小連大連 善居喪 三日不怠 三年憂 吾先夫子 稱之 夏禹 塗山會
夫妻親臨 而定國界 有爲子 以天生聖人 英名洋溢乎中國 伊尹受業於門 而
爲殷湯之賢相 其國雖大 不自驕矜 其兵雖强 不侵人國 風俗淳厚 行者讓路
食者推飯 男女異處 而不同席 可謂 東方禮儀之 君子國也 是故 殷太師 箕子
有不臣 於周朝之心 而避居 於東夷地 吾先夫子 欲居東夷 而不以爲陋 吾友
魯仲連 亦有欲踏 東海之志 余亦欲居 東夷之意 往年 賦觀 東夷使節之入國
其儀容 有大國人之衿度也 東夷 蓋自千有餘年以來 與吾中華 相有友邦之義
人民互相 來居往住者 接踵不絶 吾先夫子 印夷不以爲陋者 其意亦在乎此
也. 故余亦有感 而記實情 以示後人焉. 魏 安釐王 十年 曲阜 孔斌 記

동방에 임금이 있어 태고 적부터 저절로 거룩했네.

그 사람들은 인의仁義를 숭상하여 기상은 굳세고 문장은 전아했었네. …중략…

해 뜨는 곳의 천자天子가 부상扶桑의 구역에 궁궐을 세웠도다.

오직 만물이 나고 자람은 동방의 바람이 따스하게 불어 주는 때문이요,

온 누리를 환하게 내리비춤은 저 태양이 찬란히 떠 있음이라.

이 두 가지가 나오는 동방은 과연 천하무적의 나라이건만

어쩌다 흉악한 무리들이 몰래 도발하여 지금껏 그렇게 창궐하는가.

악명을 천하에 뿌리고 죄가 이미 극도에 이르니 우국지사와 어진 사람들 동방을 위하여 애석히 여기지 않는 이가 없네.

이는 장차 천하의 전란을 불러일으킬 징조, 의심할 것도 점칠 것도 없다네.[126]

여기에 '해 뜨는 곳의 천자天子가 부상扶桑의 구역에 궁궐을 세웠도다.(日出處之天子兮 奄宅扶桑之域也)'라는 구절에서 고조선이 본래 천자(天子, 황제)의 나라이며 단군의 궁궐이 부상扶桑의 구역에 있었

---

126 『동문선』 1권 동방사東方辭. 詹東方之有君兮 肇大始以自尊也 其人佩義而服仁兮 厥氣勁而詞溫也(中略) 日出處之天子兮 奄宅扶桑之域也 惟萬物之生育兮 迺谷風之習習也 惟下土之照臨兮 迺陽烏之赫赫也 之二者之所出兮 信天下之無敵也 胡群兇之竊發兮 至于今其猖獗也播惡名於天下而旣稔兮 志士仁人莫不爲東方惜也 是將動天下之兵端兮 不疑又何卜也

음을 분명히 밝히고 있다.

조선 중기의 정두경(鄭斗卿, 1597~1673)이 지은 '단군사檀君祠'라
는 제목의 시를 음미해 보자.

동해東海에 성인이 나셨으니[127] 요임금과 같은 시기라네.

부상扶桑에서 떠오르는 해를 공손히 맞이하니[128]

단목檀木 위에 상서로운 구름 서리네.

천지에 제후를 처음 세울 때 산하의 원기가 나뉘지 않았고

무진년부터 천년 세월 누리시니

나도 우리 임금께 헌수獻壽하려네.[129]

해 뜨는 곳에 있다는 신령한 나무인 부상扶桑을 또는 부목扶木이라
고도 한다. 부상에 관해 『십주삼도기十洲三島記』에서 말하였다.

부상扶桑은 푸른 바다 가운데에 있다. 잎은 뽕잎 비슷하고 오디가
열리며 키는 수천 길(丈) 둘레는 2천여 아름인데 두 그루가 한

---

127 성덕대왕신종의 명문銘文에, '동해의 삼신산三神山은 뭇 신선이 사는 곳,
　　땅은 반도蟠桃 동산에 자리 잡고 경계는 부상扶桑에 인접하였다. 여기에
　　우리나라가 있어 통합하여 한 고향이 되었다.(東海之上 衆仙所藏 地居桃墍
　　界接扶桑 爰有我國 合爲一鄉)' 하였다.

128　부상扶桑은 양곡暘谷에 있는 신목神木이다.

129　有聖生東海 于時並放勳 扶桑賓白日 檀木上靑雲 天地侯初建 山河氣不分
　　戊辰千歲壽 吾欲獻吾君.『동명집東溟集』 3권 단군사檀君祠.

뿌리에서 나와 서로 기대고 있기 때문에 부상이라 한다.

또『산해경山海經』에는 부상이 있는 곳을 양곡湯谷이라고 했는데, 이곳은 해가 처음 뜨는 곳이라고 하였다.

아래에 양곡湯谷이 있다. 양곡의 위에 부상扶桑이 있는데 이곳은 열 개의 태양이 목욕하는 곳으로 흑치의 북쪽에 있다. 물 가운데에 큰 나무가 사는데 아홉 개의 태양이 아래 가지에 있고 한 개의 태양이 윗가지에 있다.[130]

양곡湯谷의 위에 부목扶木이 있는데 한 개의 해가 막 도착하자 한 개의 해가 막 떠오르며 모든 해가 세발 까마귀(三足烏)를 싣고 있다.[131]

동해의 밖 대학大壑은 소호少昊의 나라이다. 소호가 전욱顓頊 임금을 이곳에서 키우고 그때의 거문고를 버려두었다. 감산甘山이라는 곳이 있어 감수甘水가 여기에서 나와 감연甘淵을 이룬다.[132]

---

130 下有湯谷 湯谷上有扶桑 十日所浴 在黑齒北 居水中 有大木 九日居下枝 一日居上枝.『산해경』제9「海外東經」

131 湯谷上有扶木 一日方至 一日方出 皆載于烏.『산해경』제14「大荒東經」

132 東海之外大壑 少昊之國 少昊孺帝顓頊于此 棄其琴瑟 有甘山者 甘水出焉 生甘淵.『산해경』제14「大荒東經」

감수 근방에 희화국羲和國이 있다.

희화羲和라는 여신이 있어 이제 막 감연甘淵에서 해를 목욕시키려
하고 있다.[133]

곽박의 주석에서 말하였다.

희화羲和는 천지가 처음 생겼을 때에 일월을 주관하는 사람일
것이다. 그러므로 『계서啓筮』에 공상空桑이 푸르고 팔방이 이미
열려 이에 희화가 있어 일월의 출입을 주관하는 일을 직무로
하여 이로써 밤과 낮이 되었다. 또 말하기를 저 천상天上을 보면
한 번 밝아지면 한 번 어두워지는데 희화가 있어 태양을 양곡暘谷으
로부터 내는 것이다. 그래서 요堯는 이로 말미암아 희화의 관직을
두고 사시四時를 관장시켰다. 그 후예가 나라를 다스리게 되고
일월의 모형을 만들어 관장하며 그것을 감수에서 목욕도 시키고
운행도 시켜 출입을 본떴다.

이상의 여러 설을 종합하면 해가 뜨는 곳을 양곡(暘谷, 혹은 湯谷)이
라 하고 그곳에 부상扶桑이라는 신령한 나무가 있다.
태양은 모두 10개인데 교대로 운행하며 그곳에 희화羲和라는 여신
이 있어 일월日月의 출입을 주관하며 운행을 마친 해를 감연甘淵에서

---

133 甘水之間 有羲和國 有女子 名曰羲和 方日欲于甘淵. 『산해경』 제15 大荒南經
 아래 곽박의 주석은 이 문장에 대한 것이다.

목욕시켜 부상扶桑나무 가지에 대기시킨다.

　불교의 『증일아함경增一阿含經』[134]에서도 말하기를 세계가 파괴될 때에는 일곱 개의 태양이 동시에 떠오르는데, 이때에 우주의 모든 별들은 물론이고 수미산까지도 불타 없어져 아무것도 남지 않게 된다고 하였다.

　불교에서는 수행의 경지에 따라 5안五眼이 있다고 하는데, 즉 육안肉眼·천안天眼·혜안慧眼·법안法眼·불안佛眼 등이 그것이다. 일반적으로 대부분의 무신론자들은 육안으로 보이는 것이 세상의 전부라고 생각하고 있지만 불교에서는 나머지 천안·혜안·법안·불안이 열릴 때마다 불가사의한 새로운 세계가 펼쳐진다고 하였다.

　이와 같이 『산해경』에서 말하는 해 뜨는 곳에 대한 내용은 옛 성인이 천안으로 보고 밝힌 것으로 육안으로 확인할 수 있는 경계가 아니다. 불교에서 말하는 천국인 도리천忉利天이 신라 도읍지에 있는 낭산狼山의 남쪽이라고 하였듯이, 해 뜨는 곳 역시 천안으로 보면 아사달의 특정구역에 중첩되어 있다는 말이다. 경전을 연구하는 사람들은 이 점을 명심해야 한다.

　그러므로 우이·동방·동표·양곡·부상 등은 동쪽이라는 의미보다는 해 뜨는 곳을 뜻하는 지명이며 고유명사라고 할 수 있다. 또한 『후한서』 동이전에서 말하는 해 뜨는 곳인 양곡暘谷은 고조선의 도읍지인 아사달에 있는 신성구역이며, 구이九夷는 단군조선의 후예

---

[134] 『증일아함경增一阿含經』 七日品

인 동이족의 아홉 종족을 말하는 것이다.

3. 삼국사기에 나타난 아사달 관련 전거

그렇다면 동방은 지금의 어느 곳을 말하는 것일까?

신라 효소왕孝昭王 때의 국사國師 혜통의 전기에 신라 도읍지를 해 뜨는 곳인 우이嵎夷라고 하였다.

중 혜통惠通은 그 씨족을 자세히 알 수 없다. 세속인으로 있을 때 그의 집은 남산南山 서쪽 기슭인 은천동銀川洞 동구에 있었다. …… 마침내 속세를 버리고 출가하여 법명을 혜통으로 바꿨다. 당나라에 가서 선무외 삼장善無畏三藏을 찾아뵙고 배우기를 청하니 삼장이, "우이嵎夷의 사람이 어떻게 법기法器가 될 수 있겠는가!" 하고 가르쳐 주지 않았다.[135]

또 이차돈의 순교에 관한 글에 이런 말이 있다.

옛날 법흥대왕이 자극전紫極殿에서 팔짱 끼고 옷자락을 늘어뜨리며 부상扶桑의 구역을 굽어 살피며 좌우에 이르기를……[136]

---

135 釋惠通 氏族未詳 白衣之時 家在南山西麓 銀川洞之口 … 便弃俗出家 易名惠
通 徃唐謁 無畏三藏 請業 藏曰 嵎夷之人 豈堪法器 遂不開授.『삼국유사』권
5, 惠通降龍

여기에 자극전紫極殿은 신라 법흥왕이 나라를 다스리던 궁궐이고, 부상扶桑은 양곡暘谷에 있다는 신령한 나무를 말하는 것이니, 고조선과 신라는 같은 곳에 궁궐이 있었다는 결론에 이르게 된다. 그리고 이를 뒷받침하는 내용들이 『삼국사기』에서도 보인다.

진성여왕 11년(897) 여름 6월에 왕이 태자 요嶢에게 왕위를 넘겨주었다. 이에 당 나라에 사신을 보내 표문으로 아뢰기를, "신臣 아무는 삼가 말씀드립니다. [해 뜨는 우이嵎夷에] 살면서 희중義仲의 관직에 있는 것이 신의 본분이 아니고,[137] 연릉延陵[138]의 절개를 지키는 것이 저의 좋은 방책인가 합니다. 신의 조카 요(嶢, 효공왕)는 신의 돌아가신 형 정(晸, 헌강왕)의 아들인 바, 나이는 바야흐로 15세가 되고 그 그릇됨이 종실을 일으킬 만하기에 밖에서 구할 필요 없이 안에서 천거했습니다. 근래 들어 이미 그로 하여금 번국의 일을 임시로 맡게 하여 나라의 재난을 진정시키고 있사옵니다."라고 하였다.[139]

---

136 昔在法興大王 垂拱紫極之殿 俯察扶桑之域以謂….『삼국유사』권3 원종흥법 염촉멸신

137 이 양위표讓位表는 최치원이 지은 것으로 『동문선』에 실려 있다. 원문에 '해 뜨는 우이嵎夷에 살면서 희중義仲의 벼슬에 있는 것이 신의 본분이 아니고'(日邊居義仲之官 非臣素分)라고 했다. 『東文選』43권 讓位表

138 연릉延陵: 계찰季札을 말한다. 춘추春秋 시대 오吳 나라 왕자인데 그 아버지 수몽壽夢이 어질게 여겨 큰 아들을 버리고 계찰을 세우려 하였으나 사양하고 받지 아니하여 연릉延陵에 봉하였다.

당나라 고종이 신라 왕 김춘추를 우이도 행군총관嵎夷道行軍摠
管으로 임명하여 군사를 거느리고 당나라 군사와 합세하게 하
였다.[140]

효성왕 2년(738년) 봄 2월 또 새로 왕위를 이은 임금을 개부의동삼
사開府儀同三司 신라왕으로 책봉했다. 형숙邢璹이 당에서 떠날
즈음에 황제가 시詩의 서문을 짓고 태자 이하 백관들이 모두
부賦와 시를 지어 전송했다.

　황제가[141] 형숙에게 말했다. "신라는 군자국이라 부르고, 자못
『시경詩經』・『서경書經』까지도 잘 알아 중국과 비슷함이 있다.[142]
그대는 독실한 선비인 까닭에 부절符節을 주어 보내는 것이니,
마땅히 경서經書의 뜻을 강연하여 그들로 하여금 대국에 유교가
성함을 알게 하라." 하였다.[143]

---

139 『삼국사기』 신라본기. 十一年夏六月 王禪位 於太子嶢 於是遣使入唐 表奏
　　曰 臣某言 居義仲之官 非臣素分 守延陵之節 是臣良圖 以臣姪男嶢 是臣亡
　　兄晸息 年將志學 器可興宗 不假外求 爰從內擧 近已俾權藩寄 用靖國災
140 『삼국사기』 백제본기 의자왕 20년. 以新羅王 金春秋 爲嵎夷道行軍揚管
　　將其國兵與之合勢
141 당 현종
142 『신당서新唐書』에는, '신라는 군자국으로 불리며 『시경詩經』・『서경書經』까
　　지도 안다.(新羅號君子國, 知詩書)'고 했다.
143 『삼국사기』 신라본기. 且冊嗣王 爲開府儀同三司新羅王 璹將發帝製詩序
　　太子已下百寮 咸賦詩以送 帝謂璹曰 新羅號爲君子之國 頗知書記 有類中國
　　以卿惇儒 故持節往 冝演經義 使知大國儒敎之盛

진덕왕 태화 원년 무신(648년)에 김춘추는 고구려에 청병하였으나 이루지 못하였으므로 마침내 당나라에 들어가 군사를 요청하였다. 태종 황제가

"너희 나라 김유신의 명성을 들었는데 그 사람됨이 어떠한가?"라고 묻자, (김춘추가)

"유신은 비록 조금 재주와 지혜가 있지만 만약 천자의 위엄을 빌리지 않는다면 어찌 이웃한 근심거리를 쉽게 없애겠습니까?"라고 대답하니, 황제가

"참으로 군자의 나라로다.(誠君子之國也)"라고 말하며 이에 [청병을] 허락하고는 장군 소정방에게 군사 20만으로 백제를 정벌하러 가라는 조서를 내렸다.[144]

삼국이 다 같은 고조선의 후예이면서도 유독 신라를 군자국이라 부르고 나당연합군을 편성할 때 신라 왕 김춘추를 우이도 행군총관嵎夷道行軍摠管으로 임명한 것은 진성여왕이 왕위를 사양하는 표문에 "(해 뜨는 우이嵎夷에) 살면서 희중羲仲의 관직에 있는 것이 신의 본분이 아니고…"라는 구절에 나타나듯이 신라 궁실이 있었던 곳은 애초에 요임금이 즉위하여 맨 처음 희중羲仲을 파견하여 살게 했던

---

144 『삼국사기』41권 열전 제1 김유신 上. 眞德王 大和元年戊申 春秋 以不得請於 高句麗遂入 唐乞師 太宗皇帝曰 聞爾國 庚信之名其爲人也如何對曰 庚信 雖少有才智若不籍天威豈易除鄰患 帝曰 誠君子之國也 乃詔許勅 將軍 蘇定 方 以師二十萬徂征百濟

우이嵎夷 지역이고, 단군의 궁실이 있었던 신성구역이기 때문에 역대 신라왕은 희중羲仲의 관직에 해당한다는 말이다.

이렇게 고조선과 신라 도읍지가 같은 곳이며 삼신산에 있었다는 사실이 최치원이 지은 지증대사 비문이나 신라 성덕대왕신종의 명문銘文 등에서도 분명하게 드러나고 있는데도 불구하고 이조시대에 개간改刊하였거나 새로 편찬된 모든 사서들에서 한 결 같이 단군이 지금의 평양平壤에 도읍을 정하고 개국하였다고 기록하고 있다. 이것은 조선왕조 건국명분인 숭유억불과 사대주의 정책의 일환으로 고의적으로 역사를 날조하였다는 하나의 단서가 된다.

요임금이 즉위한 해와 고조선 건국에 관해서는 여러 가지 설이 있지만, 요임금은 갑진년(甲辰, B.C. 2357)에 즉위하고 그 후 25년이 되던 무진년(戊辰, B.C. 2333)에 단군이 개국했다는 것이 정설이다.

4. 삼신산과 신시

고기古記에 '옛날의 삼신산이 곧 태백산이다.'[145]라고 하였다.

신선이 산다는 삼신산三神山은 봉래蓬萊 · 방장方丈 · 영주瀛洲를 말한다.

최치원이 지은 봉암사鳳巖寺 지증대사智證大師 비문에 이런 말이 있다.

---

145 『태백일사太白逸史』 신시본기神市本紀. 古之三神山者 卽太白山也

계림鷄林의 땅은 오산鼇山의 옆에 있는데
예로부터 도교와 유교에 기특한 자가 많았다.
가련하게도 희중羲仲이 직분에 소홀하지 않아
다시 불일佛日을 맞아 공과 색을 분변하였다.[146]

여기에 계림鷄林은 신라 초기에 김알지를 얻은 곳으로 닭이 날개를 펴고 있는 형상의 산이고, 오산鼇山은 금오산金鼇山이라고도 하는데 삼신산을 머리에 이고 있다는 신화속의 큰 자라 형상을 하고 있는 산이다.

그리고 '가련하게도 희중羲仲이 직분에 소홀하지 않아 다시 불일佛日을 맞아 공과 색을 분변하였다.'라는 구절은 지증대사를 무명을 밝히는 불일佛日에 비유하고 당시 신라 헌강왕은 희중羲仲의 관직에 해당하기 때문에 헌강왕이 지증대사를 궁실로 영접하여 법문을 듣고 망언사忘言師로 책봉했던 일을 두고 하는 말이다.

비록 짤막하지만 깊은 뜻을 내포하고 있는 절묘한 문장이라 할 수 있다. 왜냐하면 계림鷄林은 신라 도읍지에 있는 명승지이고, 오산鼇山은 삼신산 인근에 큰 자라 형상을 하고 있는 산을 말하는 것이니, 신라 궁실은 삼신산에 있었고 그곳이 바로 신시神市이며 거기에 단군 궁실이 있었기 때문이다.

신선이 산다는 삼신산에 신라 도읍지가 있다는 사실은『삼국사기』

---

146 鷄林地在鼇山側 仙儒自古多奇特 可憐羲仲不曠職 更迎佛日辨空色

에서도 그 단서가 보인다. 일찍이 최치원이 중국에 건너가 과거에 급제하여 문장으로 명성을 떨치고 28세에 귀국할 때에 같은 해에 급제한 중국인 고운顧雲이 이런 시를 지어 주며 송별을 아쉬워하였다.

내 들으니 바다 위에 금오金鼇 셋이 있어
금오는 머리에 삼신산을 이고 있다네.
높고 높은 산 위에는 구슬궁전 진주대궐 황금전각이 있고
산 아래는 천리만리 넓은 물결이라네.
그 곁에 한 점 계림鷄林이 푸른데
오산鼇山의 빼어난 정기 기특한 인재 낳았도다.
12세에 배를 타고 건너와 문장으로 중국을 감동시켰네.
18세에 과거에 나아가 한 화살 쏘아 과녁을 깨쳤다네.[147]

이 시를 보면 신라 도읍지는 삼신산에 있었으며 삼신산을 머리에 이고 있다는 금오산 곁에 계림鷄林이 있다는 사실이 뚜렷이 드러나 있다. 지리산은 신선이 산다는 삼신산의 하나로 방장산方丈山이라고 한다.

---

147 『삼국사기』 열전列傳 제6 최치원崔致遠. 我聞海上三金鼇 金鼇頭戴山 高高山 之上兮 珠宮貝闕黃金殿 山之下兮 千里萬里之洪濤 傍邊一點鷄林碧 鼇山 孕秀生奇特 十二乘船渡海來 文章感動中華國 十八橫行戰詞苑 一箭射破金 門策

『열자列子』 탕문湯問 편에 보면, 발해에 신선이 사는 삼신산이 떠 있는데 큰 바람이 불면 삼신산이 파도에 밀려 이리저리 떠다니므로 상제上帝께서 이를 걱정하여 동해의 신령한 자라인 금오金鰲 3마리가 각각 한 조가 되어 솥발처럼 머리에 삼신산을 이고 있게 하여 안정시켰다는 전설이 있다.

이 시는 그 삼신산을 말하는 것으로 신라 도읍지의 명승지인 계림과 자라형상을 한 금오산이 삼신산 인근에 있으며 전설속의 삼신산에 신라 궁실이 있고 최치원은 금오산의 정기를 받아 태어났다는 요지이다.

또 조선 전기의 문신 서거정(徐居正, 1420~1488)은 '영남으로 유람 가는 일암一菴 전 상인專上人[148]을 보내며'(送一菴專上人遊嶺南)라는 시에서 이렇게 말했다.

서쪽 유람 끝내자마자 또 남쪽을 유람하니
지팡이와 물병의 외로운 자취에 길은 멀기만 하네.
죽령은 멀리 월악산과 서로 연하였고
화천은 아스라이 성주에 접하였는데
두류산 아래선 촉석루의 달을 구경하고
수로국 앞에선 김해의 가을을 맞이하리.
곧장 계림鷄林에 이르러 좋은 경치 찾노라면

---

148 상인上人: 고승을 높여 부르는 호칭

황룡사는 옛 여섯 자라六鼈 머리에 있다네.[149]

여기에 '여섯 자라(六鼈)'[150] 역시 금오산金鼇山을 말하는 것으로 삼신산에 황룡사가 있다는 말이다.

신라 혜공왕惠恭王 7년(771)에 주조한 봉덕사 종(에밀레종)에 새겨진 종명鐘銘에는 신라인의 국가관과 역사인식이 잘 드러나 있다.

하늘은 일월성신을 드리우고, 대지에 비로소 방위가 열리니
산과 물이 자리 잡고 나라들이 벌여졌다.
동해의 삼신산은 뭇 신선이 감추인 곳
땅은 반도蟠桃 골짜기에 자리 잡고
경계는 부상扶桑에 인접하였다.
여기에 우리나라가 있어 통합하여 한 고향이 되었다.
임금들의 성스러운 덕이 대代가 오래될수록 더욱 새롭고
묘하고 묘한 맑은 교화는 멀고 가까운 데 두루 미치었다.
은혜를 가지고 먼 곳까지 덮으니 만물과 더불어 고르게 은택에 젖는다. …중략…

---

149 『사가시집四佳詩集』 제21권 시류詩類. 西遊纔罷又南遊 瓶錫孤蹤道里悠 竹嶺迢迢連月岳 花川渺渺接星州 頭流山下石樓月 首露國前金海秋 直到鷄林探勝景 黃龍寺古六鼇頭

150 『열자列子』 탕문湯問 편에 '용백국龍伯國에 대인大人이 있어 한 낚시로 삼신산을 머리에 이고 있는 여섯 마리의 자라들을 연달아 낚아버렸다.'는 구절이 있다.

사람과 신神이 힘을 도와 진기한 그릇(종)이 위용을 이루니
능히 마귀를 항복시키고 물고기와 용까지도 구제한다.
위엄이 양곡暘谷에 떨치고 소리는 삭봉朔峯에까지 맑게 들리리.[151]

5. 지리산 산신이 단군 어머니라는 설

지리산의 산신을 석가의 어머니 마야부인이라고 하는데, 신라시대
에는 시조 박혁거세의 어머니 선도성모仙桃聖母라고 하며 고려시대
에도 태조 왕건의 어머니 위숙왕후威肅王后[152]라고 했다.

　『삼국사기』에 의하면 송宋나라의 사신 왕양王襄이 고려에 와서
지리산 산신께 제사지낸 제문에 '현인을 잉태하여 처음으로 나라를
세웠다.(娠賢肇邦)'라는 구절이 있다.

　또한 서산대사가 지은 '석가세존의 금골사리金骨舍利 부도비浮圖
碑'의 비문에서도 석가모니의 행적과 우리나라에 부처님 사리의
유통경로를 자세히 밝히고 있으며 아울러 고조선의 신시神市와 단군
의 출생에 관해 언급하고 있다.

---

151 『신증동국여지승람』 21권 경주부. 紫極懸象 黃興啓方 山河鎭列 區宇分張
　　東海之上 衆仙所藏 地居桃埊 界接扶桑 爰有我國 合爲一鄕 元元聖德 曠代
　　彌新 妙妙淸化 遐邇克臻 將恩被遠 與物霑均 …… 人神獎力 珍器成容 能伏
　　魔鬼 救之魚龍 震威暘谷 淸韻朔峯
152 『제왕운기』의 왕건 출생에 관한 구절에, '어언 간에 지리산 성모는 성자(왕건)
　　를 낳고(지리산 天王이다)'於焉誕聖智聖母(智異山 天王也) 하였다.

오직 영남 통도사의 신승神僧 자장慈藏이 옛적에 봉안한 석가세존의 금골사리 부도가 자못 신기한 영험이 많아, 마침내 천문千門으로 하여금 선善에 들게 하였고 또 한 나라로 하여금 인仁을 일으키게 하였으니 과연 세상의 거룩한 보배라 할 만하다. …중략…

또한 우리 동방에는 처음에 군장君長이 없었고 제후諸侯도 줄지어 있지 않았다. 신인神人 단군檀君이 태백산 신단수神檀樹 밑에서 출생하여 일어나 시조 왕이 되니, 중국 요임금과 나란히 서게 되었다.

그렇다면 태백산은, 태백산이 처음으로 한 나라의 왕을 잉태하여 조선 국민으로 하여금 동방 오랑캐라는 이름을 아주 벗게 하였고, 마침내는 삼계三界의 스승을 봉안하여 또한 동방의 백성들로 하여금 부처가 될 인연을 잃지 않게 하였으니 이것이 어찌 산의 신령스러움이 아니겠는가.[153]

이와 같이 서산대사는 자장법사가 가져 온 사리와 유골을 봉안한 부도가 있는 곳이 바로 고조선의 신시神市이며 이 산의 산신이 단군을 낳아 나라를 처음으로 세웠다고 하였다.

현재 지리산 화엄사에는 자장법사가 가져온 석가모니의 사리 100과 중에 73과와 유골이 함께 봉안된 사리탑이 국보 제35호로

---

[153] 『청허당집淸虛堂集』. 且我東方 初無君長 不列諸侯 神人檀君 出興於太白山 神檀樹下 爲始祖王 與堯幷立也 然則太白 太白始胎于一國王 使朝鮮國民 永脫東夷之號 終安于三界師 亦使東方羣氓 不失成佛之因 此非山之靈也耶

지정되어 있다.

『화엄경』에 마야부인은 도의 경지가 관세음보살과 같은 부처의 경지인 제11 등각지等覺地에 해당하는데, 모든 부처님을 낳는 부처의 어머니일 뿐만이 아니라 '보현普賢의 행원行願을 닦아서 모든 중생들을 교화하려는 이에게도 나의 몸이 그들의 어머니가 되는 것을 내가 보노라.'[154]고 하였다.

6. 고조선이 천축국이라는 설

지금부터 4천 3백여 년 전인 중국의 요순堯舜시대에 간행되어 동양 최고最古의 고전으로 일컬어지는『산해경』[155]에는 고조선에 관해 이렇게 말하였다.

> 동해의 안쪽 북해의 모퉁이에 조선朝鮮이라는 나라가 있는데 천독(天毒, 천축국)이다. 그 사람들은 물에 살며 남을 아끼고 사랑한다.[156]

---

154 諸有修行普賢行願 爲化一切諸衆生者 我自見身 悉爲其母.『80화엄경』76권 입법계품 42

155 『산해경山海經』은 요순시대 홍수가 범람할 때 우禹와 함께 동행하여 홍수를 다스렸던 백익伯益이 지은 책이다. 우禹는 순임금을 이어 천자가 되고 우임금이 세상을 떠나자 다시 백익이 천자의 자리에 올랐으나 3년 상을 치룬 뒤 우의 아들 계啓에게 천자의 자리를 물려주었다.

156 『산해경』제18 해내경海內經. 東海之內 北海之隅 有國 名曰朝鮮天毒 其人水

'조선 사람들이 물에 산다.'는 말은 한반도의 골격을 이루고 있는 삼신산이 천안天眼으로 보면 동해 가운데 있다는 전설에서 의거한 것이다. 이 대목에서 동진東晉의 대 문호인 곽박(郭璞, 276~324)은 주석에서 이렇게 말했다.

천독天毒은 곧 천축국天竺國을 말한다. (그 나라에서는) 도덕道德을 귀하게 여기고 문서文書와 금·은·동전·화폐가 있었다. 부도(浮屠, 불교)는 이 나라에서 나온 것이다.[157]

또 진晉나라 종병(宗炳, 375~443)이 지은 『명불론明佛論』에서 말하였다.

백익伯益은 『산해경』에서 '천독국天毒國은 남을 아끼고 사랑한다.'고 서술하였다. 곽박의 주석에 의하면 '옛날에 천독天毒이라는 것은 곧 천축天竺으로서 부도(浮屠, 불교)가 일어난 곳이라고 하였다. 외偎는 사랑의 의미로서 또한 부처님의 대 자비의 가르침이다. 원래는 이미 삼황 오제시대에도 (불교에 관해) 알려져 있었던 것이다.[158]

居 偎人愛之

157 『산해경』(朴一峰 譯, 育文社), 제18 해내경. 天毒卽天竺國 貴道德 有文書金銀錢貨 浮屠出此國中也

158 승우僧祐의 『홍명집弘明集』 2권 「명불론明佛論」. 伯益述山海 天毒之國 偎人而愛人 郭璞傳 古謂天毒卽天竺 浮屠所興 偎愛之義 亦如來大慈之訓矣 固

조선朝鮮이 본래 천축국이며 불교의 발상지라고 말하고 있다. 신라 27대 선덕여왕善德女王이 기미를 미리 알아차린 세 가지 일이 있으니 그 셋째,

왕이 건강할 때에 군신群臣들에게 '내가 아무 해 아무 달 아무 날에 죽을 것이니 도리천에 장사하라.' 하였다. 신하들이 그곳을 알지 못하여 '어디 입니까?' 하니 왕이 대답하기를 '낭산狼山의 남쪽이니라.' 하였다.

과연 그달 그날에 세상을 떠나니 군신들이 낭산狼山의 양지에 장사하였다. 그 후 10여년에 문무대왕이 사천왕사四天王寺를 왕의 무덤 아래에 창건하였다. 불경佛經에 이르기를, 사천왕천四天王天 의 위에 도리천이 있다고 하였다. 이에 선덕대왕이 신령한 성인이 었음을 알게 되었다.[159]

천축天竺이란 '부처님이 사는 나라'라는 의미이다. 불교에서는 부처의 몸을 법신法身·보신報身·화신化身으로 구분하여 삼신불三身佛이라고 한다. 큰 사찰에 가면 삼신불이 봉안되어 있는 것을 흔히 볼 수 있다.

삼신불은 부처님이 인간과 천상의 다양한 중생들을 교화하기 위해서 다양한 모습의 몸을 나타낸 것으로 이것은 교회에서 하나님

亦旣聞於三五之世也

[159] 『삼국유사』 1권 선덕왕善德王 지기삼사知幾三事.

의 몸을 성부·성신·성자라고 하는 것과 같은 것이다.

법신불法身佛은 우주를 몸으로 삼는 비로자나불이요, 보신불報身佛은 수행의 과보로 성불하여 인간의 몸을 버리고 열반하여 천국에 사는 부처님을 말하는 것으로 노사나불盧舍那佛이라고 한다.

미륵불彌勒佛이 도솔천에 살고 아미타불阿彌陀佛이 극락세계에 산다는 것이 보신불에 속한다.

화신불化身佛은 인간 세상에 내려와 도를 이룬 석가모니불이다.

인도는 화신불인 석가모니불이 탄생하여 일생을 살던 곳이기 때문에 천축이라고 한 것이고, 조선은 수미산 도리천을 중심으로 천국의 보신불報身佛이 사는 불국토가 있기 때문에 천축이라고 한 것이다. 이리하여 인도를 서축西쯔이라 하고 조선을 동축東쯔[160]이라고 한다.

『고기古記』에 '환웅은 천상의 무리 3천명을 거느리고 태백산太伯山 정상에 있는 신단수神壇樹 아래에 내려왔다. 이곳을 신시神市라 하고, 이 분을 환웅천왕桓雄天王이라고 한다.'고 하였다. 그렇다면 아사달은 신라 도읍지를 말하고, 신시神市는 환웅천왕이 신단수 아래에 처음 내려와 단군이 궁전을 세우고 개국했던 신성구역으로 바로 도리천을 가리키는 것으로 보인다.

삼위태백은 곧 삼신산을 말하는 것이고, 태백산 정상이란 도리천을 가리키는 말로 풀이되는데, 불경佛經에서 수미산이 세상에서

---

160 신라 진흥왕이 동축사東쯔寺를 창건하였다. 『삼국유사』 3권, 황룡사 장육 참조

가장 높고 수미산 정상에 도리천이 있다고 하였기 때문이다.

이렇게 볼 때 환인桓因이 다스리는 도리천과 아사달이 육안肉眼으로 보면 실제로는 같은 곳이다.

또 경전에 수미산 준령에 설산雪山 향산香山 등이 있다고 하였는데, 영변의 묘향산妙香山은 경전 속의 향산香山에서 뜻을 취해 붙인 지명에 불과하다.

황해도 문화현의 구월산九月山은 주나라 무왕武王이 즉위한 기묘년에 기자箕子를 조선 왕에 봉하자 이에 단군은 장당경藏唐京에 은거하였다고 했는데, 이곳이 지금의 구월산을 말하는 것으로 장당경은 단군이 은거한 곳이지 도읍지를 옮긴 것이 아니다.

7. 신단수와 웅상雄常

환웅천왕이 처음 태백산 정상의 신단수神檀樹 아래에 내려왔다고 하는데, 신단수를 혹은 단목檀木이라고도 한다. 이리하여 단군檀君[161] 이라고 하는데, 여기에 단목은 박달나무가 아니라 전단향栴檀香 나무를 말하는 것이다. 『동사강목東史綱目』에 이런 말이 있다.

---

[161] 삼국유사에는 神壇樹, 壇君 등으로 표기하였는데 여기에 壇은 생명을 잉태하고 탄생시키는 성모의 음부를 뜻하는 말이다. 그리하여 신인 스타들의 등용문을 시단詩壇 극단劇壇 문단文壇 등으로 쓰고 있다. 이렇게 볼 때 壇君은 성모가 낳은 임금이라는 말이 된다.

목은 이색李穡의 묘향산기妙香山記에, '묘향산은 압록강鴨綠江 남쪽에 있는데, 요양遼陽과 경계가 되고 장백산長白山에서 흘러내린 산맥이며 그 산에는 향나무가 많다.' 하였다. 그렇다면 묘향산이란 이름은 향나무가 많기 때문에 붙여진 것이리라.

단군이 태백산 단목檀木 아래에서 강생降生하였고 단檀은 바로 전단향栴檀香 나무이다. 그러므로 마침내 후인이 그 임금을 단군檀君이라 칭하고, 그 산을 묘향妙香이라 부른 것이다.[162]

또 최치원이 지은 쌍계사 진감선사眞鑑禪師 비문에서 말하였다.

아름답도다. 해가 양곡暘谷에서 떠서 깊은 골짜기까지 비추지 않는 곳이 없고, 해안(海岸, 삼신산)에 전단향을 심으니 세월이 갈수록 더욱 향기롭다.[163]

전단향나무는 목재의 빛깔에 따라 자단紫檀과 백단白檀이 있는데, 예로부터 매우 신성시 되는 향나무이다. 중국 원나라 황실에서는 사신을 접대하는 영빈관을 자단전紫檀殿이라 했고,[164] 신라에서

---

162 『동사강목東史綱目』 부附 권하卷下 태백산고太伯山考. 李牧隱 妙香山記曰 山在鴨綠水南 與遼爲界 長白山之所分 也 地多香木 然則 妙香之稱 以其香木之多而然也 檀君降於太伯山 檀木下 檀是香木 故後人遂稱 其君曰檀君 名其山曰妙香耶

163 懿乎 日出暘谷 無幽不燭 海岸植香 久而彌芳

164 『고려사』에 고려 충렬왕과 충선왕 등 사신 일행이 원나라 황실의 자단전紫檀

는 '진골眞骨의 수레의 자재로 자단紫檀·침향목沈香木을 쓰지 못한
다.'[165]라고 규정하고 있다. 즉 왕족인 성골聖骨만이 향기롭고 단단한
자단목이나 침향목으로 수레를 만들 수 있다는 말이다. 불교에서는
부처님 생존 시에 인도 우전왕이 전단향나무로 최초의 불상을 조성
하였고 지금도 법당에 사르는 향으로 전단 향을 가장 귀하게 여긴다.
『환단고기桓檀古記』에 이런 말이 있다.

경인庚寅 원년(B.C. 1891) 황제(단군)는 오가五加에게 명하여 12
명산을 골라 가장 수승한 곳을 골라 국선國仙의 소도蘇塗를 설치하
였는데, 주위에 전단향栴檀香 나무를 많이 심어 가장 큰 나무를
골라 환웅桓雄의 상像으로 봉하고 제사지냈는데, 이름을 웅상雄常
이라고 한다.
국자감 사부師傅인 유위자有爲子[166]가 계책을 올려 말했다.
"생각하옵건대, 우리 신시神市는 실로 환웅桓雄천왕이 개천開天한
이래로 무리를 모아 국선國仙의 구역을 설치하여 재계齋戒하게
하고 천부경天符經과 삼일신고三一神誥를 조술祖述하여 가르치고
교화하여 위에서는 의관을 갖추고 칼을 차는 (군자국君子國의
풍류를) 본받으니 아래의 백성들이 범하는 일이 없고 함께 다스려

殿에서 황제를 알현했다는 기록이 있다.
165 眞骨車材 不用紫檀沈香. 『삼국사기』 33권 잡지雜志 제2 거기車騎
166 공자의 7대손 공빈孔斌이 지은 『동이열전東夷列傳』에, '유위자有爲子는 하늘
  이 낳은 성인으로 훌륭한 명성이 중국에도 넘쳐흐르니 이윤伊尹이 그 문하에
  서 수업하여 은殷나라 탕왕湯王의 어진 재상이 되었다.' 하였다.

져 들에는 도둑이 없어 저절로 평안하였습니다. 세상 사람들이 인재를 천거하니 근심이 없어 저절로 장수하고 굶주리는 일이 없었습니다. 그리하여 한가로이 산에 올라 달맞이하며 노래하고 춤추며 먼 곳이라도 가보지 않은 곳이 없고 흥이 나지 않은 곳이 없었습니다. 도덕이 넘치는 교화를 더하니 만민이 칭송하는 소리가 사해에 넘치는 시절이 있었으므로 이렇게 청하옵니다."[167]

소도蘇塗는 고조선 시대부터 단군이 주관하였던 종교의식이며, 이런 전통이 신라 진흥왕 때에 국선國仙의 원화(源花, 화랑)으로 다시 부활되었고, 고려시대에 이르러서는 팔관회八關會로 계승되었다. 웅상雄常에 관해 『산해경』에,

숙신국肅愼國은 백민白民의 북쪽에 있다. 이름을 웅상雄常〔혹은 낙상雒常〕이라고 하는데, 선대의 삼황오제가 여기에서 취하였다. 〔그 풍속에 (천자의) 의복이 없어 중국 성제聖帝가 즉위할 때면 이 나무에 가죽이 생겨 취하여 의복을 만들어 입었다.〕[168]

---

167 『환단고기桓檀古記』 단군세기. 庚寅元年帝命五加 擇十二名山之 最勝處設 國仙蘇塗 多環植檀樹 擇最大樹 封爲桓雄像而祭之 名雄常 國子師傅有爲子 獻策 曰惟我神市 實自桓雄開天 納衆以佺設戒 而化之天經神誥詔述 於上衣 冠帶劍樂効 於下民無犯 而同治野無盜而自安 擧世之人無疾 而自壽無歉 而自裕登山 而歌迎月而舞 無遠不至 無處不興 德敎加於萬民頌聲溢 於四海 有是請

168 『산해경』 제7 해외서경海外西經. 肅愼之國 在白民北 名曰雄[或作雒]常 先八

라고 하였으며, 『진서晉書』 동이전東夷傳에서도,

나무가 있는데 이름을 낙상雒常이라고 한다. 만약 중국에서 성제
聖帝가 대를 이어 즉위하면 그 나무에 가죽이 생겨 의복을 만들
수 있다.[169]

라고 하였다.

『삼국유사』에 '웅녀熊女는 혼인해서 같이 살 사람이 없으므로
날마다 신단수 아래에서 잉태하기를 기원했다. 환웅이 잠시 변하여
그와 혼인했더니 이내 잉태해서 아들을 낳았으니 이름을 단군왕검이
라고 한다.'고 하였는데, '주위에 전단향 나무를 많이 심어 가장
큰 나무를 골라 환웅桓雄의 상像으로 봉하고 제사지냈는데, 이름을
웅상雄常이라고 한다.'는 내용으로 보아 신단수와 웅상雄常은 흡사한
점이 있다.

환웅은 원래 도리천의 천신이기 때문에 인간 모습을 하지 않고
신단수에 신령이 깃들어 살면서 정사政事를 돌보았던 것으로 보
인다.

代帝 于此取之 [其俗無衣服 中國有聖帝代立者 則此木生皮可衣也]. 괄호
안은 곽박의 주석.
[169] 有樹名雒常 若中國有聖帝代立 則其木生皮可衣

8. 역사왜곡의 시기와 배경

일반적으로 역사왜곡을 이야기할 때 흔히 일본에 혐의를 두지만 필자는 그렇게 보지 않는다.

신라 도읍지는 수미산 도리천忉利天이 있는 불보살이 사는 불국토이며 불교의 발상지이고 이상향이다. 또한 신라 도읍지의 황룡사를 중심으로 흥륜사 사천왕사 영묘사 등 일곱 절터는 전불前佛시대의 절터라고 하였다. 이리하여 『산해경山海經』에서도 조선朝鮮은 천축국이라고 하였다. 그런 신성한 곳이기에 고조선도 이곳에 도읍하고 2천년을 누렸으니 신라 천년과 합치면 이미 3천년 도읍지이다.

바로 이러한 사실이 이씨조선의 건국 명분인 이른바 불교를 배척하고 유교를 국교로 도입하는 숭유억불崇儒抑佛 정책과 정면 배치背馳되고 있는 것이다.

고려 말기 명나라의 부당한 요구에 의해 이성계와 조민수 등이 요동정벌에 나섰다가 위화도에서 이성계의 주도로 말머리를 돌려 회군하여 오히려 고려군이 꺾이고 이로 인해 우왕은 왕위에서 물러나고 고려 조정의 마지막 보루인 최영 장군이 유배 길에 오르면서 이성계의 독무대가 되고 고려 조정은 서서히 멸망의 그림자가 드리워지고 있었다. 그리고 이성계는 허수아비 왕을 앞세워 정적政敵들을 차례로 제거하고 마지막으로 정몽주가 살해되자 마침내 조선을 건국한다.

건국 직후 조선 조정에서는 국사인 『삼국사기』와 『삼국유사』를 서둘러 개간改刊하기에 이른다.

현재 유통되고 있는 『삼국사기』는 그 발문에 밝혀져 있듯이, 즉위 2년(1393) 7월에 경주 부사에게 공문을 보내어 8월에 판각에 착수하여 이듬해(1394) 4월에 완성된 것이다.

그리고 『삼국유사』는 조선 중종 7년 임신(壬申, 1512)년에 개간改刊했는데, 이때 이계복이 지은 발문의 첫머리에 보면 "우리 동방의 『삼국사기』와 『삼국유사』 두 책이 다른 곳에서는 간행된 것이 없고 오직 경주부慶州府에서만 있었다."고 하였고 이때 개간한 판본과는 내용이 조금 다른 고판본의 인본印本이 현재 유통되고 있는 것으로 보아 조선 초기에 삼국사기를 개간할 때 삼국유사도 함께 개간했던 것으로 보인다.

그렇다면 어떤 형식으로 역사를 왜곡했던 것일까?

앞에서 대략 살펴보았듯이 고조선의 도읍지와 신라 천년의 도읍지는 똑같이 삼신산의 하나인 방장산(方丈山, 지리산)에 있었는데, 이곳은 『후한서』 동이전에서 밝히고 있듯이 인류문명의 발상지이며 또한 여러 종교에서 말하는 이상향이기도 하다.

바로 이 한국사의 중심에 있는 신라 도읍지를 오히려 백제 구차례현仇次禮縣이었다고 날조하여[170] 유물을 수거하여 경주 지역에 봉분

---

170 신라 도읍지는 관련 자료를 종합해 볼 때 지리산의 서남단 일대로 현재 전남 구례군에 해당한다. 그런데 오히려 구례현은 본래 백제 구차례현이라

을 만들어 왕릉인 것처럼 꾸미고, 또 고조선의 도읍지는 현재의 평양平壤이라고 날조하여 기존의 역사서를 개간改刊한다는 명분하에 거기에 맞게 치밀하게 개작하고 나면 찬란했던 동방의 역사는 여지없이 초토화되고 그들의 건국 명분인 숭유억불과 사대주의에 부합되는 결과를 낳게 되는 것이다.

그러나 범죄는 흔적을 남기는 법이다.

신라 도읍지에는 인위적으로 조작할 수 없는 뚜렷한 증거물이 있다. 전북 진안군에 가면 말의 두 귀를 닮은 형상의 마이산馬耳山이 있듯이, 신라 도읍지에는 여자의 생식기가 활짝 벌어진 형상의 여근곡女根谷, 삼신산을 머리에 이고 있다는 자라 형상의 금오산金鰲山, 닭이 홰를 치며 우는 형상의 계림鷄林 등이 지금 지리산의 서남단 구례군 일대에 선명하게 모양을 갖추고 있다.

그럼에도 불구하고 조선왕조가 멸망한 지 한 세기가 지나도록 철저하게 현혹되고 있는 것을 보면 참으로 불가사의한 일이다.

9. 맺는 말

'해 돋는 우이嵎夷에 궁전을 짓고 살며 나라를 다스리니 곧 양곡暘谷이라 한다.'[171]

고 했다. '구례현은 본래 백제 구차례현仇次禮縣인데 경덕왕이 지명을 고쳤다.'(求禮縣 本百濟 仇次禮縣 景德王改名) 『삼국사기』 제36권 잡지雜志 제5 지리 신라 곡성군 참조.

『후한서』 동이전에 고조선을 찬양하는 구절이다.

조선朝鮮이라는 국호는 해 뜨는 신성구역인 우이嵎夷에 고조선 단군왕검의 궁궐이 있었기 때문이라고 하였다.[172] 부상扶桑에서 막 떠오르는 아침의 맑은 햇살이 처음 비추는 동방에 조정이 있는 나라라는 말이다. 또 태양은 사사로이 어느 곳을 먼저 비추는 법은 없으나 수미산須彌山이 세상에서 가장 높고 큰 산이기 때문에 결과적으로는 수미산이 먼저 햇살을 받는다고 한다.

신라 선덕여왕은 수미산 정상에 있다는 도리천忉利天이 육안으로 보면 신라 도읍지에 있는 낭산狼山의 남쪽이라고 하였고, 그 후 10여년에 문무대왕이 사천왕사四天王寺를 왕의 무덤 아래에 창건하였다. 불경佛經에 이르기를 사천왕천四天王天의 위에 도리천이 있다고 하였다.

도리천은 에덴동산과 같이 지상에 있는 천국을 말하는 것으로 고조선의 신시神市는 바로 이곳을 가리키는 것이다.

이 짤막한 문헌 속에 우리 국토에 감추어진 비밀과 동방의 고대사 그리고 한민족의 미래에 펼쳐질 화려한 시대의 개막에 관한 예언을 모두 밝힌 것이라 할 수 있다.

왜냐하면 도리천은 수미산의 정상에 있기 때문에 불경에서 수미산과 도리천에 관한 실상을 더듬어 보면 그것이 바로 우리의 국토이고 우리의 역사이기 때문이다.

---

171 贊曰 宅是嵎夷 曰乃暘谷. 『후한서』 동이열전
172 『신증동국여지승람』 평양부

제4장 에덴동산에 신라 궁궐이 있었다

태초에 천지가 창조되어 만물이 갖추어지고, 거듭하여 지상에 출현한 최초의 인간은 과학자의 말대로 진화된 것일까, 아니면 창조된 것인가.

그리고 불교에서는 천지창조와 최초 인간의 출현에 관해 어떻게 설해지고 있는 것일까?

구약성서의 설에 따르면 하나님이 흙으로 빚은 최초의 인간이 지상낙원 에덴동산에서 평화롭게 살다가 뱀의 유혹에 빠져 허락 없이 선악과를 몰래 따먹고 그 죄로 에덴에서 추방되어 인류가 고난의 길을 면치 못하고 있다고 하는데, 선악과는 무슨 과일이며 에덴동산이 여전히 지상에 존재한다면 지금의 어느 지역을 말하는 것일까?

1. 창세기

우선 『구약성서』 창세기를 살펴보기로 하자.

> 여호와 하나님이 흙으로 사람을 지으시고 생기를 그 코에 불어넣
> 으시니 사람이 생령이 된지라.
> 여호와 하나님이 동방의 에덴에 동산을 창설하시고 그 지으신
> 사람을 거기두시고
> 여호와 하나님이 그 땅에서 보기에 아름답고 먹기에 좋은 나무가
> 나게 하시니 동산 가운데에는 생명나무와 선악을 알게 하는 나무
> 도 있더라.
> 강이 에덴에서 발원하여 동산을 적시고 거기서부터 갈라져 네
> 근원이 되었으니 첫째의 이름은 비손이라 금이 있는 하월라 온
> 땅에 둘렸으며 그 땅의 금은 정금이요 그곳에는 베델리엄과 호마
> 노도 있으며 둘째 강의 이름은 기혼이라 구스 온 땅에 둘렸고
> 셋째 강의 이름은 힛데겔이라 앗수르 동편으로 흐르며 넷째 강은
> 유브라데더라.
> 여호와 하나님이 그 사람을 이끌어 에덴동산에 두사 그것을 다스
> 리며 지키게 하시고 여호와 하나님이 그 사람에게 명하여 가라사
> 대 동산 각종 나무의 실과는 네가 임의로 먹되 선악을 알게 하는
> 나무의 실과는 먹지 말라. 네가 먹는 날에는 정녕 죽으리라 하시
> 니라.

여호와 하나님이 흙으로 각종 들짐승과 공중의 각종 새를 지으시고 아담이 어떻게 이름을 짓나 보시려고 그것들을 그에게로 이끌어 이르시니 아담이 각 생물을 일컫는 바가 곧 그 이름이라. 아담이 모든 육축과 공중의 새와 들의 모든 짐승에게 이름을 주니라.

아담이 돕는 배필이 없으므로 여호와 하나님이 아담을 깊이 잠들게 하시니 잠들매 그가 그 갈빗대 하나를 취하고 살로 대신 채우시고

여호와 하나님이 아담에게서 취하신 그 갈빗대로 여자를 만드시고 그를 아담에게로 이끌어 오시니 아담이 가로되, 이는 내 뼈 중의 뼈요, 살 중의 살이라. 이것을 남자에게서 취하였은즉 여자라 칭하리라 하니라.

이러므로 남자가 그 부모를 떠나 그 아내와 연합하여 둘이 한 몸을 이룰지로다.

아담과 그 아내 두 사람이 벌거벗었으나 부끄러워 아니하니라.

여호와 하나님의 지으신 들짐승 중에 뱀이 가장 간교하더라. 뱀이 여자에게 물어 가로되,

'하나님이 참으로 너희더러 동산 모든 나무의 실과를 먹지 말라 하시더냐.'

여자가 뱀에게 말하되 '동산 나무의 실과를 우리가 먹을 수 있으나 동산 중앙에 있는 나무의 실과는 하나님의 말씀에 너희는 먹지도 말고 만지지도 말라, 너희가 죽을까 하노라 하셨느니라.' 뱀이

여자에게 이르되 '너희가 결코 죽지 아니하리라 너희가 그것을 먹는 날에는 너희 눈이 밝아 하나님과 같이 되어 선악을 알줄을 하나님이 아심이니라.'

여자가 그 나무를 본즉 먹음직도 하고 보암직도 하고 지혜롭게 할 만큼 탐스럽기도 한 나무인지라 여자가 그 실과를 따먹고 자기와 함께한 남편에게도 주매 그도 먹은지라. 이에 그들의 눈이 밝아 자기들의 몸이 벗은 줄을 알고 무화과나무 잎을 엮어 치마를 하였더라.

그들이 날이 서늘할 때에 동산에 거니시는 여호와 하나님의 음성을 듣고 아담과 그 아내가 여호와 하나님의 낯을 피하여 동안 나무 사이에 숨은지라.

여호와 하나님이 아담을 부르시며 그에게 이르시되, '네가 어디 있느냐.' 가로되, '내가 동산에서 하나님의 소리를 듣고 내가 벗었으므로 두려워하여 숨었나이다.' 가라사대 '누가 너의 벗었음을 너에게 고하였느냐, 내가 너더러 먹지 말라 명한 그 나무 실과를 네가 먹었느냐.'

아담이 가로되, '하나님이 주셔서 나와 함께하게 하신 여자 그가 그 나무 실과를 내게 주므로 내가 먹었나이다.'

여호와 하나님이 여자에게 이르시되, '네가 어찌하여 이렇게 하였느냐.' 여자가 가로되 '뱀이 나를 꾀므로 내가 먹었나이다.'

여호와 하나님이 뱀에게 이르시되, '네가 이렇게 하였으니 네가 모든 육축과 들의 모든 짐승보다 더욱 저주를 받아 배로 다니고

종신토록 흙을 먹을지니라.

내가 너로 여자와 원수가 되게 하고 너의 후손도 여자의 후손과 원수가 되게 하리니 여자의 후손은 네 머리를 상하게 할 것이요, 너는 그의 발꿈치를 상하게 할 것이니라.' 하시고 또 여자에게 이르시되 '내가 네게 잉태하는 고통을 크게 더하리니 네가 수고하고 자식을 낳을 것이며 너는 남편을 사모하고 남편은 너를 다스릴 것이니라.' 하시고 아담에게 이르시되 '네가 네 아내의 말을 듣고 내가 너더러 먹지 말라한 나무 실과를 먹었은즉 땅은 너로 인하여 저주를 받고 너는 종신토록 수고하여야 그 소산을 먹으리라. 땅이 네게 가시 덤불과 엉겅퀴를 낼 것이라. 너의 먹을 것은 밭의 채소인즉 네가 얼굴에 땀이 흘러야 식물을 먹고 필경은 흙으로 돌아가리니 그 속에서 네가 취함을 입었음이라 너는 흙이니 흙으로 돌아갈 것이니라.' 하시니라.

아담이 그 아내를 하와라 이름 하였으니 그는 모든 산 자의 어미가 됨이더라.

여호와 하나님이 아담과 그 아내를 위하여 가죽옷을 지어 입히시니라.

여호와 하나님이 가라사대 '보라 이 사람이 선악을 아는 일에 우리 중 하나 같이 되었으니 그가 그 손을 들어 생명나무 실과도 따먹고 영생할까 하노라.' 하시고 여호와 하나님이 에덴동산에서 그 사람을 내어 보내어 그의 근본 된 토지를 갈게 하시니라. 이같이 하나님이 그 사람을 쫓아내시고 에덴동산 동편에 그룹들

과 두루 도는 화염검을 두어 생명나무의 길을 지키게 하시니라.[173]

지상낙원 에덴동산이 현재의 어느 지역인가를 밝히는 일은 알고 보면 그다지 어려운 일이 아니다. 왜냐하면 인류의 기원과 모든 인류가 동경하는 이상향에 관해서는 시대를 초월하여 공통된 관심사이기 때문에 구약성서 이외에도 이미 여러 경전이나 역사서 등에 밝혀져 있기 때문이다.

에덴동산의 위치에 관해 구약성서에서도 '동방의 에덴에 동산을 창설하시고'라고 하여 에덴동산이 있는 곳을 동방이라고 분명하게 밝히고 있다.

이 구절에 관해 많은 연구가들이 이스라엘의 동쪽 어디쯤이 아니냐는 추정을 하지만, 여기에 동방이라는 말은 불교에서 극락세계를 서방西方이라고 하듯이 해가 처음 뜨는 곳을 뜻하는 지명이요, 고유명사이다.

이렇게 볼 때 예로부터 우리나라를 동방이라고 하여 동방예의지국이나 인도의 시성詩聖 타고르의 동방의 등불이라는 시 등에서 알 수 있듯이 '동방의 에덴'이라는 구절 역시 우리나라와 깊은 관련이 있는 것이 분명하다.

그리고 에덴동산에는 지구를 적시는 4대강의 발원지가 있고 아담과 하와가 따먹었다는 선악과가 있으며 인간세상을 다스리는 하나님

---

173 『창세기』 2:7~3:24

이 살고 있는 곳이기 때문에 이곳은 지상에 있는 천국天國임에 틀림없다.

신라 혜공왕惠恭王 7년(771)에 주조한 성덕대왕신종(봉덕사종)에 새겨진 명문銘文에는 한국형 창세기라고 해도 손색이 없을 만큼 신라인의 우주관과 역사인식이 잘 드러나 있다.

하늘은 일월성신을 드리우고, 대지에 비로소 방위가 열리니
산과 물이 자리 잡고 나라들이 벌여졌다.
동해의 삼신산三神山은 뭇 신선이 사는 곳
땅은 반도蟠桃 동산에 자리 잡고
경계는 부상扶桑에 인접하였다.
여기에 우리나라가 있어 통합하여 한 고향이 되었다.
임금들의 성스러운 덕이 대代가 오래될수록 더욱 새롭고
묘하고 묘한 맑은 교화는 멀고 가까운 데 두루 미치었다.
은혜를 가지고 먼 곳까지 덮으니 만물과 더불어 고르게 은택에 젖는다.
…중략…
사람과 신神이 힘을 도와 진기한 그릇(종)이 위용을 이루니
능히 마귀를 항복시키고 물고기와 용까지도 구제한다.
위엄이 양곡暘谷에 떨치고 소리는 삭봉朔峯에까지 맑게 들리리.[174]

---

174 『신증동국여지승람』 21권 경주부. 紫極懸象 黃輿啓方 山河鎭列 區宇分張 東海之上 衆仙所藏 地居桃壑 界接扶桑 爰有我國 合爲一鄕元元聖德 曠代

이 명문銘文을 자세히 풀이해 보면 마치 구약성서 창세기에서 아직 베일에 가려진 의문점까지도 분명하게 밝혀주고 있다.

서두에 '하늘은 일월성신을 드리우고, 대지에 비로소 방위가 열리니 산과 물이 자리 잡고 나라들이 벌여졌다.'는 구절은 천지창조를 말한 것이다.

이어서 '동해의 삼신산은 뭇 신선이 사는 곳, 땅은 반도蟠桃 동산에 자리 잡고 경계는 부상扶桑에 인접하였다. 여기에 우리나라가 있어 통합하여 한 고향이 되었다.'라는 구절에 반도蟠桃는 바로 선악과를 말하는 것으로 신선세계 선인仙人들이 먹는다는 복숭아라고 하여 선도仙桃 또는 천상의 복숭아라고 하여 천도天桃라고도 한다.

또 경전에서 해가 처음 뜨는 구역을 양곡暘谷이라고 하는데, 이곳에 부상扶桑이라는 신령한 나무가 있어 열 개의 태양이 이 나뭇가지에 대기하다가 매일 교대로 하나씩 떠오른다고 한다.

그러므로 창세기에 '동방의 에덴'이라는 말은 득도한 성현들의 혜안으로 보면 에덴동산에 양곡暘谷이 있다는 말이 된다.

그리고 이어서 '여기에 우리나라가 있어 통합하여 한 고향이 되었다.'라는 구절은 삼신산의 신성구역이고 선악과인 반도蟠桃가 있고 해 뜨는 곳인 양곡暘谷이 있는 에덴동산에 고조선과 신라 궁궐이 있어 이곳이 바로 모든 인류와 동물들의 고향임이 천하에 드러났다는 말이다.

彌新 妙妙淸化 遐邇克臻 將恩被遠 與物霑均 …中略… 人神獎力 珍器成容 能伏魔鬼 救之魚龍 震威暘谷 淸韻朔峯

창세기에 보듯이 태초에 천지가 창조되고 에덴에서 흙으로 사람을 지으시고, 또 '하나님이 흙으로 각종 들짐승과 공중의 각종 새를 지으시고'라고 하여 모든 동물들 역시 에덴동산에서 처음 출현하였다는 사실에 주목해야 한다.

도리천과 에덴동산

기독교인들이 동경하는 이상향인 지상천국 에덴동산이 있듯이, 동양의 유·불·선 3교三敎에도 저마다 그들이 동경하는 이상향이 있다. 동양에 불교가 도입되기 이전에는 신선사상이 지식인들의 우주관이었는데 신선사상에서는 선인들이 산다는 봉래(蓬萊, 금강산)·방장(方丈, 지리산)·영주(瀛洲, 한라산)의 삼신산三神山이 있는데, 그중에서도 삼신산의 중심은 지금의 지리산인 방장산이다. 『삼국사기』에 이런 말이 있다.

낙랑樂浪[175]은 본래 조선의 땅으로 기자箕子가 책봉되었던 곳이다. 기자가 그 백성들에게 예절, 밭농사와 누에치기 길쌈을 가르치고 법금法禁 8조를 만들었다. 이로써 그 백성이 서로 도둑질하지 않고 집의 문을 닫음이 없고 부인이 지조가 굳고 믿음이 있어

---

175 『신증동국여지승람』 경주부慶州府 군명郡名 조에 신라 도읍지의 지명으로, 진한辰韓·서야벌徐耶伐·사로斯盧·낙랑樂浪·계림鷄林·월성月城·동경東京·금오金鰲 등이 있다고 하였다.

음란하지 않고 음식을 제기에 차려 제사지내니 이는 어질고 현명
한 이가 가르쳐 착한 길로 인도한 것이다.

또 천성이 유순하여 3방三方[176]과 달라서 공자가 도道가 행하여지
지 않음을 슬퍼하여 바다에 뗏목을 띄워 이곳에 살려고 하였던
것도 까닭이 있었던 것이다.[177]

공자는 중국에 도가 행해지지 않음을 안타깝게 여겨 뗏목을 타고
바다를 건너 구이(九夷, 조선)에 가서 살고 싶어 하였다.

이것을 고려 한림학사 최행귀崔行歸가 지은 『균여전』의 서문에서
는 '공자께서 이 땅에 와서 살고자 했으나 자라 머리鰲頭이르지
못하였다.'[178]고 하였다.

여기에 자라 머리란 선인들이 산다는 삼신산을 머리에 이고
있다는 동해의 큰 자라인 금오산金鰲山을 말하는 것으로 공자가
동경하여 살고 싶어 했던 곳도 삼신산이며, 조선조 유림들이 남원의
광한루를 조영하고 삼신산을 동경했던 이유도 여기에 있는 것이다.

그리고 불교에서의 이상향을 이야기할 때 극락세계를 떠올
리기 쉽지만 극락세계는 불경에서 말하는 여러 천국 중의 하
나일 뿐이고, 지상에 있는 천국은 수미산須彌山의 정상에 있
다는 도리천이 진정한 지상천국이라 할 수 있다.

신라 27대 선덕여왕이 기미를 미리 알아차린 세 가지 일이 있으니

---

176 중국을 중심으로 해서 동쪽을 뺀 나머지 세 방향의 이민족을 일컫는다.
177 『삼국사기』 22권 고구려본기 보장왕
178 魯文宣 欲居於此地 未至鰲頭

그 셋째,

왕이 건강할 때에 군신群臣들에게 '내가 아무 해 아무 달 아무
날에 죽을 것이니 도리천에 장사하라.' 하였다. 신하들이 그곳을
알지 못하여 '어디 입니까?' 하니 왕이 대답하기를 '낭산狼山의
남쪽이라.' 하였다.
과연 그달 그날에 세상을 떠나니 군신들이 낭산의 양지에 장사하
였다. 그 후 10여년에 문무대왕이 사천왕사四天王寺를 왕의 무덤
아래에 창건하였다. 불경佛經에 이르기를 사천왕천四天王天의 위
에 도리천이 있다고 하였다. 이에 선덕여왕이 신령한 성인이었음
을 알게 되었다.
_ 『삼국유사』 1권

이로 미루어보면 도리천은 신라 도읍지에 있는 낭산狼山의 양지에
있고 그 아래에 사천왕사가 창건되었음을 알 수 있다. 신라의 낭산은
일찍부터 신성구역으로 보전되고 있었다.

신라 실성왕 12년(413) 가을 8월에 구름이 낭산狼山에서 일어났는
데 그것을 바라보니 흡사 누각과 같았고 향기는 강렬히 풍기며
오랫동안 사라지지 않았다. 이에 왕은 "이는 반드시 선인仙人들이
내려와 노니는 것이니 응당 이곳은 복지福地일 것이다." 하여
이후로부터 사람들이 수목樹木을 베는 것을 금하게 했다.[179]

불교의 세계 설에 따르면, 세계의 중심에 수미산이 우뚝 솟아 있고 수미산의 중턱에 불국토를 수호하는 사천왕이 사는 곳인 사천왕천四天王天이 있고, 수미산 정상에 도리천이 있는데, 이 수미산을 중심으로 욕계欲界 6천六天, 색계色界 18천十八天, 무색계無色界 4천四天 등 28곳의 불보살이 살고 있는 천국天國이 모두 수미산을 의지해 분포되어 있다고 한다. 이 욕계·색계·무색계를 합쳐 삼계三界라고 한다. 도리천은 화엄경의 일곱 곳의 설법무대 중의 하나이며 부처님이 어머니 마야부인을 위하여 설법했던 곳이기도 하다.

그러므로 신라 도읍지에 도리천이 있다는 말은 역사적으로나 종교적으로 실로 엄청나게 심오한 뜻이 내포되어 있는 것이다.

일반인들의 육안肉眼으로 보면 그저 평범한 산기슭으로 보일지 모르지만 득도한 성인들의 혜안으로 보면 그곳이 바로 불보살이 살고 있는 도리천이라는 말이다.

황룡사 불전(佛殿, 장육전) 후면에 '가섭불 연좌석宴坐石'이 있었는데, 연좌석은 과거불인 가섭불迦葉佛과 석가모니불이 설법하실 때 앉았던 돌로 된 좌대座臺라고 한다.

그리고 낭산의 남쪽에 도리천이 있고 그 아래에 사천왕사가 창건되었다. 이렇게 볼 때 황룡사의 연좌석이 있었던 곳이 불경에 나오는 수미산 정상의 도리천이라는 말이다. 황룡사가 신라 불교의 중심 사찰이고 신성시 되는 이유가 바로 여기에 있다. 그렇다면 도리천의

179 『삼국사기』 신라본기. 十二年, 秋八月 雲起狼山 望誌如樓閣 香氣郁然 久而不歇 王謂是必仙靈降遊 應是福地 從此後 禁人 斬伐樹木

남쪽 아래에 사천왕사가 있고, 동쪽에 황룡사가 있다는 결론이
된다.

에덴이라는 단어는 페르시아어 헤덴Heden에서 유래된 히브리어
로 '환희의 동산', 또는 태고의 정원이라는 뜻을 가지고 있다.

불교의 『마하마야경摩訶摩耶經』 첫머리에 이런 구절이 있다.

어느 때 석가모니 부처님께서 도리천 환희의 동산歡喜園에 있는
파리질다라수波利質多羅樹 아래에서 3달 동안 안거安居하였는데,
이때 대비구의 무리 1,250명과 함께 있었다.[180]

석가모니 부처님은 열반하시기 한 해 전에 도리천에 올라가 3달
동안 머무르며 어머니 마야부인을 위하여 설법하였다. 환희원歡喜園
은 제석과 천인天人들이 유희하는 도리천의 네 동산중의 하나로
불경에 자주 등장하는 용어이다. 이렇게 볼 때 하나님이 살고 있다는
지상천국 에덴동산은 곧 불교에서 제석帝釋이 다스린다는 도리천의
환희원과 정확하게 부합되고 있음을 알 수 있다.

2. 4대강 발원지와 선악과

에덴동산에서 흘러나오는 4대강 중의 하나가 중국의 황하라고 한다.

---

[180] 一時 佛在忉利天 歡喜園中 波利質多羅樹下 三月安居 與大比丘衆一千二百
五十人俱

그렇다면 황하의 근원을 찾는 것이 곧 에덴동산을 찾는 일과 같은
것이다. 진시황이 삼신산의 불사약을 구하기 위해 방사方士를 보내
찾아 나섰고, 한漢나라 때에도 장건張騫이 무제武帝의 명을 받고
대하大夏에 사신으로 나가서 황하黃河의 근원을 찾았는데, 이때
뗏목을 타고 은하수로 올라가서 견우牽牛와 직녀織女를 만나고 왔다
고 한다.[181]

사마천은 『사기史記』에서 이렇게 말했다.

『우본기禹本紀』에 '황하는 곤륜산에서 발원한다. 곤륜산은 그
높이가 2천5백여 리이고 해와 달이 서로 피하여 (낮과 밤의)
광명이 된다. 그 위에 예천醴泉과 요지瑤池가 있다.'고 한다.
이제 장건張騫이 대하大夏에 사신으로 다녀온 후 황하의 원류를
궁구窮究하였지만 어찌 『우본기』의 이른바 곤륜산 따위는 본
사람이 있겠는가? 그러므로 구주九州의 산천에 대한 기재는 『상서
尚書』에 있는 것이 진실에 가깝다. 『우본기』와 『산해경』에 기재되
어 있는 괴물들에 대해서는 나는 감히 말하지 않겠다.[182]

---

181 『천중기天中記』 2권

182 『사기』 대완열전大宛列傳. 禹本紀言 河出崑崙 崑崙其高二千五百余里 日月
所相避隱爲光明也 其上有醴泉瑤池 今自張騫使大夏之後也 窮河源 惡睹本
紀所謂崑崙者乎 故言九州山川 尚書近之矣 至禹本紀 山海経所有怪物 余不
敢言之也

이 구절의 주석에서 말하기를, 『상서尙書』에 '적석積石에서 황하를 인도하였다.'고 했다. 그러므로 황하는 곤륜산에서 발원하여 지하로 잠행하여 우전于闐에 이르고 다시 동쪽으로 흘러 적석積石에서 비로소 지상에 흘러 나와 중국에 흘러든다고 하였다.

또 『산해경』에서는 이렇게 말했다.

황하는 곤륜산의 동북쪽 모퉁이에서 나와 그 북으로 흐르다가 서남으로 향하고 또 발해渤海에 흘러들어갔다가 다시 발해 밖으로 나온다. 즉, 서쪽으로 흐르고 다시 북쪽으로 향하고 우禹가 물길을 이끈 적석산積石山으로 흘러든다.
〔우가 치수사업을 했을 때 다시 개척하여 황하가 지상으로 흘러나오도록 했다. 그러므로 황하를 적석산에서 이끌어 냈다고 하는 것이다.〕[183]

이와 같이 황하는 곤륜산에서 발원하여 지하로 잠행하여 우전于闐에 이르고 다시 동쪽으로 흘러 적석積石에서 비로소 지상에 흘러나와 중국에 흘러든다.

그러나 사마천이 『우본기』를 인용하여 곤륜산의 실체를 소개하고 있으면서도 '나는 감히 말하지 않겠다.'라고 하면서 자세하게 밝히지

---

183 『산해경』 제11 해내서경海內西經. 河水出東北隅 以行其北 西南又入渤海
  又出海外 卽西而北 入禹所導積石山 [禹治水 復決疏出之 故云 導河積石]
  괄호 안은 곽박의 주석

않은 것은 서역의 적석산에서 처음 지표면에 흘러나와 중국으로 유입되어 황하가 되는 것은 설명이 가능하겠지만, 그 이전 '곤륜산에서 발원하여 지하로 잠행하여 우전于闐에 이르고 다시 동쪽으로 흘러…'라는 대목은 일반인들의 육안肉眼으로는 확인할 수 없는 부분이기 때문일 것이다.

1) 4대강 발원지 아뇩달지

불교의 대장경에서는 이미 오래 전에 지구를 적시는 4대강의 발원지에 관해 자세하게 거론되어 있고 또한 현재의 어느 나라, 어느 지방인지 까지도 밝히고 있다. 몇 가지 관련 자료를 보기로 한다.

부처님께서 비구들에게 말씀하셨다.
"설산雪山이라는 산이 있는데, 이 산의 가로와 세로는 각각 5백 유순由旬이고 깊이도 5백 유순이며, 동쪽과 서쪽은 바다로 들어가 있다. 설산 중간에는 보배산이 있는데, 높이는 20유순이다. 설산의 봉우리는 그 높이가 100유순이며, 그 산 꼭대기에는 가로와 세로가 각각 50유순인 아뇩달지阿耨達池가 있는데 가로와 세로가 각각 50유순이며, 그 물은 맑고 시원하고 더러움이란 찾아볼 수 없이 깨끗하다.…
아뇩달지 동쪽에는 항가하(恒伽河,항하)가 있는데, 소의 입에서 흘러나와 5백의 물줄기를 합쳐서 동해로 들어간다. 아뇩달지 남쪽에는 신두하新頭河가 있는데, 사자 입에서 나와 5백 강물을 합쳐서 남해로 들어간다. 아뇩달지 서쪽에는 파차하婆叉河가 있는데, 말의 입에서 나와 5백 강물을 합쳐서 서해로 들어간다. 아뇩달지 북쪽에는 사타하斯陀河가 있는데, 코끼리 입에서 나와 5백 강물을 합쳐서 북해로 들어간다. 아뇩달지 궁중에는 다섯 개의 기둥으로 된 집이 있는데 아뇩달지 용왕은 항상 그 속에서 산다.”

부처님께서 말씀하셨다.

“무엇 때문에 아뇩달이라 이름하며 아뇩달이란 무슨 뜻인가? 이 염부제閻浮提에 있는 용왕은 모두 세 가지 우환이 있지만 오직 아뇩달 용왕만은 세 가지 우환이 없다. 어떤 것이 세 가지인가? 첫째는 염부제에 있는 모든 용은 다 뜨거운 바람과 뜨거운 모래가 몸에 닿아 가죽과 살을 태우고, 또 골수를 태우므로 괴로워하고 번민한다. 그러나 오직 아뇩달 용왕만은 이런 근심이 없다. 둘째는 염부제에 있는 모든 용궁은 모진 바람이 사납게 일어나 그 궁 안으로 불어오면 보배로 장식된 옷이 벗겨져 용의 몸이 저절로 드러남으로써 괴로워하고 번민한다. 그러나 오직 아뇩달 용왕만은 이런 근심이 없다.

셋째는 염부제에 있는 모든 용왕이 각각 궁중에서 서로 놀고 있을 때 큰 금시조金翅鳥가 궁중에 들어와 용왕들을 덮치기도 하고, 혹은 처음 태어날 때 방편으로 용을 잡아먹으려 하기 때문에 모든 용은 겁내고 두려워하여 항상 심한 괴로움(熱惱)을 겪는다. 그러나 오직 아뇩달 용왕만은 이런 근심이 없다.

만일 금시조가 거기에 머물려는 생각을 내면 곧 목숨이 끊어진다. 그러므로 아뇩달〔아뇩달은 중국어로는 무열뇌無熱惱이다.〕이라 한다."[184]

『수경水經』에서 '무열뇌산無熱惱丘이 곧 곤륜산이다.'라고 하였고, 또 『부남전扶南傳』에서는 '아뇩달산阿耨達山은 곧 곤륜산이다.'라고 하였다.… 또 『십주기十洲記』에서는 "곤륜능崑崙陵이 곧 곤산崑山이다. 북해의 해지亥地에 있고 해안에서 13만 리 높이이다."고 하였는데, 이것은 불경의 수미산蘇迷山을 요약하여 가리킨 것이다.

또 '동해 가운데 방장方丈이라는 이름의 산이 있는데, 또한 곤륜산

---

[184] 『장아함경長阿含經』 제18권 세기경世記經 염부제주품閻浮提州品. 有山名雪山 縱廣五百由旬 深五百由旬 東西入海 雪山中閒 有寶山高二十由旬 雪山埵出 高百由旬 其山頂上有阿耨達池 縱廣五十由旬 其水淸冷 澄淨無穢…阿耨達池東有恒伽河 從牛口出 從五百河 入于東海 阿耨達池 南有新頭河 從師子口出 從五百河 入于南海 阿耨達池西有婆叉河 從馬口出 從五百河 入于西海 阿耨達池北有斯陁河 從象口中出 從五百河 入于北海 阿耨達宮中有五柱堂 阿耨達龍王恒於中止 佛言 何故名爲阿耨達 阿耨達其義云何 此閻浮提所有龍王盡有三患 唯阿耨達龍無有三患 云何爲三 一者擧閻浮提所有諸龍皆被熱風 熱沙著身 燒其皮肉 及燒骨髓 以爲苦惱 唯阿耨達龍無有此患 二者擧閻浮提所有龍宮 惡風暴起 吹其宮內 失寶飾衣 龍身自現 以爲苦惱 唯阿耨達龍王無如是患 三者擧閻浮提所有龍王各在宮中 相娛樂時 金翅大鳥入宮搏撮 或始生方便 欲取龍食 諸龍怖懼 常懷熱惱 唯阿耨達龍無如此患 若金翅鳥生念欲往 卽便命終故 名阿耨達[阿耨達秦言無惱熱]

崑崙山이라고도 한다.'고 하였다.…『서경』의 우공禹貢 편에서 황하를 적석積石에서 인도引導하였다고 했는데 다만 지하로 잠복하여 흐르는 출처에 의거해서 이름했을 뿐이니 만일 그 근본 원류를 검토한다면 진실로 유래가 있는 것이다.

그러므로 불경佛經에서 이 무열뇌지無熱惱池 동쪽에는 은銀으로 된 소의 입에서 긍가하殑伽河가 나오는데 곧 옛날에 말하던 항하恒河로서 오른편으로 못의 둘레를 돌아서 동남쪽의 바다로 흘러 들어가고, 남쪽에는 금 코끼리 입에서 신도하信度河가 나오는데 곧 옛날의 신두하辛頭河로서 오른편으로 못의 둘레를 돌아서 서남쪽의 바다로 흘러 들어간다. 서쪽에는 유리瑠璃로 된 말의 입에서 박추하縛芻河가 나오는데 곧 옛날의 박차하博叉河로서 위에서와 같이 못을 돌아 서북쪽의 바다로 흘러 들어간다. 북쪽에는 파지頗胝로 된 사자의 입에서 사다하徙多河가 나오는데 곧 옛날의 사다하私陀河로 위에서와 같이 못을 돌아 동북쪽의 바다로 흘러 들어간다.[185]

---

185 고려대장경『석가방지釋迦方志』상권, 제3 중변편中邊篇. 水經云 無熱丘者卽崑崙山 又扶南傳云 阿耨達山卽崑崙山… 又十洲記云 崑崙陵卽崑山也 在北海亥地 去岸十三萬里 此約指 佛經蘇迷山也 又東海中 山名方丈 亦名崑崙… 案禹貢云 導河自積石者 但據伏流所出處而名之 若討本源誠有由矣 故佛經云 此無熱池 東有銀牛口出殑伽河 卽古所謂恒河也 右繞池帀流入東南海 南有金象口出信度河 卽古辛頭河也 右繞池帀流入西南海 西有瑠璃馬口出縛芻河 卽古博叉河也 如上繞池入西北海 北有頗胝師子口出徙多河 卽古私陀河也 如上繞池入東北海

섬부주剡浮洲[186] 가운데 있는 연못을 아나파답다지(阿那婆答多池,
중국어로는 무열뇌지無熱惱池)라고 하며 구역舊譯에서는 아뇩달지
라고 하였는데, 향산香山의 남쪽, 설산雪山의 북쪽에 있으며 둘레
는 8백 리이다.

금·은·유리·파지頗胝가 그 가장자리를 장식하고 있는데 금모래
가 가득 찼고 맑은 물결은 거울과 같다. 제8지地 보살이[187] 원력을
세워 용왕으로 변신하여 그 연못 속에서 숨어 지내면서 그 속의
은신처로부터 청량한 물을 내뿜어 섬부주에 공급한다.··· 연못의
북쪽에는 파지頗胝로 된 사자의 입에서 사다하徙多河가 나오는데
못을 돌아 동북쪽의 바다로 흘러 들어간다. 혹은 땅 속으로 잠겨

---

186 섬부주剡浮洲[이 주洲를 혹은 염부閻浮라고 하고 섬부剡浮·섬부贍部라고도
하는데 모두가 음音을 취한 것이므로 같지 아니하다.]라 함은 바로 나무의
이름[樹名]이다. 수미산왕須彌山王은 대해大海의 한가운데이며 그 사방에
4주洲가 있고 이 주가 곧 1천하天下이다. 이 나무는 남쪽 주[南洲]의 북쪽에
나 있고 가지는 큰 바다에 뻗쳐 있으며 바다 밑에는 금金이 있는데 그
금을 염부閻浮라 하고 광명이 물 위에 떠 있다. 때문에 이 주洲의 이름은
그 금 때문에 붙여진 것이다.
당唐나라의 번역에 의하면 염부는 으뜸가는 금[上勝金]이요, 제提는 바로
주라는 말이어서 이것은 곧 상승주上勝洲라는 의미이다. 대하大夏의 천축은
그 중심에 있다.
剡浮洲者〈此洲 或名閻浮 剡浮 贍部 皆取音不同〉 是樹名也 須彌山王大海
正中 四方四洲 洲卽一天下也. 此樹生於南洲之北 枝臨大海 海底有金 金名
閻浮, 光浮水上 故此洲名從金受稱. 若據唐譯, 閻浮者上勝金也, 提者洲也.
此上勝洲 大夏天竺居其心矣. 『석가씨보』

187 보살의 제8地는 부동지不動地이다.

흐르다가 적석산積石山으로 뿜어져 나온 것이 곧 사다하의 물줄기
가 되니 이것이 중국 황하의 원천이라고 한다.[188]

당나라 때의 고승 도선(道宣, 596~667)이 편찬한 『석가방지釋迦方
志』에는 곤륜산에 관해 깊이 있게 거론하고 있다. 불경에 나오는
아뇩달산阿耨達山이 바로 곤륜산이고 또 수미산은 이 산을 요약하여
가리킨 것이라고 하였다.

또한 삼신산의 하나인 방장산(方丈山)이 바로 곤륜산이라고 하였
다. 그렇다면 삼신산의 하나인 방장산, 즉 지금의 지리산이 혜안慧眼
으로 보면 바로 불교의 수미산이요, 곤륜산이며 여기에 에덴동산에
있다는 4대 강의 발원지인 아뇩달지가 있다는 결론이 된다.

『삼국유사』에 신라 도읍지에 도리천이 있다고 하였다.

천상에 있는 수미산 정상에 도리천이 있고 수미산에서 흘러내린
산자락에 설산·향산·흑산 등이 있다고 한다. 설산雪山에 아뇩달지
가 있어 설산을 아뇩달산이라고도 한다. 설산의 아뇩달지에서 황하
만 흘러나오는 것이 아니라 지구를 적시는 4대 강의 발원지가 된다는
것이다.

최치원이 지은 법장화상 전기에서 말하였다.

처음에 법장法藏과 해동의 의상법사가 동문수학하였는데 그 후에

---

188 현장玄奘법사의 『대당서역기大唐西域記』

법장이 지엄의 가르침을 이어 받아 현의玄義의 과목을 연술演述하
여 의상에게 보내면서 서신을 보냈는데,……

또한 해동 화엄의 각모覺母는 의상이 시조이다. 그러나 처음에는
동쪽 집의 구東家丘[189]와 같을 뿐이었는데, 법장의 서신이 멀리서
전해지자 미혹한 무리들이 두루 환히 알게 되었으니 이것은 실로
촉룡燭龍의 눈이 열려 문득 광명을 놓았고 불길 속에 사는 쥐의
털을 짜는데 더욱 기특함을 나타내어 교화는 온 나라에 미쳤고
화엄학華嚴學은 10산山에 두루하였으니 잡화(雜花, 화엄경)가 반
도산(蟠桃山, 곤륜산)에서 무성하게 빛나게 된 것도 역시 법장의
힘이었다. 해가 뜨고 달이 달리는 것이 모두 동방에 있으니 돈교頓
敎와 점교漸敎가 모두 원만하고 글과 뜻이 쌍으로 아름다웠다.[190]

최치원은 사마천이 『산해경』에 기재되어 있는 황하의 발원지
곤륜산과 괴물들에 대해서는 '나는 감히 말하지 않겠다.'라는 말에
비웃기라도 하듯이 곤륜산의 괴물들을 거론하며 반도蟠桃가 있는

---

189 공자가 성인인 줄을 모르는 노魯나라 사람이 '우리 동쪽 집에 사는 구丘라는
    사람(我東家丘)'이라고 마구 불렀다는 고사에서 나온 것이다. 『안씨가훈顔
    氏家訓 모현慕賢』

190 『법장화상전法藏和尙傳』 한국불교전서 3권. 初藏與海東義想法師同學 其後
    藏印 師說演述義科寄示於想 仍寓書曰… 且海表覺母 想爲始祖 然初至止若
    東家丘 及法信遝傳得 羣迷徧曉 斯實闍燭龍之眼頓放光明 織火鼠之毛益彰
    寄特 誘令一國學徧十山 雜華盛耀蟠桃 蓋亦藏之力爾 日出月走俱在於東
    頓漸兩圓文義雙美

곤륜산이 해동에 있음을 분명하게 밝히고 있다.

신라 의상대사가 당나라에 유학하여 중국 화엄종의 조사祖師인 지엄智儼의 문하에서 법장法藏과 동문이 되어 화엄경을 공부하고 귀국하여 지리산 화엄사에 주석하며 전국 십여 곳의 사찰에 화엄대학을 설립하고 화엄경을 강론하였다.

이때 의상대사는 문무왕의 명을 받아 지금 화엄사 각황전 자리에 장육전丈六殿을 건립하고 법당의 사방 석벽에 화엄경을 새겼다.

지리산 화엄사는 절 이름이 말해주듯이 해동 화엄종의 근본 도량이다.

2) 화염검火焰劍

『산해경』에 이런 말이 있다.

곤륜산에 신神이 있는데 인간 얼굴에 범의 몸이며 무늬가 있고 꼬리가 있으며 흰 반점이 있다. 그 아래에 약수弱水의 깊은 물길이 돌아 흐른다. 〔그 물은 기러기 털도 잠겨버린다.〕 약수의 밖에 염화산炎火山이 있는데 물건을 던져 넣으면 모두 타 버린다. 〔그 산은 비록 장마철에도 항상 불이 타고 있다. 불길 속에 흰 쥐가 살고 있어 이따금 산 주변에 나와 먹이를 구한다. 사람들이 그것을 포획하여 그 쥐의 털로 베를 짜는데 지금의 화한포火澣布가 이것이다.〕

신인神人이 있어 머리에 비녀를 꽂고 범 이빨에 표범 꼬리를 하고 굴에 사는데 이름을 서왕모西王母라 한다.[191]

서왕모가 사는 곤륜산 주위에 기러기 털조차도 가라앉아 버린다는 약수弱水라는 강줄기가 돌아 흐르고 비록 장마철에도 항상 불길이 타오르는 염화산炎火山이 있어 선인들이 사는 곤륜산에 아무나 왕래할 수 없도록 물길과 불길로 차단되어 있다는 말이다.

아담과 하와가 뱀의 유혹에 빠져 몰래 선악과를 따 먹은 죄로 에덴의 동편으로 추방하고 다시 들어오지 못하도록 '두루 도는 화염검火焰劍을 두어 생명나무의 길을 지키게 하시니라.'라는 구절은 바로 언제나 불길이 치성한 염화산을 두고 하는 말이다.

염화산의 불길 속에 흰 쥐가 사는데 이 쥐의 털로 짠 베를 화한포火澣布라고 하는데 때가 끼면 물에 빨지 않고 불속에 넣으면 다시 깨끗해진다고 한다.

아담과 이브가 에덴에서 추방된 후로 지상낙원 에덴동산은 인간세상과 영원히 격리된 것으로 생각하지만 석가모니 생존 시에 부처님과 그 제자로 도를 얻은 아라한들은 천궁과 아뇩달지를 자유롭게 왕래하며 법을 설하기도 하였다.

---

[191] 『산해경』 제16 대황서경大荒西經. 昆侖之丘 有神 人面虎身 有文有尾 皆白處之 其下有弱水之淵環之(其水不勝鴻毛) 其外有炎火之山 投物輒然(其山雖霖雨火常然 火中有白鼠 時出山邊求食 人捕得之 以毛作布 今之火澣布是也) 有人戴勝 虎齒有豹尾穴處 名曰西王母. 괄호 안은 곽박의 주석

3) 선악과 반도蟠桃

지리산 산신을 불교계에서는 석가모니의 어머니 마야부인이라고 하고, 신라에서는 시조 박혁거세의 어머니 선도성모仙桃聖母라고 한다.

『서유기西遊記』에 의하면 곤륜산에는 반도원蟠桃園이라는 과수원에 모두 3천6백 주의 복숭아나무가 있는데 이것은 모두 서왕모가 직접 심어 가꾼 것이라고 한다.

그중에 천이백 그루는 천년 만에 한 번씩 익는데 그것을 사람이 먹으면 몸이 튼튼하고 가볍게 된다. 그리고 중간에 천이백 주는 6천년 만에 한 번씩 익는데 사람이 이것을 먹으면 안개를 타고 날아다니며 불로장생한다. 나머지 천이백 주는 9천년 만에 한 번씩 익는데 그것을 사람이 먹으면 천지일월天地日月과 수명을 같이 하게 된다.

서왕모는 매년 자신의 생일인 3월 3일에 잘 익은 복숭아와 천상의 진기한 음식을 마련하고 석가여래를 비롯하여 관음보살 태상노군 등 천상의 존귀한 신들을 초대하여 곤륜산에 있는 요지瑤池의 못가에서 성대한 잔치를 여는데 이것을 반도대회蟠桃大會라고 한다.

『심청전』을 보면 심청은 본래 곤륜산 서왕모의 딸로 어느 날 반도대회에 반도를 진상하러 가는 길에 옥진비자를 잠간 만나 이야기하다 때를 놓쳐 상제께 득죄하여 인간 세상에 떨어지는데 석가의 지시로 심 봉사의 딸로 태어나게 되었다고 하였다. 이 복숭아를 천도天桃, 선도仙桃, 반도蟠桃라고 하는데, 옛날 주 목왕穆王이나 한 무제武帝는 서왕모를 만나 선도仙桃를 얻었다고 한다.

『한무내전』에는 서왕모가 한 무제의 궁전에 내려온 사실을 이렇게 적고 있다.

서왕모는 궁전에 올라 동쪽을 향하여 앉았는데 황색 비단의 긴 적삼을 입고 있었다. 적삼에 새겨진 무늬는 선명하고, 빛나는 자태는 아름답고 위엄이 있으며 영비의 큰 끈을 가지고, 허리에는 분두 검을 차고, 머리에는 태화太華 상투를 틀었고, 태진신영太眞晨嬰의 관을 썼으며, 검은 옥으로 장식되고 봉황 무늬가 그려진 신을 신고 있었다. 보아하니 나이는 30세쯤 되었고 키가 적당하였으며 타고난 자태가 온화하고 얼굴이 빼어나게 아름다워 정말 신령스런 사람이었다.……

또, 시녀에게 명하여 복숭아를 가져오라고 하자 잠시 후에 오리알 크기의 둥글고 푸른색의 선도仙桃 7개를 옥쟁반에 담아 왕모에게 바쳤다.

서왕모는 4개를 무제에게 주고 3개는 자신이 먹었다. 복숭아는 맛이 감미로워 입에 그 맛이 가득하였다. 무제가 먹고 나서 곧 그 씨를 수거하자, 왕모가 말하였다.

"무엇 때문에 그러시오?" 무제가 말하였다. "심으려고 합니다." 왕모가 말하였다. "이 복숭아는 3천년에 한 번 열매를 맺는데 중국 땅은 척박하여 심어도 자라지 않습니다." 무제가 이에 그만

두었다.[192]

　서왕모와 선도仙桃에 대해 잘 묘사되어 있다. 앞에서 살펴본 바와
같이 수마산 곤륜산 방장산이 실제로는 같은 산이듯이 마야부인과
선도성모 그리고 곤륜산 서왕모가 실제로는 같은 여신이며 에덴동산
의 선악과 역시 이 선도仙桃를 말하는 것이다.

　조선 성종 13년(1482) 11월 11일, 임금이 경복궁景福宮에 거둥하여
대왕대비大王大妃를 뵙고 축수하는 술잔을 받들고 친히 시詩를 지어
드렸는데, 그 시에 이르기를,

　초전椒殿[193]에 상서로운 구름 서리니 복을 누려 합당하며
　천지에 이른 양기陽氣[194] 사사로운 은혜 같네.

192　王母上殿 東向坐 著黃錦袷襦 文采鮮明 光儀淑穆 帶靈飛大綬 腰分頭之劍
　　　頭上太華結 戴太眞晨嬰之冠 履元璚鳳文之舃 視之可年三十許 修短得中
　　　天姿掩藹 容顔絶世 眞靈人也…又命侍女更索桃果 須臾 以玉盤盛仙桃七顆
　　　大如鴨卵 形圓靑色 以呈王母 母以四顆與帝 三顆自食 挑味甘味 口有盈味
　　　帝食輒收其核 王母問帝 帝曰 欲種之 母曰 此桃三千年一生實 中夏地薄
　　　種之不生 帝乃止
193　초전椒殿: 대왕대비가 거처하는 궁전.
194　양래陽來: 음기陰氣가 극에 달한 순음純陰의 10월을 지나 11월 동지冬至가
　　　되면 양陽의 기운이 처음으로 생겨나 복괘復卦를 이루게 되는 것을 말하는데,
　　　이때부터 겨울이 가고 봄기운이 생기기 시작하여 만물이 생기生氣를 회복하
　　　게 된다.(『周易 復卦 本義』) 여기에서는 대비大妃의 생일이 11월 11일
　　　동지에 가까운 시기이기 때문이다.

낭원閬苑[195]의 반도蟠桃는 3천 년 만에 열리고[196]

옛 잣나무는 인간의 백 아름일세.

오늘 와서 서왕모의 잔치를 와서 여니

한결같은 마음은 노래자老萊子의 재롱보다[197] 더하고

축수하는 술잔에 취할지라도 은혜 어찌 갚으리오.

아침저녁 장구히 어김없이 받드오리다.[198]

3. 인류 문명의 발상지 동방

중국 정사正史인 『후한서後漢書』 동이전東夷傳에서 말하였다.

왕제王制에[199] 이르기를 "동방을 이夷라고 한다." 하였다. 이夷라는

---

195 낭원閬苑: 곤륜산의 서왕모가 사는 곳. 옛날 주 목왕(周穆王)은 여덟 필의
   준마가 끄는 수레를 타고 가서 곤륜산에 있는 요지瑤池의 못가에서 서왕모와
   시를 주고받으며 성대한 잔치를 벌이며 놀다가 돌아올 것을 잊었다고
   하는데, 여기가 바로 에덴동산이다.

196 곤륜산 서왕모는 불교의 마야부인을 말하는 것이고, 마야부인이 사는 도리천
   의 하루는 인간세상의 백년에 해당한다고 한다.

197 노래자老萊子의 재롱: 노래자는 초楚나라의 현인賢人이며, 중국의 24효자
   가운데 한 사람. 나이 70세에 색동옷을 입고 어린애 같은 춤을 추며 재롱을
   부려 부모를 즐겁게 하였다는 고사.

198 『조선왕조실록』 성종실록. 椒殿祥凝福自宜 陽來覆載亦如私 蟠桃閬苑三千
   歲 古栢人間一百圍 今日來開王母燕 一心猶勝老萊嬉 壽觴縱醉恩何盡 晨夕
   長知奉罔違

것은 근본이다. 어질고 생육生育하기를 좋아하며, 만물이 이 땅을 저촉觝觸해서 산출된다. 그러므로 천성이 유순하고 도리로 다스리기가 쉬우니, 군자국과 불사국不死國[200]이 있기까지 하다. 동이東夷는 아홉 종족이 있으니, 견이畎夷·우이于夷·방이方夷·황이黃夷·백이白夷·적이赤夷·현이玄夷·풍이風夷·양이陽夷 등이다. 그러므로 공자께서도 구이九夷에 가서 살고 싶어 하였다. 옛날 요임금이 희중羲仲에게 명하여 우이嵎夷에 살게 하였다. 이곳을 양곡暘谷이라고도 하니 대개 해가 뜨는 곳이다.[201]

이 내용은 동이열전 서론의 첫머리에 해당하는데, 서론의 구성을 보면 먼저 인류문명의 근원 성지인 동방東方에 관해 주석에서 '『풍속통風俗通』에, 만물이 이 땅을 저촉觝觸해서 산출된다.'고[202] 하였다. 이는 에덴동산에서 최초의 인간과 동물이 출현하였고, 또 여기에서 떠오르는 태양과 4대강의 발원지에서 흘러나오는 물로 인하여 지상의 만물이 생육한다는 말이다.

그리하여 동방을 군자국君子國이라고 하는데, 『산해경』에, '군자국은 의관을 갖추고 띠를 두르고 검을 차고 짐승을 잡아먹으며 두 가지 줄무늬가 있는 호랑이를 부린다.'고[203] 하였다.

---

199 『예기』의 편명

200 불사국不死國: 서왕모가 사는 곤륜산, 또는 불교의 도리천을 말한다.

201 『후한서後漢書』 동이열전東夷列傳 제75.

202 風俗通云 萬物觝觸地而出

203 君子國 衣冠帶劍 食獸 使二文虎在旁

그리고 본론에 들어가서 한국과 중국관계에서 특기할 만한 역사적 사실을 시대별로 나열하고 있는데, 먼저 '옛날 요임금이 희중義仲에게 명하여 우이嵎夷에 살게 하였다. 이곳을 양곡暘谷이라고도 하니 대개 해가 뜨는 곳이다.'라고 하였으니 이곳이 바로 고조선 도읍지 아사달이며 앞에 열거한 동이東夷의 아홉 종족은 단군의 후예를 일컫는 말이다.

신라 진성여왕이 당나라 황제에게 보내는 양위표讓位表에서 '해 뜨는 우이嵎夷에 살면서 희중義仲의 벼슬에 있는 것이 신의 본분이 아니고…'라는 구절을 보면 고조선과 신라의 도읍지가 같은 곳이라는 사실이 분명하게 드러난다.

신라에서 김알지가 출현했던 곳을 계림이라고 하는데, 이 계림鷄林이 훗날 신라 도읍지를 뜻하는 지명이기도 하고 신라의 국호로도 사용되었던 경우처럼 조선이라는 국호도 우이嵎夷를 가리키는 지명이기 때문에 구체적으로 현재의 위치를 고증할 때는 단군의 궁실이 있었던 특정구역을 말하는 것이다.

4. 신라의 건국

성경을 연구하는 대부분의 학자들은 태초에 아담과 이브가 하나님이 사는 천국이고 4대강의 발원지인 아뇩달지가 있는 지상낙원 에덴동산에서 평화롭게 살고 있었는데 뱀의 유혹에 빠져 하나님이 먹지 말라는 선악과를 몰래 따먹는 바람에 그 죄로 에덴에서 추방되는 사태가 빚어지고 이것이 원죄原罪가 되어 인간의 고통이 시작되었다고 말한다.

그런데 이렇게 악역을 맡은 그 뱀은 여전히 지금까지도 에덴동산에 길게 서리어 있고 더욱이 신라 건국에 한 몫을 하며 신라 역사에 뚜렷이 족적을 남기고 있다면 매우 흥미로운 사실이 될 것이다. 에덴동산에 도읍을 정하고 개국한 신라 건국신화에 보면 여러 가지 동물이 등장하고 있다.

1) 신라의 건국신화

이제 신라의 개국과 관련된 문헌을 보기로 하자.

시조의 성은 박朴씨 이름은 혁거세이다. 전한 효선제 오봉五鳳 원년(B.C 57) 갑자 4월에 왕위에 오르니 왕호는 거서간居西干이다.
그때 나이는 13세였으며 나라 이름을 서나벌徐那伐이라 했다.
이보다 앞서 고조선朝鮮의 유민들이 여러 산골짜기에 흩어져 살면서 여섯 마을을 이루고 있었다. 첫째는 알천 양산촌, 둘째는 돌산 고허촌, 셋째는 취산 진지촌, 넷째는 무산 대수촌, 다섯째는 금산 가리촌, 여섯째는 명활산 고야촌이라 했다.
이들이 후에 진한辰韓의 6부部가 된다.
고허촌장 소벌공蘇伐公이 양산楊山 기슭 나정蘿井 옆에 있는 숲

사이에 말이 무릎을 꿇고 울고 있음을 바라보고 가보니 문득 말은 볼 수 없고 다만 커다란 알 하나만 있었다. 그것을 깨어보니 갓난아기가 나왔다. 데려다 길렀는데 나이 10여세가 되자 기골이 준수하고 숙성하였다.

6부 사람들은 그 출생이 신기하고 이상했으므로 그를 높이 받들고 존경했는데 이때에 이르러 세워서 임금으로 삼았다. 진한 사람들은 표주박을 박朴이라 했는데 처음에 큰 알이 표주박과 같았으므로 박으로 성을 삼았다.

_『삼국사기』 신라본기

전한前漢 지절 원년地節元年 임자(壬子, B.C 69)년 3월 초하루에 6부의 조상들이 각각 자제들을 거느리고 모두 알천 언덕에 모여 의논하되 "우리들이 위에 백성을 다스릴 임금이 없으므로 백성들이 모두 방일하여 제 나름대로 따라가니 덕 있는 사람을 찾아서 임금을 삼아 나라를 세우고 도읍을 만들어야 하지 않겠는가?" 하고 높은 곳에 올라 양산楊山 아래 나정蘿井 옆에서 번개 같은 이상한 기운이 땅 위에 드리우고 한 백마白馬가 엎드려 절하는 형상이 있는지라 찾아가 보니 자줏빛 알 하나가 있었다.

백마는 사람을 보더니 위로 하늘을 보며 길게 울었다.

그 알을 깨어 사내아이를 얻으니 모양이 단정하고 아름다웠다. 동쪽 샘에서 목욕을 시키니 몸에서 광채가 나고 새와 짐승들이 춤을 추고 천지가 진동하며 해와 달이 청명하므로 이름을 혁거세

왕赫居世王이라고 하였다.(이는 西述聖母가 낳은 바니 그러므로 중
국인이 仙桃聖母를 찬양한 말에 '현인을 낳아 나라를 세웠다.'는 말이
있음은 이것이다.)

위호位號를 거슬한居瑟邯이라 하였다.

사람들이 서로 치하하되 '이제는 천자天子가 이미 강림하였으니
마땅히 덕 있는 여군女君을 찾아 배필로 정하자.' 하더니 이날
사량리 알영정閼英井가에 닭과 용(鷄龍)이 나타나 있어 왼쪽 겨드
랑이 밑으로 여자 아이를 낳았다. (혹은 용이 나타났다 죽으므로
그 배를 갈라 얻었다 한다) 모습이 심히 예쁘나 입술이 닭의
부리 같았다. 월성月城의 북쪽 내로 데려다 목욕을 시키니 그
부리가 빠져 떨어졌다. 이로 인하여 그 내의 이름을 발천撥川이라
고 했다.

궁실을 남산南山의 서쪽 기슭에 짓고 두 성아聖兒를 봉양하였다.
남자는 알에서 나왔고 그 알은 박만 하였다. 방언에 박을 박朴이라
하여 곧 박朴으로 성을 삼았다. 여자는 태어난 우물 이름으로
이름을 삼았다.

두 성인의 나이 13세가 된 오봉원년(五鳳元年, B.C 57) 갑자에
남자는 왕이 되고 여자는 왕후가 되었다. 나라 이름을 서라벌徐羅
伐 또는 서벌(徐伐, 지금 풍속에 京자를 서울로 읽는 것은 이 때문이
다.) 혹은 사라斯羅 또는 사로斯盧라고 했는데 처음에 왕이 계정鷄
井에서 낳았기 때문이다.

혹은 계림국鷄林國이라고도 했는데 이는 계룡鷄龍이 나타나 상서

로웠기 때문이다. 일설에는 탈해왕 때에 김알지를 얻었는데 닭이 숲속에서 울었으므로 이에 나라 이름을 고쳐 계림鷄林이라고 했다가 뒤에 신라新羅로 정했다 한다. 나라를 다스린 지 61년에 왕은 하늘로 올라갔다가 7일 뒤에 유체遺體가 땅으로 떨어졌다. 왕후도 따라 죽으므로 나라 사람들이 합장하려 했으나 큰 뱀이 있어 방해하므로 각각 장사지냈다. 오체五體를 오릉五陵이라 하는데 또는 사릉蛇陵이라고 한다.

_『삼국유사』 1권, 신라시조 혁거세왕

김부식은 『삼국사기』 신라본기를 마감하면서 이런 말을 남겼다.

신라의 박씨 석씨는 모두 알에서 태어났고 김씨는 금궤金櫃에 들어가 하늘에서 내려왔다거나 혹은 금수레(金車)를 탔다고도 한다. 이는 너무 괴이해서 믿을 수 없으나, 그러나 세속世俗에서는 서로 전하며 이것이 사실이라고 한다.

앞에서 여러 문헌을 통해 살펴보았듯이 신라는 신선이 산다는 삼신산의 하나인 방장산方丈山, 즉 지금의 지리산에 도읍을 정하고 건국하였다. 지리산은 그 규모가 방대하여 산의 둘레가 8백여 리에 달하며 3도 5군에 걸쳐 있으나 신라 도읍지의 구체적인 위치는 문헌 자료를 종합해 볼 때 지리산 화엄사를 중심으로 전남 구례군 일대가 여기에 해당된다.

또한 신라는 고조선을 계승하여 고조선 도읍지 아사달에 다시 도읍을 정하였으며 박혁거세를 시조로 추대하고 신라를 건국한 6부촌 사람들 역시 고조선의 유민들이라고 한다.

신라 건국신화에 보면 특이하게도 여러 동물이 등장하고 있다.

가령 박혁거세가 처음 태어난 곳에 흰 말(白馬)이 울고 있었고 알영왕후가 태어날 때에는 닭과 용(鷄龍)이 나타났으며 혁거세가 세상을 떠나고 알영부인도 세상을 떠나자 나라 사람들이 합장合葬하려 할 때에는 큰 뱀(大蛇)이 나타나 방해하였다.

또 제실의 공주인 시조의 어머니 사소娑蘇에게 황제가 친서를 발에 묶어 보낸 솔개(鳶), 그리고 김알지가 강림했던 계림鷄林에서는 흰 닭(白鷄)이 울어 성인이 출현하였음을 세상에 알렸다. 삼신산을 머리에 이고 있다는 금오산金鼇山이 실제로 산 전체가 거대한 한 마리 자라 모양을 하고 있듯이 지금 구례군의 지리산 화엄사를 중심으로 지리산 일대에는 마치 하늘이 빚어놓은 조각 공원처럼 여러 가지 동물 형상을 하고 있는 여러 산이 화엄사를 향해 에워싸고 있다.

이를테면 마산(馬山, 말)·오산(鰲山, 자라)·봉성산(鳳城山, 봉황)·오봉산(五鳳山, 다섯 봉황)·용산(龍山, 용)·계족산(鷄足山, 닭발)·매봉(鷹峰, 매)·계림(鷄林, 닭)·솔개봉(鳶峰, 솔개)·토고미(兎顧尾, 토끼) 등이 있는데 각각 그 이름에 걸맞은 형상을 하고 있다.

이렇듯 산신이 여신女神인 지리산 역시 여자의 몸 형상을 하고 있으므로 신라의 선도산仙桃山은 지리산을 가리키는 것이며 애초에 이 산의 성모가 공주로 현신하여 시조를 낳아 신라를 건국하고 다시 산신이 된 것이다.

지리산에는 여자의 생식기가 활짝 벌어진 형상의 여근곡女根谷·유방·엉덩이(반야봉), 그리고 생명의 탄생지인 음부(陰部) 등이 선명하게 모양을 갖추고 있다.

이른바 창세기에서 에덴동산에 '하나님이 흙으로 사람을 지으시고'라고 하였고 또 '하나님이 흙으로 각종 들짐승과 공중의 각종 새를 지으시고'라는 구절은 바로 이것을 말하는 것이며 그중에 아담과 하와에게 선악과를 몰래 따먹게 했다는 에덴동산의 뱀 역시 시조를 장사지내려 할 때 나타났던 큰 뱀과 동일한 것이다.

이와 같이 신라 건국신화에 등장하는 백마(馬山)·흰 닭(雞林)·큰 뱀(龍山)·솔개(鳶峰) 등은 모두 금오산金鼇山과 같이 각각 그 산 이름에 걸 맞는 형상을 하고 현재 구례군 일대에 분포되어 있다.

예언서인『격암유록格菴遺錄』에 조선왕조가 멸망한 후 계룡산鷄龍山에 새 시대의 도읍지가 있다는 설이 있는데, 계룡雞龍에 관해 '닭이 울고 용이 절규하는 곳(鷄鳴龍叫)'이라고 하였으니 신라 건국신화에 등장하는 계룡鷄龍 역시 하나의 동물이 아니라 계림鷄林의 흰 닭과 용산龍山의 용이 동시에 나타난 것이다.

또한『격암유록』에서 말하는 새 시대의 도읍지인 계룡산은 계림鷄林과 용산龍山이 있는 신라 도읍지를 가리키는 것이고 대전大田이라는 지명 역시 신라 도읍지에 있는 여근곡女根谷을 가리키는 말이다.

『격암유록』제56장, 도부신인桃符神人 조에, '정씨의 나라 도읍지
는 어디인가? 닭이 울고 용이 절규하는 곳이 새로운 도읍지라네.'[204]
하였다.

현재 정부에서는『정감록鄭鑑錄』의 예언에 의거하여 충남 계룡산
일대를 새로운 도읍지로 설정하고 정부청사를 이 지역으로 옮기는
작업이 진행되고 있으나 계룡산이나 대전은 신라 도읍지를 가리키는
지명일 뿐, 그곳이 예언서에서 말하는 새 시대의 도읍지는 아니다.

이태조가 조선을 건국할 때에도 그 지역을 도읍지로 삼으려고
공사가 일부 진행되었으나 다시 논의하여 현재의 한양에 도읍을
정한 것이다.

성서의 예언서인 요한계시록에도 유사한 설이 있는데,

또 보매 다른 천사가 살아계신 하나님의 (천부)인을 가지고 해
돋는 데로부터 올라 와서 땅과 바다를 해롭게 할 권세를 얻은
네 천사를 향하여 큰 소리로 외쳐 가로되 우리가 우리 하나님의
종들의 이마에 인치기까지 땅이나 바다나 나무나 해하지 말라
하더라.[205]

라고 하였다. 인류를 구원할 새로운 구세주가 해 돋는 데서 다시
출현하여 천년왕국의 낙원을 건설한다는 것이다. 물론 여기에 해

---

204 鄭氏國都何處地 鷄鳴龍叫新都處
205 『요한계시록』 7:2

돋는 곳 역시 에덴동산이 있는 양곡暘谷을 가리키는 것으로『정감록鄭鑑錄』의 계룡산 도읍지 설과 내용면에서 동일한 것이다.

이와 같이 신라 건국신화를 자세히 해석해 보면 태초에 인간과 동물이 어떤 형식으로 출현하게 된 것이며, 구세주가 어떻게 태어나 어떻게 천년왕국을 건설하느냐 하는 문제까지도 국사國史에 기재된 역사자료를 통해 확연히 밝힐 수 있는 것이다.

2) 선도성모

시조 박혁거세의 어머니 선도성모에 관해 살펴보기로 하자.

정화(政和, 1111~1117) 연간에 우리 조정(고려)에서는 상서尙書 이자량李資諒을 송나라에 보내어 조공했을 때 신臣 부식富軾은 문필의 임무를 띠고 같이 가서 우신관佑神館에 참배하고 한 사당에 여자 신선상女仙像을 모셔둔 것을 보았다. 한림학사인 왕보王黼는 말했다.

"이것은 귀국貴國의 신神인데 공들은 이를 아십니까?"

마침내 말했다.

"옛날 제실帝室의 공주가 있었는데 남편이 없는데도 아이를 배어 남에게 의심을 받게 되자 이에 바다를 건너 진한에 이르러 아들을 낳으니 해동의 첫 임금이 되었으며 제왕의 딸은 지선(地仙, 산신)이 되어 길이 선도산仙桃山에 있다는데 이것은 그 선인의 상像입니다." 하였다.

부식은 또 송나라 사신 왕양王襄이 지은 동신성모東神聖母에게
제사 드리는 글에 '현인을 낳아 나라를 세운다.'는 구절이 있는
것을 보고 그제야 동신東神이 곧 선도산仙桃山의 신성神聖임을
알았다.

그러나 그 아들이 어느 때 임금을 한 것인지는 알 수 없다.[206]

『삼국유사』에는 선도성모가 진한의 선도산에 와서 낳은 아들은
바로 신라의 시조인 박혁거세임을 밝히고 성모에 관해 자세하게
기록하고 있다.

지리산 산신은 여신으로 석가모니의 어머니 마야부인이라고 하는
데, 혹은 단군의 어머니라고 하며 신라에서는 박혁거세의 어머니
선도성모라고 하고, 고려에서는 태조 왕건의 어머니 위숙왕후威肅王
后라고 한다. 또한 선도성모仙桃聖母라는 이름에서 이미 곤륜산의
서왕모라는 사실이 드러나고 있으며, 성모가 불사佛事를 자신의
일처럼 기쁜 마음으로 황금을 시주하며 돕는 것은 그가 바로 석가모
니의 어머니 마야부인이기 때문이다. 서왕모에 관해『산해경』을
비롯하여 도가道家의 서적에 단편적인 자료가 보이고 있으나 성모의
진면목은『화엄경』에 자세히 밝히고 있으니 마야부인은 선재동자가
만난 53선지식 중의 한 분이기 때문이다.

『화엄경』에 의하면 마야부인은 도의 경지가 관세음보살과 같이

206 『삼국사기』 신라본기

부처의 경지인 제11 등각지等覺地에 오른 성모로서 석가모니를 낳았을 뿐만 아니라 미래의 미륵彌勒을 비롯하여 모든 부처를 낳는 어머니이며 아울러 '보현의 행원(普賢行願)을 모두 닦아서 모든 중생들을 교화하려는 이에게도 나의 몸이 그들의 어머니가 되는 것을 내가 보노라.'[207] 하였으니 고조선·신라·고려에 이르기까지 건국 시조가 모두 후자에 해당한다.

그리하여 송나라의 사신 왕양王襄이 선도성모에게 제사지내는 제문에, '현인賢人을 잉태하여 나라를 처음 세운다(娠賢肇邦)'는 구절이 있었다고 한 것이다. 이렇게 해서 고조선·신라·고려로 계승되는 세 왕조의 건국신화가 『화엄경』에 의거해 인증引證된다는 사실을 알 수 있다.

5. 불교의 종말론과 천지창조

인간에게 생로병사가 있듯이, 불교에서 세계는 성·주·괴·공成住壞空의 네 가지의 겁劫을 반복한다고 한다. 성겁成劫은 세계世界가 이루어져서 인류가 살게 된 최초의 시대를 말하는데 태초에 사람과 동물은 모두 화생化生하였으며 인간의 수명은 8만 세였다고 한다.

주겁住劫은 이 세계가 존재하는 기간을 말하고, 괴겁壞劫은 이 세계가 괴멸하는 기간을 말하고, 공겁空劫은 괴겁 다음에 이 세계가

---

207 諸有修行 普賢行願 爲化一切諸衆生者 我自見身 悉爲其母. 『80화엄경』 76권 입법계품 제39-17

완전히 없어졌을 때부터 다시 다음 성겁에 이르기까지의 시기를
말한다. 그러므로 종말론은 우주가 괴멸되는 괴겁壞劫을 말하고,
천지창조는 성겁成劫을 말하는 것이다. 구약성서의 창세기는 최초에
우주가 창조된 사실을 말하고 여기에서는 성주괴공이 여러 차례
반복되고 현재의 우주가 창조된 내력과 최초 인간의 출현에 관한
내용이다.

1) 우주의 종말론

비구들이여 마땅히 알라.

만약 때가 되어 이 세계가 부서지려 할 때면 하늘이 비를 내리지
않아 심은 모종이 자라지 않고 모든 작은 하천과 샘의 근원이
모두 다 고갈된다.

일체의 모든 행은 다 무상으로 돌아가 오래 머무르지 못하느니라.

비구들이여 마땅히 알라.

언젠가 때가 되면 이 네 개의 큰 강, 이른바 긍가하恒伽河·신도하私
頭河·사다하死陁河·박차하婆叉河 강도 역시 고갈되어 남은 것이
없게 된다.……

언젠가 때가 되어 이 세상에 두 개의 해가 나타나면 이때 온갖
초목은 모두 시들어 떨어진다. 비구들이여 이와 같이 무상하여
오래 머무르지 못한다.

이때 온갖 샘과 작은 시내는 모두 고갈된다.

비구들이여 마땅히 알라.

만일 두 개의 해가 나타나면 이때 사방의 큰 바닷물이 백 유순이나 말라버리고 점점 더해 7백 유순까지 바닷물이 말라버린다.

비구들이여 마땅히 알라.

언젠가 때가 되어 이 세상에 3개의 해가 출현하면 사방의 큰 바닷물이 천 유순이나 말라버리고 점점 더해 7천 유순까지 바닷물이 말라버린다.

비구들이여 마땅히 알라.

만일 4개의 해가 세상에 출현할 때에는 네 큰 바닷물의 깊이가 천 유순 밖에 되지 않는다. 이와 같이 비구들이여 일체의 행이 모두 다 무상하여 오래 머물지 못하느니라.

비구들이여 마땅히 알라.

언젠가 때가 되어 이 세상에 5개의 해가 나타나면 이때 사방의 바닷물은 7백 유순 밖에 남지 않고 물은 점점 줄어 백 유순에 이른다.

비구들이여 마땅히 알라.

언젠가 때가 되어 이 세상에 5개의 해가 나타나면 이때 바닷물은 1유순 밖에 남지 않고 그것도 점점 물이 말라 남은 것이 없게 된다. 만일 5개의 해가 나타나면 이때 바닷물은 7자 밖에 남지 않았다가 5개의 해가 나타날 때 바닷물은 남김없이 모두 말라버린다.

비구들이여 마땅히 알라.

이와 같이 비구들이여 일체의 행이 모두 다 무상하여 오래 머물지 못하느니라.

비구들이여 마땅히 알라.

언젠가 때가 되어 6개의 해가 나타나면 6만 8천 유순 깊이까지 모두 연기가 나고 수미산 역시 점점 녹아 부서지게 된다. 만일 6개의 해가 나타날 때 이 삼천대천세계는 모두 녹아 부서지게 된다. 마치 불가마 속에 도자기와 기와를 굽는 것과 같다. 이때 삼천대천세계도 역시 이와 같아서 온 세계가 빈틈없이 벌겋게 타오른다.

비구들이여 마땅히 알라.

만일 6개의 해가 나타날 때 여덟 곳의 큰 지옥(八大地獄) 역시 다시 소멸되어 인민들은 목숨을 마친다.

수미산을 의지하고 있는 다섯 종류 천국天國도 역시 수명이 다한다. 33天(도리천)·염천(豔天, 염마천焰摩天) 나아가 타화자재천까지도 역시 수명이 다하고 궁전은 모두 비게 된다.

만일 6개의 해가 나타날 때, 이때 수미산과 삼천대천세계가 모두 활활 타올라 남은 것이 없게 된다. 비구들이여, 이와 같이 일체의 행이 모두 다 무상하여 오래 머물지 못하느니라.

비구들이여 마땅히 알라.

언젠가 때가 되어 7개의 해가 나타나면, 이때 이 땅 6만8천 유순 깊이까지 그리고 삼천대천세계가 모두 불길이 일어난다. 만일 다시 7개의 해가 나타나면 이 수미산도 점점 녹아 내려 백 천 유순 높이가 자연히 무너져 내려 흔적도 없게 되니, 티끌이나 연기도 볼 수 없는데 하물며 재를 볼 수 있겠는가.

이때 33天과 나아가 타화자재천의 궁전은 모두 활활 타올라 그 불길이 범천梵天까지도 올라간다. 범천에 새로 태어난 天子들은 지금까지 괴겁壞劫의 말기에 일어나는 불길을 본 적이 없으므로 그 불길을 보고는 모두 불에 탈까봐 두려워한다. 그러나 옛적에 태어난 천자들은 일찍이 이 불길을 본 적이 있으므로 곧 뒤에 태어난 천자들을 찾아가 이렇게 위로한다.

"너희들은 두려워하지 말라. 저 불길은 결코 여기까지 오지 않는다."

비구들이여 마땅히 알라.

7개의 해가 나타날 때 이 세상에 여섯 천국과 나아가 삼천대천세계가 모두 재가 되고 어떤 형태의 물질도 없게 된다. 비구들이여, 이와 같이 일체의 행이 모두 다 무상하여 오래 보존할 수 없고 모두 소멸로 돌아가고 마는 것이니라.

그때 사람들은 목숨을 마치고 모두 타방세계에 태어나거나 혹은 천상에 태어난다. 설사 지옥에 있는 중생이라도 묵은 죄가 이미 다했다면 천상에 태어나거나 혹은 타방세계에 태어난다. 지옥에 있는 중생으로서 묵은 죄가 아직 끝나지 않았으면 다시 타방세계로 옮겨 간다.

비구들이여 마땅히 알라.

만일 7개의 해가 나타날 때면 해와 달의 광명과 별의 비춤이 없게 된다. 이때 해와 달은 이미 없어져 다시는 낮과 밤이 없다. 비구들이여, 이른바 인연의 과보로 말미암아 이렇게 파괴되는 것이니라.[208]

2) 천지창조

비구들이여, 또 마땅히 알라.

그 무너진 겁劫이 다시 이루어 질 때 언젠가 때가 되면 불길이 저절로 꺼지고 허공에서 큰 구름이 일어나 점점 비가 내린다. 그때 이 삼천대천세계는 물이 가득 차 범천梵天까지 이르게 될 것이다.

비구들이여, 마땅히 알라.

이때 그 물은 점차 정지했다가 저절로 소멸된다. 거기에 다시 바람이 일어나는데 이름을 수람隨嵐이라고 한다. 그 바람은 이 물을 불어 한곳에 모으고 다시 천千 수미산, 천 기미타산, 천 니미타산, 천 구라산, 천 이사산, 천 비나산, 천 철위산鐵圍山, 천 대철위산을 만들고, 다시 8천 지옥地獄이 생기고 다시 천 마두산馬頭山 천 향적산香積山 천 반도파산般茶婆山 천 우도가산優闍伽山 천 염부제閻浮提 천 구야니瞿耶尼 천 불우체弗于逮 천 울단왈鬱單曰 이 생기고 다시 천 바닷물이 생기고 다시 천 사천왕궁四天王宮、천 삼십삼천(三十三天, 도리천) 천 염천豔天 천 도솔천兜術天 천 화자

---

208 『증일아함경增壹阿含經』 칠일품七日品

재천化自在天 천 타화자재천他化自在天이 생기느니라.

비구들이여, 마땅히 알라.

언젠가 때가 되면 물이 없어지고 대지가 다시 환생還生한다. 이때 지상에는 자연히 지비地肥가 있어 너무도 향기롭고 맛있는 것이 감로甘露보다 훌륭하다. 그 지비地肥의 향기와 맛이 궁금한가? 마치 포도주의 달콤한 맛과 같다.[209]

3) 최초 인간의 출현

비구들이여, 마땅히 알라.

언젠가 때가 되면 광음천光音天의 天人들이 서로 말하기를, "우리 저 염부제閻浮提로 가서 그 지형을 살펴보고 곧장 돌아오자." 하고 광음천의 천자天子들이 세간에 내려와서 지상(낙원)에 있는 그 지비地肥를 보고는 곧장 손가락으로 찍어 맛을 보고는 집어 먹었다.

이때 지비地肥를 많이 먹은 천자는 점점 위신威神이 없어지고, 또 광명光明이 없어지고 몸이 무거워지며 뼈와 살이 생겨 곧 신족神足을 잃고 다시는 허공을 날아다닐 수 없었다. 그러나 지비를 적게 먹은 천자는 몸이 무거워지지 않고 신족도 잃지 않아 다시 허공을 날아 갈 수 있었느니라.

그때 신통력을 잃어버린 천자들은 모두가 통곡하며 서로에게

---

209 『증일아함경增壹阿含經』 칠일품七日品

말하기를, "우리는 이제 너무도 처량한 처지가 되었다. 신통력을 잃어버려 지상에 머물러 다시는 천상天上으로 돌아가지 못하게 되었으니, 이것은 지비를 먹었기 때문이다."고 하며 각각 서로의 안색顏色을 바라보았다.

그때 탐욕이 많은 천자는 문득 여인의 몸이 되어 마침내 정욕情欲을 행하면서 함께 서로 즐겼다. 비구들이여, 처음 세상이 이루어졌을 때 이런 음행하는 법이 있어 세간에 유포되었으니, 이것은 옛날부터 항상 있었던 법이다.

세상에는 반드시 여인이 있게 마련이니, 이는 지금에만 적용되는 것이 아니라 옛날부터 항상 있었던 법이었다. 이때 나머지 광음천光音天 천자들은 타락한 이들에게 모두 와서 욕하고 꾸짖으며 말하기를,

"너희들은 어찌하여 이런 부정不淨한 짓을 하느냐?" 이때 타락한 중생들은 다시 이렇게 생각했다. "우리는 마땅히 방법을 궁리해 남들이 보지 못하게 하고 같이 자자." 그렇게 해서 집을 짓고 비로소 그 몸뚱이를 가리게 되었다.

비구들이여, 이른바 이런 인연으로 지금의 주택이 있게 되었느니라.

비구들이여, 마땅히 알라.

언젠가 때가 되면 지비地肥는 자연히 땅으로 들어간 후에 다시 멥쌀이 생기는데 그것은 지극히 곱고 깨끗하며 또 껍질이 없고 향기도 좋아 사람을 살찌우고 피부를 하얗게 한다.

아침에 거두면 저녁에 다시 나고 저녁에 거두면 아침에 다시
난다.

비구들이여, 그때 처음으로 이른바 쌀이라는 이름이 생겼다.

비구들이여, 언젠가 때가 되어 사람들은 게을러져 부지런히 생활
하지 않고 어떤 사람이 이렇게 생각하였다. '내가 지금 무엇 하러
날마다 이 멥쌀을 수확하는가? 응당 이틀에 한 번씩 거두리라.'
그래서 그 사람은 이틀에 한 번씩 쌀을 거두었다.

여인들이 차차 임신을 하게 되고 이로 말미암아 태어남이 있게
되었다. 다시 어떤 중생이 다른 중생에게 "우리 같이 쌀을 거두러
가자." 하고 말하니 그 사람이 "나는 이틀 식량을 준비해 놓았다."고
대답하였다. 이 사람이 듣고 나서 '그럼 나는 마땅히 나흘 식량을
쌓아 두리라.' 생각하고는 즉시 나흘 치 식량을 준비하였다. 또
어떤 중생이 그 중생에게 "우리 함께 밖에 쌀을 거두러 가자."고
말하자 그 사람이 "나는 나흘 식량을 준비해 놓았다."고 대답하자
그 사람이 듣고 나서 문득 '그럼 나는 여드레 치 식량을 준비하리
라.' 하고 생각하며 곧 여드레 치 식량을 쌓아두었다. 이때부터
그 쌀은 다시는 나지 않았다.

이때 중생들은 각자 이렇게 생각했다. '세상에 큰 재앙이 닥쳤다.
이제 그 멥쌀이 마침내 본래처럼 나지 않게 되었으니 지금 마땅히
이 쌀을 즉시 분배해야 한다.' 그때 어떤 중생이 다시 이렇게
생각하였다. '나는 이제 내 쌀을 감추어 두고 마땅히 남의 쌀을

훔쳐야겠다.' 그래서 그 중생은 문득 자기 쌀은 감추어 두고 남의 쌀을 훔쳤다. 그 주인은 쌀을 도둑질 하는 것을 보고 그에게 이렇게 말했다.

"너는 왜 내 쌀을 가져가느냐? 이번만은 네 죄를 용서해 주겠으니 이후로 다시는 범하지 말라."

그때 이 세상에는 처음으로 도둑질 하는 마음이 생겼다.

이때 또 어떤 중생이 이 말을 듣고 다시 스스로 이렇게 생각했다. '나도 이제 내 쌀을 감추고 마땅히 남의 쌀을 훔치리라.' 이때 그 중생은 자기 몫은 놔두고 남의 몫을 가져 왔다. 주인은 그것을 보고 그에게 말했다.

"네가 지금 어찌하여 내 쌀을 가져가느냐?" 그러나 그는 잠자코 대답하지 않았다.

그때 쌀 주인은 즉시 주먹으로 상대를 때리면서 말했다.

"지금 이후로부터 다시는 서로 침범하지 말라."

그때 많은 사람들이 중생들이 서로 도둑질 한다는 소식을 듣고 모두 모여 서로 말했다.

"세간에 서로 훔치는 나쁜 법이 있다. 이제 마땅히 우리의 토지를 지킬 사람을 세워 토지를 지키게 하자. 총명하고 재주가 뛰어난 사람을 우리의 토지를 지킬 사람으로 추대하자." 이때 그들은 곧 토지의 수호자를 뽑고 그에게 말했다. "그대들은 반드시 알아야 합니다. 세간에는 도둑질하는 나쁜 법이 있으니, 그대들은 이제 토지를 지켜준다면 마땅히 그 직세(直稅, 세금)를 내겠으니 모든 인민들이 남의 쌀을 훔치는 자는 곧 그 죄를 응징하시오."
그때 토지의 수호자를 두게 되었다. 비구들이여 마땅히 알라.
이때 그 지도자를 찰리종(刹利種, 임금)[210]이라고 불렀느니라.
이것은 다 옛날 법으로서 지금의 법은 아니니라.[211]

6. 맺는 말

이제까지 살펴 본 바와 같이 인류문명의 발상지와 종교의 이상향이
실제로는 같은 곳이기 때문에 옛날부터 제정일치 사회였고 경전을
섭렵하지 못하고서는 역사도 올바로 이해하기 어려운 것이며 특히
그 중심에 있는 한국사는 더욱 그렇다.

조선왕조는 숭유억불과 사대주의 정책의 일환으로 도리천이 있는
불국정토이고 인류문명의 발상지이며 에덴동산인 신라 도읍지를
엉뚱한 곳에 날조하여, 이로 인하여 한국사는 물론이고 세계사가
초토화되어 버렸다. 이것은 마치 미로迷路의 출구를 막아버린 암담
한 결과를 초래하여 이로 인하여 천하가 대책 없이 어지러워지고
천지신령마저도 인간세상을 외면하는 지경에 이르렀다. 그러나

---

210 『장아함경』 제22권에서는, '여기서 비로소 백성의 주인(民主, 임금)이라는
　　이름이 생기게 되었다.'(於是始有民主之名)고 하였다. 그렇다면 현재 사용
　　하고 있는 민주주의民主主義라는 정치제도는 백성이 주인이라는 말이 아니
　　라 '백성의 주인'을 선출하여 권력을 맡긴다는 정치제도가 된다.
211 『증일아함경增壹阿含經』 칠일품七日品

이제라도 왜곡된 역사를 바로 세우면 천하는 다시 안정을 되찾을
수 있을 것이다.

제5장 신라 황룡사는 지리산 화엄사이다

1. 화엄사의 창건

판본「대화엄사 사적事蹟」에는 화엄사의 창건 유래에 관해 다음과
같이 기록하고 있다.

〔번역문〕

 양梁나라 천감天監 13년 갑오(甲午, 514)년에 신라 법흥왕이 즉위
 하고 15년 무신(戊申, 528)년에 불법이 크게 성행하여 어머니
 영제부인迎帝夫人과 왕비 기축부인己丑夫人이 출가하여 여승이
 되었다.
 (왕은) 법명을 법류法流라 하였으며 율령律令을 지키고 행하였다.
 이리하여 혹은 화엄불국사華嚴佛國寺 혹은 화엄법류사華嚴法流寺

혹은 화엄법운사華嚴法雲寺라고 하는데 계림고기雞林古記에는 혹
황둔사黃屯寺라고도 했다.

간좌곤향艮坐坤向이니 뒤로는 노을 이는 봉우리에 기대고 앞으로
는 구름 이는 시내를 굽어본다. 양 무제 대동大同 12년[212] 신라
진흥왕 5년 갑자(甲子, 544)년에 개기(開基, 창건)했다.[213]

이 해에 진흥왕이 어머니 지소부인只召夫人을 위하여 흥륜사興輪
寺를 창건하고 사람들을 제도하여 중과 여승이 되도록 하고 널리
불찰佛刹을 일으켰는데 말년에는 머리를 깎고 승복을 입고 스스로
법호를 법운자法雲子라고 했다.
또 황룡사皇龍寺를 낙성하고 장육동상丈六銅像을 주조했는데 무
게가 5만5천7근斤이요, 황금 1백2냥을 도금鍍金했다.[214]

당 명황 천보天寶 13년 신라 경덕왕 13년 갑오(甲午, 754)년에
조술祖述했다.

---

212 大同 10년의 오기

213 원문에 한 글자 올려 쓴 문장은 본문이고 내려 쓴 문장은 본문에 대한
부연설명, 즉 주석과 같은 것이다.

214 진흥왕 35년 봄 3월에 황룡사皇龍寺의 장육존상丈六尊像을 주조하였는데,
구리의 무게가 3만 5천 7근이고 도금한 금의 무게가 1만 1백 9십 8푼이었다.
『삼국사기』 신라본기

이 해에 경덕왕이 어머니 조덕태후照德太后를 위하여 황룡사종皇
龍寺鍾을 주조하였는데 길이가 10척 3촌一丈三寸이요, 두께가 9촌
寸이며 무게가 49만7천5백81근斤이었다.[215]

이때에 또 김대성金大成이 창건한 토함산의 불국사佛國寺가 있으
니 뒷사람들은 이름에 현혹됨이 없도록 하라.

「大華嚴寺 事蹟」 1636년 撰, 숙종 23年(1697) 목판본으로 改刊,

[해설]

조선시대에 간행된 구례읍지인 『봉성지鳳城誌』에는 화엄사의 연혁

---

215 신라 제35대 경덕대왕이 천보天寶 13년 갑오(甲午 754)년에 황룡사의 종을
주조했는데, 길이는 10척 3촌寸이요, 두께는 9촌, 무게는 49만 7,581근이었
다. 시주는 효정이왕孝貞伊王 삼모부인三毛夫人이요, 장인은 이상택里上宅의
하전下典이었다. 『삼국유사』 3권 황룡사 종

에 관해 이렇게 적고 있다.

> 양 무제 대동大同 10년(544)에 신라 진흥왕이 친히 창건하신 곳
> 이다.
> 당 정관貞觀 신라 선덕여왕善德王 때에 자장慈藏대사가 사리탑을
> 세웠다.
> 당 고종高宗 신라 진덕왕眞德王때에 원효대사가 해회당海會堂에서
> 강설하였다.
> 문무왕 때에 국사國師 의상義湘이 왕명을 받들어 석판石板에 80권
> 화엄경을 새기고 이 절에 머물렀다.
> 경덕왕 때에 칙령勅令으로 거듭 새롭게 중창했는데 그 때에는
> 큰 절이 여덟 곳이고 소속 암자가 81곳이었다.
> 헌강왕 때에 도선 국사가 계승하여 중창하고 수도하였다.[216]

신라 법흥왕 때에 이차돈의 순교로 인하여 신라에 불교가 공식적
으로 도입되고 법흥왕 때에 절 짓는 공사가 시작되어 진흥왕 즉위
5년(544) 봄 2월에 흥륜사興輪寺를 낙성하였는데 이것이 화엄사
최초의 창건이다.

---

216 『봉성지鳳城誌』 불우佛宇 화엄사. 梁武帝 大同十年 新羅眞興王所刱 唐貞觀
　　新羅善德王時 慈藏大師建塔 唐高宗 新羅眞德王朝 元曉大師設講 於海會堂
　　文武王時 國師義湘 承命 以石板 刻華嚴經八十卷 留于寺 景德王朝 勅令重
　　新 其時 大寺八 屬菴八十一 憲康王時 道詵國師 繼創修道

그리고 거듭하여 이 골짜기에 황룡사가 창건되었는데, 진흥왕 14년(553) 봄 2월에 왕명으로 담당 관청에 명하여 새 궁궐을 월성月城의 동쪽에 짓게 했는데 누런 용이 그곳에 나타났다.

왕은 이를 이상히 여겨 궁전을 고쳐 절로 삼고 이름을 내려 황룡사라고 했다. 이것이 신라 최대의 사찰인 황룡사이다.

화엄사의 원래 이름은 화엄불국사이니 이는 이곳이 화엄경의 설법 무대이고 불보살이 살고 있다는 수미산 도리천이 있는 불국토라는 말이고, 화엄법류사와 화엄법운사의 법류는 법흥왕의 법호이고 법운은 진흥왕의 법호에서 유래한 것이다.

그리고 경덕왕이 화엄사를 크게 중창하고 화엄사상을 크게 부흥시켰던 사실로 이어지는데, 이 내용은 『삼국유사』에 실려 있는 것으로 경덕왕 13년 갑오(甲午, 754)년에 왕이 화엄종의 대덕 법해에게 청하여 황룡사에서 『화엄경』을 강설하게 했다는 말이다.

이듬해 갑오(甲午, 754)년 여름, 경덕왕은 또 대덕 법해法海를 청하여 황룡사에서 『화엄경』을 강설하게 하고, 친히 가서 향을 피웠다. 조용히 법해에게 말했다.

"지난해 여름에, 태현太賢법사가 『금광명경』을 강설하니 우물의 물이 일곱 길이나 솟아올랐소. 스님의 법도法道는 어떠하오?"

법해는 말했다.

"아주 조그만 일이온데 무엇을 그렇게 특별히 칭찬하십니까? 즉시 창해滄海를 기울여 동악東岳을 잠기게 하고 서울을 떠내려가게 하는 것도 또한 어렵지 않습니다." 왕은 아직 그 말을 믿지 않고 농담으로 여겼다. 정오에 『화엄경』을 강설할 때에 이르러 향로를 당겨 잠잠히 있으니 잠깐 사이에 궁중에서 갑자기 통곡하는 소리가 들리더니, 궁리宮吏가 달려와서 보고 했다.

"동쪽 못이 이미 넘쳐흘러서 내전內殿 50여 칸이 떠내려갔습니다."

왕은 망연자실 하였다. 법해는 웃으면서 말했다.

"동해물이 기울어 쏟아지려고 수맥水脈이 먼저 넘친 것입니다."

왕은 자기도 모르는 사이에 일어나 절을 하였다. 그 이튿날 감은사感恩寺에서 아뢰었다.

"어제 한 낮에 바닷물이 넘쳐흘러 불전佛殿의 계단 앞에까지 들어왔다가 저녁때에 물러갔습니다." 왕은 법해를 더욱 믿고 공경했다.[217]

이리하여 경덕왕이 이 해에 화엄사(황룡사)를 크게 중창하면서 무게가 봉덕사종의 4배에 해당하는 49만7천5백81근斤의 황룡사 대종을 주조하였다고 부연설명하고 있다. 그리고 이 대종을 매달았던 범종각梵鍾閣이 3층 3칸의 규모로 화엄사에 있었다고 밝히고 있다.[218] 이것은 지금의 화엄사가 바로 황룡사라는 사실을 분명히 밝히고 있는 것이다.

조선시대 간행된 구례읍지인 『봉성지』에 의하면,

신라 경덕왕 때에 칙령勅令으로 화엄사를 거듭 새롭게 중창하였
는데, 그때에는 큰 절이 여덟 곳이요, 여기에 81암자가 속해
있었다.[219]

고 하였다.

이 8사寺 81암자에 각각 이름이 있었으며 이를 통칭 화엄불국사華
嚴佛國寺라고 한다.

판본 사적에는 흥륜사興輪寺·황룡사皇龍寺·사천왕사四天王寺·
망덕사望德寺, 그리고 신라 말기의 대 문호인 최치원 선생이 머물렀
다는 월류봉月留峰 아래의 청량사淸凉寺가 모두 화엄사 골짜기에
있었던 것으로 나타나고 있다.

신라 전성기에 8사寺 81암자가 어우러져 화엄불국세계를 이루던
화엄불국사는 점차 규모가 축소되어 임진왜란으로 인하여 소실된
것을 예전의 가람伽藍을 다 복원하지 못하고 현재의 화엄사는 8사寺
중에 중심 사찰인 황룡사를 복원한 것으로 추정된다.

화엄사가 신라 불교의 중심 사찰인 황룡사라는 사실은 이미『삼국
유사』에서도 그 단서가 보인다.

원성대왕이 하루는 황룡사皇龍寺의 – 주석(注), 어떤 책에는 화엄
사華嚴寺라고 했다. 또 금강사金剛寺라는 것도 대개 절 이름과

---

219 景德王朝 勅令重新 其時大寺八屬庵八十一

경 이름을 혼동한 것이다. – 고승 지해智海를 대궐로 청해 들여
『화엄경』을 50일 동안 강설하게 했다.[220]

신라 38대 원성대왕(元聖大王, 785~798 재위) 때에 왕실에서 황룡
사 지해智海를 초청하여 50일 동안『화엄경』을 강설하게 하였는데,
원문의 주석에서 다른 책에는 화엄경을 강설했던 화엄종의 대덕이
'화엄사의 지해智海'라고 적혀 있다는 말이다.

그런데 지난 1978년 민간인으로부터 입수하여 국보 169호로 지정
된 신라 「백지묵서화엄경白紙墨書華嚴經」 필사본이 발견되어 새로운
국면을 맞게 된다.

그 조성기인 발문跋文[221]에

'천보天寶 13년 갑오(甲午, 754) 8월 1일 처음 시작하여 이듬해인
을미(乙未, 755) 2월 14일 1부를 내전(內殿, 대궐)에서 두루 다
이루었다.

내전에서 이루도록 발원한 사람은 황룡사 연기법사緣起法師이니
내전에 주기 위한 것으로 첫째는 은혜를 주신 부모님과 왕실을

---

220 『삼국유사』 2권 원성대왕. 王一日請皇龍寺(注 或本云華嚴寺 又金剛寺者
　　蓋以寺名經名亦混之也) 釋智海入內 講華嚴經五旬
221 황수영, 「신라백지묵서화엄경」, 『미술자료』(24호), 국립중앙박물관, 1979,
　　pp.1~9
　　문명대, 『한국화엄사상사연구』, 민족사, 1988, pp.370~383

위한 것이고 둘째는 법계法界의 모든 중생들이 불도佛道를 이루게
하고자 함이었다.' 하였다.[222]

신라 경덕왕 13년 8월부터 경덕왕은 황룡사(화엄사)에서 화엄도
량을 개설하였는데, 이때 화엄종의 대덕 법해法海에게 요청하여
화엄경을 강설하게 하고 아울러 현재 국보 169호로 지정된 '백지묵
서화엄경白紙墨書華嚴經'을 대궐에서 베껴 쓰고 무게가 성덕대왕신
종(에밀레종)의 4배에 달하는 49만7천5백81근의 황룡사 대종을
주조하였던 것이다.

또한 신라 49대 헌강대왕이 세상을 떠나자 왕비 권씨는 출가하여
여승이 되어 법호를 수원秀圓이라고 하였는데 재물을 희사하여 화엄
사에 31칸間의 대강당인 광학장光學藏을 세우고 대를 이어 즉위한
정강왕은 형인 헌강왕의 명복을 빌기 위하여 대왕을 비롯한 왕실의
친척과 조정의 대신들을 중심으로 하여 화엄사에서 '화엄경사華嚴經
社'를 결성하고 대덕 현준법사賢俊法師를 초청하여 광학장에서 『화엄
경』을 강의하도록 하고 아울러 명필로 하여금 화엄경을 필사筆寫하
도록 하였다.

이리하여 매년 두 번씩 화엄사 광학장에 모여 『화엄경』을 전독轉

---

222 天寶十三載甲午八月一日初乙未載二月十四日 一部周了成內之 成內願旨
　　者 皇龍寺緣起法師 爲內賜 第一恩賜父願爲內彌 第二法界一切衆生 皆成佛
　　道欲爲以成賜乎

讀[223] 하는 것을 연례행사로 하였다는 내용이 판본 사적기에 수록되어 있다.

현재 학계에서는 필사본 화엄경의 발문에 나오는 황룡사 연기법사 緣起法師를 화엄사 창건주와 동일한 인물로 간주하고 화엄사의 창건 을 경덕왕 13년(754)으로 끌어내리고 있다.

그렇다면 그보다 1세기 전 화엄사가 문무왕 때에 의상대사가 지정한 화엄십찰의 중심도량으로 『삼국유사』와 최치원이 지은 '법 장화상전' 등에 기재되어 있는데 이것은 어떻게 설명할 것인가?

그리고 이어서 "경덕왕 때에 또 김대성金大成이 창건한 토함산의 불국사가 있으니 뒷사람들은 이름에 현혹됨이 없도록 하라."고 했는 데 이것이 바로 불국사 사적기를 두고 한 말이다.

화엄사의 원래 이름은 화엄불국사인데 토함산 불국사에서 불국사 라는 이름에 현혹되어 화엄사의 역사를 토함산 불국사의 역사인 냥 착각하여 역사를 어지럽히고 있다는 말이다.

불국사는 삼국유사에 밝힌 대로 신라 경덕왕 때에 김대성이 창건 한 것으로부터 시작하는 것이 옳다. 그런데 불국사 사적기의 구성을 보면, 마치 삼국유사의 축소판을 보는 착각을 일으킬 정도로 불국사 와 직접 관련이 없는 고조선기·신라 건국·아도화상이 신라에 불교

---

223 전독轉讀은 1부部의 경經을 처음부터 끝까지 다 읽는 진독眞讀과 상대되는 말로, 불경이 너무 방대한 점을 감안해서 법회 때에 불경의 처음과 중간과 마지막의 중요한 대목만 뽑아 읽는 것을 말한다.

를 전래한 사실, 이차돈의 순교로 인하여 법흥왕 때에 이미 불국사가
창건된 것처럼 기술하고 그 말미에 김대성이 중창한 것처럼 기술하
고 있다. 현재 불국사에 전래되고 있는 '불국사 사적'이 범한 오류를
지적해 보기로 한다.

*'불국사 사적'은 경력慶歷 6년(1046)에 일연一然이 지은 것이라고
하며 이를 강희康熙 47년(1708)에 개간改刊했다.

이때 계천繼天이 글씨를 쓰고 재숙載肅이 교정을 보았다.

그런데 사적기를 지은 (송나라 인종의 연호인) 경력慶歷 6년은
일연(一然, 1206~1289)이 태어나기 150여년 이전이 된다. 이것만
보아도 이 사적기가 후대에 서투른 학자가 허술하게 날조한 내용이
라는 사실을 여실히 드러내고 있다.

*불국사 사적의 말미에 최치원 선생이 지은 비로자나불상 아미타
불상 석가여래상 등의 찬문讚文이 실려 있다. 그런데 같은 내용이
지리산 화엄사에 소장된 판본 '대화엄사 사적'에는 최치원이 화엄사
에서 지은 것으로 기록되어 있다.

그 중에 아미타불상 찬문은 대각국사 문집인 『원종문류圓宗文類』
에는 '화엄불국사 아미타불화상찬華嚴佛國寺 阿彌陀佛畵像讚'이라 하
였고 찬문 첫머리에 이렇게 시작된다.

동해의 동산에 한 절이 있으니

화엄불국華嚴佛國으로 이름 삼았네.

주인 종곤(宗袞, 법흥왕)이 친히 터를 닦아 세웠으니

표제의 네 글자에 깊은 의미가 들어 있네.[224]

석가여래상의 찬문에 관해서도 『동문선』에는 '화엄불국사 수 석가여래상번찬華嚴佛國寺 繡釋迦如來像幡贊'이라고 했다.

이와 같이 화엄불국사, 즉 화엄사 측의 사료임을 알 수 있으나 불국사라는 이름에 현혹되어 화엄불국사를 '화엄종 불국사華嚴宗佛國寺'로 개조하고 본문까지도 경주 불국사에 맞도록 원문을 조작하고 있다.

토함산 불국사는 『삼국유사』에서 밝힌 대로 신라 경덕왕 때에 김대성이 처음 창건한 절이며 불국사 사적에 수록된 경덕왕 이전의 기록들을 자세히 분석해 보면 불국사라는 이름에 현혹되어 일부 윤색된 부분을 제외한다면 화엄사 사적기로서의 체재를 훌륭하게 갖추고 있다.

현재 전해지는 토함산 불국사 사적기의 서두에 이런 말이 있다.

『계림고사鷄林古史』 및 원元 『위서魏書』에 살펴보면, 2천 년 전에 성군聖君 왕후王侯가 있어 아사달에 도읍을 정하고 개국하여 국호를 조선朝鮮이라 하였는데, 이것이 바로 고조선이다. 중국의 요임금과 같은 시대에 개국하였으며 1,500년간 나라를 다스렸다.

---

224 東海東山有住寺 華嚴佛國爲名號 主人宗袞親修置 標題四語有深義

주 무왕 즉위 원년 기묘년에 기자箕子를 조선의 왕으로 봉하므로
단군은 장당경으로 옮기고 후에 아사달에 돌아와 숨어 산신이
되었으니 1,908세를 누렸다.

신라에 이르러 시조 혁거세가 전한 선제宣帝 오봉五鳳 원년 갑자년
에 즉위하여 국호를 서라 또는 서벌 또는 사로 혹은 계림이라
하였는데 그때 닭과 용이 나타나 상서로웠으며 60년간 나라를
다스렸다.

제15대 기림왕 즉위 원년 무오戊午는 서진 혜제 원강元康 10년으로
이 해에 국호를 신라로 정하였다. 아들에게 또는 현인에게 왕위를
전하여 3성姓이 합하여 56왕이 992년을 누렸다.

화엄사 사적에서 밝히고 있듯이 현재의 화엄사는 신라 도읍지의
황룡사이고, 이곳은 애초에 단군이 여기에 궁궐을 짓고 고조선을
개국하였던 성지이기 때문에 화엄사 사적기로서의 체재를 훌륭하게
갖추고 있다고 한 것이다. 이것은 예로부터 전해지던 일연一然이
지은 화엄불국사(화엄사)의 사적기가 있었음을 짐작케 하는 대목
이다.

황룡사의 창건에 관해 『삼국사기』에 이렇게 말했다.

진흥왕 14년(553년) 봄 2월에 왕이 담당 관청에 명하여 월성月城의
동쪽에 새로운 궁궐을 짓게 하였는데, 황룡黃龍이 그곳에서 나타
났다. 왕이 이상하게 여겨서 바꾸어 절로 창건하고 이름을 황룡사

皇龍寺라고 하였다.

27년(566) 황룡사 짓는 공사가 끝났다.

35년(574) 봄 3월에 황룡사의 장육존상이 주성鑄成되었는데 구리의 무게가 3만 5천 7근이요, 금으로 도금한 무게가 1만1백98푼分이었다.

36년(575) 황룡사의 장육존상이 눈물을 내서 발꿈치까지 흘러내렸다.

선덕여왕 14년(645) 3월에 황룡사의 탑을 처음 조성했는데 이는 자장의 청에 따른 것이다.

또한 황룡사는 월성月城의 동쪽에 창건되었는데 월성은 신라 궁실이 있던 곳에 쌓은 성城이다. 그리고 『삼국유사』에서는 황룡사의 위치에 관해 '월성의 동쪽 용궁龍宮의 남쪽'이라고 했다.

파사왕 22년(101년)

봄 2월에 성을 쌓고 이름을 월성月城이라고 했다.

이해 가을 7월에 왕이 월성으로 거처를 옮겼다.[225]

이와 같이 황룡사와 신라 궁실은 거의 같은 구역에 있었으므로 황룡사의 정확한 현재의 위치를 밝히는 일은 신라 천년의 도읍지가 어디인가를 밝히는 중요한 단서가 된다.

---

225 『삼국사기』 신라본기

황룡사의 위치에 관해 조선 전기의 문신 서거정(徐居正, 1420~
1488)은 '영남으로 유람 가는 일암一菴 전 상인專上人을 보내며(送一
菴專上人遊嶺南)'라는 시에서 이렇게 말했다.

곧장 계림鷄林에 이르러 좋은 경치 찾노라면
황룡사黃龍寺는 옛 여섯 자라(六鼇) 머리에 있다네.[226]

여기에 '여섯 자라의 머리(六鼇頭)'에 관해서는, 『열자列子』 탕문湯
問 편에 '발해渤海에 선인들이 사는 5신산五神山이 있었는데, 첫째는
대여岱輿, 둘째는 원교員嶠, 셋째는 방호(方壺, 방장산), 넷째는 영주
瀛州, 다섯째는 봉래蓬萊이다. 그런데 용백국龍伯國에 대인大人이
있어 한 낚시로 두 산을 머리에 이고 있던 여섯 마리의 자라들을
연달아 낚아버려, 이에 대여岱輿와 원교員嶠의 두 산은 대해大海
속에 가라앉아서 지금은 방호(方壺, 방장산)·영주瀛州·봉래蓬萊 삼
신산만 남아 있다.'는 고사故事에서 인용한 것이다.

이것은 지증대사 비문에 '계림鷄林의 땅은 오산鼇山의 곁에 있는
데'[227]라는 구절과 통하는 것이다. 그러므로 여섯 자라의 머리라는
구절은 금오金鼇가 머리에 이고 있다는 삼신산의 하나인 방장산(方丈
山, 지리산)에 황룡사가 있다는 것으로 화엄사 사적에 현재의 화엄사
가 신라 황룡사라는 설을 뒷받침하고 있는 것이다.

---

226 『사가시집四佳詩集』 제21권 시류詩類. 直到鷄林探勝景 黃龍寺古六鼇頭
227 鷄林地在鼇山側

또한 서산대사가 지은 '석가세존의 금골사리金骨舍利 부도비浮圖碑'의 비문에서도 이러한 사실을 뒷받침하고 있다.

판본 대화엄사 사적은, 임진왜란으로 소실된 화엄사를 팔도도총섭八道都摠攝이 되어 팔도의 승군僧軍을 불러 모아 남한산성을 쌓았던 벽암碧巖대사가 1630년부터 1636년까지 7년에 걸쳐 중건하였다. 이때 화엄사 문도들이 임진왜란 당시 서산대사의 휘하에서 승장으로 활약하였던 산중의 대덕 중관 해안(中觀海眼, 1569~?)대사에게 화엄사 사적기를 편찬해 줄 것을 간곡히 요청하여 화엄사가 중건되던 해인 1636년에 중관대사가 필사본으로 편찬한 것이다.

이로부터 60년 후인 1697년에 화엄사에서 필사본을 판본으로 개간改刊하였는데, 판본 사적의 서문에서, '뒷사람들로 하여금 이 절의 창건과 중건한 바를 알게 함이 벽암대사와 토굴 사문(沙門, 중관)이 서로 한마음이 되었다.'고 밝히고 있다.

이 사적기를 지은 중관中觀, 화엄사를 중건하였던 벽암碧巖, 그리고 판본으로 개간하는 일을 주선하고 말미에 발문跋文을 쓴 백암성총(栢庵性聰, 1631~1700) 등은 당대 불교계의 지도자이며 찬란한 업적을 남긴 대덕들이다. 또한 사적기를 지은 중관대사는 임진왜란으로 소실되기 이전인 선조 20년(1587) 화엄사에서 열린 고승들의 법석法席에서 대장경大藏經을 강설하였기 때문에 풍부한 자료와 화엄사가 전란으로 소실되기 이전의 규모를 누구보다도 잘 알고 있었다.

화엄사의 연혁

대장경에 이르기를 삼신산의 하나인 방장산方丈山이 바로 수미산須彌山이요, 또한 곤륜산崑崙山이라고 하였다.

주 목왕穆王 52년 신미辛未년은 기원전 950년이다. 이 해에 석가모니 부처님은 수미산 정상에 있는 도리천에서 어머니 마야부인을 위하여 3달 동안 설법을 했다.

이때 인도 우전왕이 불상을 만들려고 하자 목건련이 32명의 장인을 거느리고 도리천에 올라가 부처님의 상호를 세 번이나 반복하여 관찰하고 실제의 모습과 똑같은 최초의 불상이 만들어지고, 이듬해 부처님은 열반에 들었다.

도리천은 신라 도읍지의 낭산狼山에 있다고 하였으며 또한 황룡사를 중심으로 신라 도읍지의 일곱 절터는 전불前佛 시대의 절터라고 하였다. 황룡사 불전佛殿 후면에 있었던 연좌석宴坐石은 석가모니와 가섭불이 앉았던 돌로 된 좌석이라고 하였으니 연좌석이 있던 곳이 도리천이며 석가모니 부처님이 우리나라에 왔었다는 단서가 된다.

사적事蹟에는 도리천이 화엄사에 있다고 하였으며 부처님이 도리천에서 설법하시던 해에 절이 창건되었는데, 이것을 화엄사 최초의 창건으로 기록하고 있다.

신라 진흥왕 5년(544)에 흥륜사興輪寺라는 이름으로 창건하였다. 흥륜사는 이차돈의 순교로 인하여 신라 조정에 불교가 받아들여지면서 법흥왕 때에 절을 짓기 시작하여 진흥왕 5년에 이르러 낙성되었다.

법흥왕과 진흥왕은 국왕의 몸으로 출가하여 승려가 되었으며 『해동고승전』에는 법흥왕은 법호를 법공法空이라 하였고 진흥왕은 법호를 법운法雲이라 하여 신라의 고승으로 소개되고 있다.

흥륜사는 이보다 앞서 신라 미추왕味鄒王 3년(264)에도 창건되었는데, 미추왕이 세상을 떠나자 절도 폐사되었다.

화엄사 창건주 연기緣起는 법흥왕 때에 신라 조정에 불법을 전하여 흥륜사興輪寺를 창건하게 한 아도화상阿道和尙을 말하는 것으로 대승불교인 『화엄경』과 『대승기신론』을 두루 통달하여 이곳 화엄사에서 3천명의 제자들에게 가르쳐 양성하여 해동에 유통시켰다. 이것이 신라에 대승불교가 유통된 시초이며 연기조사를 해동 화엄종의 비조鼻祖로 추앙한다.

현재는 화엄사로 불리어지고 있으나 화엄사의 전성기인 신라 경덕왕 때에는 화엄사 골짜기에 흥륜사興輪寺·황룡사黃龍寺·사천왕사四天王寺·망덕사望德寺·청량사淸凉寺를 포함하여 8사寺 81암자가 있었다. 이를 통칭 화엄불국사華嚴佛國寺 화엄법류사華嚴法流寺 화엄법운사華嚴法雲寺라고 한다. 현재의 화엄사는 8사寺 중의 중심 사찰인 황룡사를 우선 중건한 것이다.

신라 선덕여왕 때에 자장법사가 화엄사에 구층 세존사리탑과 4사자 3층 석탑을 세우고 석가모니의 사리와 유골을 봉안하였다.

신라 진덕여왕 때에 원효대사가 화엄사 해회당海會堂에서 『화엄경』을 강의하였다.

신라 문무왕 때에 의상대사가 이곳을 화엄10찰의 종찰宗刹로 삼아 화엄사 해장전海藏殿에서 화엄경을 전교하였으며 왕명을 받들어 지금 각황전 자리에 2층 법당인 장육전丈六殿을 세우고 사면 석벽에 『화엄경』을 새겼다.

신라가 당나라와 연합하여 백제와 고구려를 차례로 치고 삼국통일의 대업이 성취될 무렵 이번에는 당나라가 신라마저 정벌하려고 50만 대군을 동원하여 국경을 침범하였으나 명랑법사明朗法師가 화엄사에 있는 신유림에 임시로 단을 설치하고 문두루비밀법을 써서 돌풍을 일으켜 당나라 전선을 모두 침몰시켜 격퇴하였다. 후에 단을 설치하고 기도했던 곳에 사천왕사를 창건하였다.

신라 말기의 도선국사는 신라 문성왕 4년(842) 15세 되던 해 이곳 화엄사에서 머리를 깎고 출가하였으며 화엄사를 크게 중창하고 고려의 창업을 도왔다.

신라 49대 헌강대왕이 세상을 떠나자 왕비 권씨는 출가하여 여승이 되어 법호를 수원秀圓이라고 하였는데 재물을 희사하여 화엄사에 31칸間의 강당인 광학장光學藏을 세우고 대를 이어 즉위한 정강대왕은 형인 헌강왕의 명복을 빌기 위하여 대왕을 비롯한 왕실의 친척과 조정의 대신들을 중심으로 하여 화엄사에서 화엄경사華嚴經社를 결성하고 대덕 현준법사賢俊法師를 초청하여 광학장에서 『화엄경』을 강의하도록 하고 아울러 명필로 하여금 화엄경을 필사筆寫하도록 하였다. 이리하여 매년 두 번씩 화엄사 광학장에 모여 『80권 화엄경』을 전독轉讀하는 것을 연례행사로 하였다.

신라 말기의 대 문호인 고운 최치원은 중국에서 문장으로 명성을 떨치고 귀국하여 화엄사에 머물며 정강왕이 결성한 화엄경사에 참여하여 이 모임을 결성한 축원문을 지었고 아울러 화엄사와 관련된 많은 문집을 남기고 있는데 현재 화엄사 사적에 실려 전해지고 있다.

신라 마지막 임금인 경순왕敬順王 9년(935) 겨울 10월에 신라의 국력은 약해지고 형세가 위태로워져 스스로 보전하기가 어렵게 되자 왕은 신하들과 의논하여 김봉휴金封休에게 국서國書를 보내어 고려 태조에게 항복하기를 청했다. 이에 태자는 울면서 왕을 하직하고 바로 개골산(皆骨山, 금강산)으로 들어가서 바위를 집으로 삼고 삼베옷을 입고 풀뿌리를 캐어 먹다가 세상을 마쳤다. 그리고 막내 왕자는 화엄사에서 머리를 깎고 중이 되어 법명을 범공梵空이라 했다.

『제왕운기』에 의하면 고려 태조 왕건의 어머니 위숙왕후는 원래 지리산의 산신이라고 하며 고려의 창업을 도왔던 도선국사가 출가한 곳이 이곳 화엄사이기 때문에 고려 조정에서 화엄사에 대한 배려는 각별하였다.

고려 문종文宗의 왕자였던 대각국사 의천이 한때 화엄사에 머물렀는데 이때 문종은 3도道에서 내는 모곡耗穀을 화엄사에 헌납하는 것을 허락하였다.

조선 세종 6년(1424) 조정에서 불교의 여러 종파를 선종禪宗과 교종敎宗으로 통합하였는데 이때 화엄사는 남부지방 선종禪宗 사원을 관장하는 본사本寺로 승격하였다.

중종 15년(1520) 숭인장로崇仁長老가 청련암靑蓮庵에서 선회禪會를 결성하여 석희釋熙 육공六空 신명장로信明長老 등을 도우道友로 삼아 수선修禪하였다.

이 시기에 청허 휴정(淸虛休靜, 서산)대사가 숭인장로를 양육사養育師로 삼아 화엄사 원통암圓通庵에서 출가했다.

명종 때에 화엄사 산중대덕 신명 장로信明長老 문하에서 부휴 선수浮休善修가 머리를 깎고 출가하였다. 부휴 행장에 '17세에 그 부모에게 "부생浮生은 못내 고달픕니다. 나는 출가하겠습니다." 하고 곧 두류산頭流山에 들어가 신명장로信明長老에게서 머리를 깎고, 다시 부용 영관芙蓉靈觀 대사를 뵙고 심인心印을 모두 얻었다.'고 하였다.

인조 2년(1624) 벽암碧巖대사가 팔도도총섭八道都摠攝이 되어 팔도의 승군僧軍을 불러 모아 남한산성을 쌓았다.

임진왜란으로 인하여 소실된 것을 벽암대사가 1630년부터 1636년 까지 7년에 걸쳐 중건하였다. 화엄사 중건을 마치던 해인 1636년 병자호란이 일어나자 벽암대사는 3천 명의 승군을 조직하여 항마군 降魔軍이라 이름하고 청군과 맞서 싸우려고 북상하다가 화의가 이루 어졌다는 소식을 듣고 해산하였다.

이 해에 대화엄사 사적事蹟이 편찬되었다.

효종孝宗 원년(1650)에 조정에서 화엄사를 팔도 선종 사원을 관장 하는 선종대가람禪宗大伽藍으로 승격하였다.

숙종肅宗 28년(1702) 팔도도총섭 성능聖能이 백암 성총(栢庵性聰, 1631~1700) 대사의 법석에서 깨달음을 얻고 각황전 중건과 함께 조정에서 화엄사를 한국 불교의 총 본산인 선교 양종禪教兩宗 대가람으로 승격하였다.

2. 화엄사 4사자 3층 석탑

화엄사 4사자 3층 석탑(국보 제35호)

지리산 화엄사 각황전 뒤로 108계단을 오르면 자장율사가 가져온 석가모니 부처님 진신사리 100과顆 중에 73과와 유골이 함께 봉안된 석가여래의 부도浮屠가 있다.

이 부도에 관해 만우曼宇스님이 집록한 「대화엄사 사적」에는 신라 '선덕여왕 14년 을사(乙巳, 645)년 자장율사가 당에서 돌아와 (황룡사 구층탑) 다음에 세운 화엄사 사리탑(善德大王 十四年 乙巳 慈藏律師 自唐還 次建 華嚴寺 舍利塔)'이라고 하였다.

또 조선시대에 간행된 구례읍지인『봉성지鳳城誌』에서도 '당 정관
貞觀 신라 선덕여왕 때에 자장慈藏대사가 사리탑을 세웠다.'[228]고
했다.

현재는 탑의 모양을 따라 4사자 3층 석탑이라 불리어지고 있으며
국보 제35호로 지정되어 있다.

신라의 부처님 진신사리 전래에 관하여 이렇게 말했다.

『삼국사기』에 이르기를, 진흥왕 태청太淸 3년 기사(己巳 549)년에
'양梁나라에서 심호沈湖를 보내어 사리 약간의 알若干粒을 보내왔
다.'고 했다.

선덕여왕善德王 때인 정관貞觀 17년 계묘(癸卯, 643)년에 자장법
사慈藏法師가 가지고 온 부처님의 두골과 어금니와 부처님 사리
1백 알(百粒)과 부처님이 입던 붉은 색 깁에 금점이 있는 가사
한 벌이 있었는데, 그 사리는 세 부분으로 나누어 한 부분은
황룡사皇龍寺 탑에, 한 부분은 태화사太和寺 탑에, 한 부분은 가사
와 함께 통도사通度寺 계단戒壇에 각각 봉안하였으며, 그 나머지는
소재가 상세하지 않다.[229]

---

228 唐貞觀 新羅善德王時 慈藏大師建塔

229 『삼국유사』 3권 전후소장사리前後所藏舍利. 國史云 眞興王 太淸三年己巳
梁使沈湖 送舍利 若干粒 善德王代 貞觀十七年癸卯 慈藏法師所將 佛頭骨
佛牙 佛舍利 百粒 佛所著 緋羅金點袈裟 一領 其舍利分爲三 一分在皇龍塔
一分在太和塔 一分并袈裟 在通度寺戒壇 其餘未詳所在

자장은 변방에 태어난 것을 스스로 탄식하고 중국으로 가서 큰
교화를 희망했다.

인평仁平 3년 병신(丙申, 636)에 왕명을 받아 문인 승실僧實 등
10여 명과 함께 서쪽 당나라에 들어가 청량산淸凉山으로 갔다.
이 산에는 문수보살의 소상塑像이 있는데, 그 나라 사람들이 서로
전해 말하기를,

"제석천왕帝釋天이 공인工人을 데리고 와서 조각해 만든 것이라."
고 한다. 자장은 소상 앞에서 감응이 있기를 기도하니, 꿈에
소상이 그의 이마를 만지면서 범어로 된 게송을 주었는데 깨어서
도 알 수가 없었다. 이튿날 아침 이상한 중이 오더니 이것을
해석하여 주고 또 말하기를, "비록 만 가지 가르침을 배운다 해도
이것에 지나지 않는다." 하고는 가사袈裟와 사리舍利 등을 주고
사라졌다.[230]

처음에 자장법사가 중국 오대산五臺山 문수보살의 진신眞身을
친견하려고 신라 선덕여왕 때인 정관 10년 병신(丙申, 636)년에
당나라로 들어갔다. 처음에 중국 태화지太和池 주변의 문수보살의
석상石像이 있는 곳에 이르러 경건히 7일 동안 기도했더니, 꿈에
문득 문수보살이 나타나 네 구절의 게송을 주는 것이었다. 잠에서
깨어서도 기억은 하겠으나 모두가 범어梵語이므로 그 뜻은 전혀
풀 수가 없었다. 이튿날 아침에 한 중이 붉은 비단에 금색 점이

---

230 『삼국유사』 제4권, 자장 계율을 정하다.

있는 가사 한 벌과 부처의 발우 하나와 부처의 머리뼈 한 조각을 가지고 법사 곁으로 와서

"어찌해서 무료한가?" 하고 물으니 이에 법사는 대답했다.

"꿈에 네 구절의 게송을 받았으나 범어이므로 풀지 못하기 때문입니다."

중은 그것을 번역하여 말했다.

"'가라파좌낭'은 일체의 법을 깨달아 안다는 말이요, '달예치구야'는 자성自性은 있는 바 없다는 말이요, '낭가희가낭'은 이와 같이 법성法性을 이해한다는 말이요, '달예노사나'는 노사나불盧舍那佛을 곧 본다는 말이다." 말을 마치자 가져온 가사 등을 법사에게 주면서 부촉했다.

"이것은 본사本師 석가세존이 쓰시던 도구道具이니 네가 잘 보호해 가져라." 하고 또 말했다. "너의 본국의 동북방 명주溟州 경계에 오대산五臺山이 있는데 1만의 문수보살이 상주常住하는 곳이니 너는 가서 친견하도록 하라." 말을 마치자 보이지 않았다.

법사는 신령한 유적을 두루 답사하고 본국으로 돌아오려 하는데 태화지太和池의 용이 현신해서 재齋를 청하고 7일 동안 공양하고 나서 법사에게 말했다.

"지난 번 게송을 풀어 주던 노승老僧이 바로 문수보살의 진신眞身입니다." 이렇게 말하며 또 절을 창건하고 사리탑을 세울 일을 정성스럽게 당부하던 일이 있었는데, 이 일은 별전別傳에 자세히 실려 있다.[231]

자장이 오대산에서 받아 가져온 사리 100과顆를 황룡사 구층탑과 통도사 계단戒壇과 태화사太和寺 탑에 나누어 모셨으니, 이것은 태화지 가에서 보았던 용龍의 청에 따른 것이다.

탑을 세운 후에 천지가 형통하고 삼한三韓이 통일되었으니 어찌 탑의 영험이 아니겠는가. 그 후에 고려왕이 신라를 치려고 모의하다가 말했다.

"신라에는 세 가지 보배가 있어 침범할 수 없다고 하니 이는 무엇을 말하는 것이냐?"라고 물으니,

"황룡사 장육존상과 구층탑 그리고 진평왕의 천사옥대天賜玉帶입니다." 하였다.

마침내 그 침범할 계획을 중지하였다.[232]

---

231 『삼국유사』제3권, 오대산 5만 진신. 初法師欲見中國 五臺山文殊眞身 以善德王代 貞觀十年丙申 入唐 初至中國太和池邊 石文殊處 虔祈七日 忽夢大聖 授四句偈 覺而記憶 然皆梵語 罔然不解 明旦忽有一僧 將緋羅金點 袈裟一領 佛鉢一具 佛頭骨一片 到于師邊 問何以無聊 師答以夢所受四句偈 梵音不解爲辭 僧譯之云 呵囉婆佐曩 是曰了知一切法 達嚊哆佉嘢 云自性無所有 曩伽呬伽曩 云如是解法性 達嚊盧舍那 云卽見盧舍那 仍以所將袈裟等 付而囑云 此是本師 釋迦尊之道具也 汝善護持 又曰 汝本國艮方 溟州界 有五臺山 一萬文殊常住在彼 汝往見之 言已不現 遍尋靈迹 將欲東還 太和池龍 現身請齋 供養七日 乃告云 昔之傳偈老僧 是眞文殊也 亦有叮囑創寺 立塔之事 具載別傳

232 『삼국유사』제3권, 황룡사 구층탑. 慈藏以五臺所授舍利百粒 分安於柱中 幷通度寺戒壇 及太和寺塔 以副池龍之請 樹塔之後 天地開泰 三韓爲一 豈非塔之靈蔭乎 後高麗王將謀伐羅 乃曰 新羅有三寶 不可犯也 何謂也 皇龍丈六 幷九層塔 與眞平王天賜玉帶 遂寢其謀

이와 같이 자장이 오대산에서 받아 가져온 사리 100과顆를 황룡사 구층탑·통도사 계단戒壇·태화사太和寺 탑 등 세 곳에 나누어 모셨으니, 이것은 태화지에서 보았던 용의 청에 따른 것이다.

현재 화엄사에 있는 사리탑에 관해 1882년 경원警圓 스님이 지은 '탑전 중수기塔殿重修記'에 의하면 '자장법사가 가져온 사리 100과 중에 73과와 성골聖骨이 함께 봉안된 신령스런 탑으로 해마다 수차례 방광放光을 하는데 칠흑과 같이 어두운 밤중에도 밝기가 밝은 달이 뜬 것과 같다.'고 하였다. 그렇다면 화엄사 사리탑은 자장이 세 곳에 나누어 모신 곳 중에 하나인 태화사 탑이라는 말이다.

우선 통도사 사리에 관해 살펴보면, 고려 고종 때인 1235년에 왕명에 의해 통도사 계단의 사리함을 열어보았는데 "유리통 속에는 사리가 다만 네 알뿐이었다.(瑠璃筒 筒中舍利 只四粒)"고 밝히고 있다. 그러니까 지금 불보佛寶 사찰로 알려진 통도사 계단에는 자장이 가져온 사리 100과顆 중 4과가 모셔졌을 뿐이고, 나머지 적멸보궁이라고 알려진 사찰들도 고문헌에 의거하여 검증하기 어렵다.

목은 이색李穡이 지은 「양주 통도사 석가여래 사리 기문(梁州通度寺 釋迦如來 舍利之記)」[233]에 따르면 통도사에 모셔진 사리는 고려 우왕 7년(1380)에 당시 통도사 주지였던 월송月松이 왜구의 약탈을 피하기 위하여 고려 왕실에 가져갔는데 왕명에 의해 당시 수도인

233 『동문선』 제73권 기記

개성開城의 송림사松林寺에 봉안하도록 했으니 이때에도 '석가여래의 머리뼈頂骨 1개, 사리舍利 4과, 비라금점가사毗羅金點袈裟 1벌, 보리수 잎(패엽경) 약간'이라고 기록하고 있다.

그리고 다시 조선을 건국한 이태조 때에 왕명에 의해 새 도읍지인 한양漢陽에 흥천사興天寺를 창건하고 그 사리와 두골 등을 옮겨 봉안하였다.

조선 태조 5년(1396): 부처의 두골頭骨과 사리舍利, 보리수엽경菩提樹葉經이 예전에 통도사에 있던 것을 왜구로 인하여 유후사留後司가 송림사松林寺에 옮겨 안치하였는데, 사람을 보내어 가져오게 하였다.[234]

태조 7년(1398) 주상이 흥천사興天寺에 행차하여 사리탑舍利塔을 구경하였다.[235]

정종定宗 원년(1399): 10월에 태상왕(태조)이 새 도읍지(한양)에 거둥하였으니, 흥천사興天社의 사리전舍利殿이 낙성되고, 또 수륙재水陸齋를 베풀어 선왕先王·선비先妣와 현비顯妣, 그리고 여러 죽은 아들과 사위 및 고려의 왕씨王氏를 천도하기 위함이었다.[236]

---

234 『조선왕조실록』. 佛頭骨 舍利 菩提樹葉經 舊在通度寺 因倭寇移置 留後司 松林寺 遣人取來

235 『조선왕조실록』. 上幸興天寺, 觀舍利塔

236 『조선왕조실록』. 太上王幸新都 爲興天社之舍利殿落成也 且設水陸齋 以薦 先王先妣 若顯妣諸亡子壻 及前朝王氏

그 후 어느 시기인지 알 수 없으나 이 사리와 두골 등이 원래의 자리로 돌아와 임진왜란 당시에는 통도사에 봉안되어 있었다.

화엄사 사리탑을 살펴보면 위로 3층이 있고 그 아래 중앙에 어머니 상像이 동쪽을 향하여 합장하고 서 있고 주위에는 희·노·애·락의 표정을 한 네 마리의 사자 상像이 어머니를 호위하면서 네 귀퉁이에 앉아 어머니와 함께 탑을 머리로 받치고 있다.

머리에 이고 있는 바로 윗간에 석문石門이 조각되어 있고 신장이 그 문을 지키고 있는데 부처님의 사리와 유골은 이곳에 봉안된 것으로 보인다.

발아래 기단의 아래에는 선녀상이 양각되어 있는데 천의天衣를 휘날리며 각양각색의 모습을 하고 있다. 이 탑의 동쪽 바로 앞에는 자그마한 아들 탑이 있는데 아들이 부모님을 향해 반 무릎을 꿇고 앉아 차茶를 바치는 모습이며 머리 위에는 석등을 이고 있다.

『삼국유사』 황룡사 구층탑 조에서 말하였다.

자장이 중국의 태화지太和池 가를 지나는데 문득 신인(神人, 서해 용왕)이 출현하여 물었다.

"어떻게 이곳에 왔소?" 자장은 대답했다.

"깨달음을 구하고자 함입니다." 신인은 예배하고 또 물었다.

"그대 나라에 어떤 어려운 일이 있소?"

"우리나라는 북으로 말갈에 연해있고 남으로는 왜인들과 접해있고 고구려와 백제 두 나라가 번갈아 변경을 침범하여 이웃의 도적이 횡행하니 이것이 백성들의 걱정입니다. 신인이 말했다. "지금 그대 나라는 여자로 임금을 삼았으므로 덕은 있으나 위엄이 없어 그것 때문에 이웃 나라가 침략을 도모하니 그대는 속히 본국으로 돌아가야 하오."

"돌아가서 장차 무슨 유익한 일을 해야 합니까?" 신인은 말했다. "황룡사의 호법용護法龍은 나의 맏아들이오, 범왕梵王의 명을 받고 그 절에 와서 보호하고 있으니 본국으로 돌아가 절 안에 구층탑을 세우면 이웃 나라는 항복하고 구한九韓은 조공하여 올 것이며 왕조는 길이 평안할 것이오.

탑을 세운 뒤에는 팔관회八關會를 베풀고 죄인을 놓아주면 외적이 침해하지 못할 것이오. 다시 나를 위하여 경기京畿[237]의 양지바른 언덕에 정사 한 채를 지어 내 복을 빌어주오. 나 역시 그 은덕을 갚겠소." 말을 마치자 옥玉을 바치고 문득 사라졌다. 정관貞觀 17년 계묘(癸卯, 643)년 3월 16일에 자장법사는 당나라 황제가 준 불경 불상 가사 폐백幣帛 등을 함께 가지고 본국으로 돌아와서 탑 세울 일을 임금에게 아뢰었다.

선덕여왕이 여러 신하들에게 이 일을 의논하니 신하들은 말하기를, "백제에서 기술자를 청해야만 될 것입니다." 이에 보물과 비단으로써 백제에 청했다. 아비지阿非知라는 장인이 명을 받고

---

237 경기京畿: 경사京師의 오기. 황제의 궁전이 있는 도읍지를 경사京師라고 한다.

와서 목재와 석재로써 경영하고 이간伊干 용춘龍春[238]이 그 공사를
주관하는데 거느린 소장小匠이 2백 명이었다.

처음 찰주刹柱를 세우던 날, 아비지의 꿈에 본국 백제가 멸망하는
형상을 보았다. 장인은 의심이 나서 일손을 멈추었다. 갑자기
대지가 진동하더니 어두컴컴한 속에서 노승老僧 한 사람과 장사壯
士 한 사람이 금전金殿의 문에서 나와 그 기둥을 세우고는 그들은
모두 사라지고 보이지 않는 것이었다. 장인은 이에 마음을 고쳐먹
고 그 탑을 완성시켰다. 찰주기刹柱記에 이르기를, 철반鐵盤 이상
의 높이는 42척이고 철반 이하는 183척이라 했다.

화엄사 사리탑은 '황룡사에 9층탑을 세우면 이웃 나라는 항복하고
구한은 조공하여 올 것이오.'라는 신인의 가르침이 그대로 나타나
있다. 가운데 어머니상은 성모의 몸을 하고 있는 한반도(신라)를
상징하고 네 마리 사자는 당시 말갈·왜국·고구려·백제 등 이웃
침략국을 상징하며 그 앞의 아들 상은 구한九韓이 조공하는 것을
상징하는 것이다. 요즘 국제정세로 말하면 네 마리 사자는 한반도를
에워 싼 미국 일본 중국 러시아에 비유된다.

조선왕조에서 간행한 동국여지승람에서는 화엄사 사리탑에 관해
이렇게 말했다.

화엄사華嚴寺는 지리산 기슭에 있다. 범승梵僧 연기煙氣는 어느

---

238 原註: 혹은 용수龍樹라고 한다.

시대 사람인지 알 수 없는데 이 절을 창건했다. …… 어머니가
이고 서 있는 석상石像이 있는데 세속에서 연기煙氣와 그 어머니가
화신化身한 곳이라고 한다.[239]

이 사리탑에 관해 '어머니가 이고 서 있는 석상石像이 있는데
세속에서 이르기를 연기煙氣와 그의 어머니가 화신化身하신 곳'이라
고 하였다. 화신化身이란 부처나 보살이 중생을 교화하기 위하여
몸을 나타내는 것을 말한다.

지리산 산신을 석가모니의 어머니 마야부인이라고 한다. 석가모
니는 마야부인이 살고 있는 도리천의 환희원歡喜園에 올라가 3달
동안 어머니를 위하여 설법하였다. 이때 이루어진 경전을 『마하마야
경摩訶摩耶經』이라 하고, 일명 『불승도리천위모설법경佛昇忉利天爲
母說法經』이라고도 하는데, 부처님이 도리천에 올라가 어머니를
위하여 설법하신 경이라는 말이다. 그 이듬해 부처님은 사라쌍수
아래에서 열반에 들었다.

고려 대각국사 의천(義天, 1055~1101)이 화엄사에 머물며 지은
시가 있다.

---

239 『신증동국여지승람』 40권 구례현. 華嚴寺在智異山麓 僧煙氣 不知何代人
建此寺. … 有石像 戴母而立 俗云 煙氣與其母 化身之地.

지리산 화엄사에 머물며(留題智異山華嚴寺)[240]

적멸당 앞에는 빼어난 경치도 많고
길상봉吉祥峰 정상엔 티끌도 끊겼네.
진종일 방황하며 지난 일 생각하니
저문 날 자비의 바람 효대孝臺에 감도네.

이 시에 길상봉吉祥峰은 수미산을 말하는 것이고 '저문 날 자비의
바람 효대孝臺에 감도네'라는 구절은 부처님이 열반하시기 한 해
전에 수미산 정상에 있는 도리천에서 어머니 마야부인을 위하여
설법하였던 일을 회상하며 지은 것이다.

그래서 이 탑을 효대孝臺라고도 한다.

그러므로 '창건주 연기煙氣와 그의 어머니가 화신化身하신 곳'이라
는 말은 바로 이곳이 도리천이며 연기煙氣는 석가모니를, 그의 어머
니는 지리산 산신인 마야부인을 일컫는 것이며, 이 해에 화엄사가
창건되었다는 말이 된다.

『삼국유사』에 이런 말이 있다.

『옥룡집王龍集』과 자장전慈藏傳, 그리고 여러 고승의 전기에 모두
이렇게 말했다.

---

240 『대각국사문집』 17권, 『한국불교전서』 4권, 寂滅堂前多勝景 吉祥峰上絶纖
埃 彷徨盡日思前事 薄暮悲風起孝臺

'신라 월성月城의 동쪽, 용궁龍宮의 남쪽에 가섭불迦葉佛의 연좌석
宴坐石[241]이 있으니, 이곳은 곧 전불前佛 시대의 가람(伽藍, 절)
터이며, 지금 황룡사 터는 곧 일곱 가람의 하나이다.' 연좌석은
불전佛殿[242] 후면에 있었다. 일찍이 한 번 참배했는데 연좌석의
높이는 5, 6척이나 되었으나 그 둘레는 거의 세 발(三肘)이나
되었다. 우뚝하게 서 있는데 그 위는 편편했다.[243]
『장아함경』에 '가섭불迦葉佛은 바로 현겁賢劫의 세 번째 부처이며
사람의 수명이 2만 세 때에 세상에 출현하였다.'[244]고 한다.[245]

또 자장慈藏이 중국에 유학하여 오대산에 이르러 문수보살이 감응
하였는데 현신하여 비결을 주며 부촉하기를,
"너희 나라 황룡사는 석가釋迦와 더불어 가섭불迦葉佛이 설법하
시던 곳인데 연좌석宴坐石이 지금도 남아 있다."[246]고 하였다.
이 말은 석가모니가 생존 시에 우리나라에 다녀갔다는 하나의

---

241 부처님이 설법하실 때 앉았던 돌로 된 좌석
242 장육존상이 모셔진 중심법당
243 석굴암 본존불이 석가모니 생존 시의 모습과 같은 크기의 장육존상인데,
　　본존불이 안치된 대좌臺座 높이가 160cm로 연좌석과 규모가 흡사하다.
244 가섭불 시대에 사람의 수명은 2만세였다. 이와 같이 나(석가모니)의 지금
　　시대 사람의 수명은 백세에 불과하다.(迦葉佛時 人壽二萬歲 如我今時人
　　壽命不過百)『장아함경長阿含經』大本經
245 가섭불 연좌석
246 황룡사 장육존상

단서가 되고 이곳이 도리천이라는 말이다. 황룡사를 중심으로 신라 도읍지에 있는 일곱 절터는 전불前佛시대의 절터라고 하였다.[247] 여기에 전불前佛이란 석가모니불과 가섭불에 국한되는 것이 아니라 『화엄경』에서는 석가모니불을 비롯하여 가섭불, 구나함모니불, 구류손불, 비사부불, 시기불, 비바시불, 불사여래, 제사여래, 파두마불, 연등불 등이 모두 성불하신 후에 도리천 궁전에 와서 설법하신 곳이기 때문에 이곳은 가장 길상吉祥한 곳이라고 하였다.

그때 세존께서는 신통력으로 보리수 아래를 떠나지 않으시고 수미산 정상에 있는 도리천에 올라 제석帝釋의 궁전으로 향하셨다. 이때에 제석帝釋[248]이 묘승전妙勝殿 앞에서 부처님이 오시는 것을 멀리서 보고 즉시 신통의 힘으로 가지가지 보석으로 장엄한 자리를 만들고 그 자리 위에 값진 비단을 겹겹으로 깔았다. 수많은 천자天子와 범왕梵王들이 앞뒤로 에워싸니 가지가지의 광명이 찬란하게 빛났다.

이때 제석이 여래를 위하여 사자좌를 차려 놓은 후에 허리를 굽혀 합장하고 공경히 부처님을 향하여 이렇게 말하였다.

"잘 오시나이다. 세존이시여 바라옵건대 저희들을 가엾이 여기사 이 궁전에 계시옵소서."

이때 세존께서 곧 그 청을 받으시고 묘승전에 들어가셨다. 그때

---

247 아도화상 신라불교의 기초를 닦다. 『삼국유사』 3권,
248 제석帝釋: 고조선기에 나오는 환인桓因을 말한다.

부처님의 위신력으로 모든 궁전 안에 있던 풍악소리는 자연히 고요해졌다. 이때 제석은 지난 세상에 여러 부처님 계신데서 선근善根을 닦은 일을 생각하며 게송으로 말하였다.

"가섭불迦葉佛은 대비심을 구족하시어 모든 길상吉祥 중에 최상이었습니다. 그 부처님이 이 궁전에 오신 일이 있으니 그러므로 이곳은 가장 길상吉祥한 곳입니다.

구나함모니불拘那含牟尼佛은 장애 없는 지혜를 보이고 모든 길상 중에 최상이었습니다. 그 부처님이 이 궁전에 오신 일이 있으니 그러므로 이곳은 가장 길상한 곳입니다.

가라구타불(迦羅鳩馱佛, 구류손불)의 몸은 금산金山과 같고 모든 길상 중에 최상이었습니다. 그 부처님이 이 궁전에 오신 일이 있으니 그러므로 이곳은 가장 길상한 곳입니다.

비사부불毘舍浮佛은 세 가지 때(三垢)가 없고 모든 길상 중에 최상이었습니다. 그 부처님이 이 궁전에 오신 일이 있으니 그러므로 이곳은 가장 길상한 곳입니다.

시기불尸棄佛은 모든 분별 여의시고 모든 길상 중에 최상이었습니다. 그 부처님이 이 궁전에 오신 일이 있으니 그러므로 이곳은 가장 길상한 곳입니다.

비바시불毘婆尸佛은 마치 보름달과 같아 모든 길상 중에 최상이었습니다. 그 부처님이 이 궁전에 오신 일이 있으니 그러므로 이곳은 가장 길상한 곳입니다.

불사불弗沙佛은 제일의第一義를 밝게 통달하여 모든 길상 중에
최상이었습니다. 그 부처님이 이 궁전에 오신 일이 있으니 그러므
로 이곳은 가장 길상한 곳입니다.

제사여래提舍如來는 변재가 걸림이 없어 모든 길상 중에 최상이었
습니다. 그 부처님이 이 궁전에 오신 일이 있으니 그러므로 이곳은
가장 길상한 곳입니다.

파두마불波頭摩佛은 때가 없이 청정하시고 모든 길상 중에 최상이
었습니다. 그 부처님이 이 궁전에 오신 일이 있으니 그러므로
이곳은 가장 길상한 곳입니다.

연등불然燈佛은 큰 광명이 있고 모든 길상 중에 최상이었습니다.
그 부처님이 이 궁전에 오신 일이 있으니 그러므로 이곳은 가장
길상한 곳입니다."

이와 같이 도리천의 왕인 제석은 여래의 위신력으로 과거 열
부처님의 공덕을 게송으로 찬탄하였다. 이때 세존께서 묘승전에
드시어 결가부좌하시니 이 궁전이 홀연히 넓어져서 도리천 대중
을 수용할 수 있는 처소와 같이 광활하였다.[249]

판본 화엄사 사적事蹟에서는 석가모니 부처님이 도리천에서 어머
니 마야부인을 위하여 설법하시던 해에 화엄사가 최초로 창건되었다
고 하였다.

---

249 『80화엄경』 제16권 승수미산정품昇須彌山頂品

조선 세조 12년(1466) 3월 예조참판 강희맹(姜希孟, 1424~1483)[250]이 「금강산 서기송金剛山瑞氣頌」을 왕께 지어 올렸는데, 이런 말이 있다.

가만히 스스로 생각건대, 이 불법佛法이 우리나라에 흘러들어온 지는 몇 천백 년이 되었는지 알지 못하며, 때로는 임금도 귀의歸依하여 숭배하고 받들었는데 그 수효 또한 얼마인지도 알지 못합니다. 그 사이에 비록 부처님의 거두어주심을 입어 기이한 감응이 이른 이도 있었으나, 혹은 꿈속에 나타나기도 하고, 혹은 사람의 힘으로 할 수 있는 것에 감응하기도 하였으나, 불교를 비방하는 자들로 하여금 시비할 여지가 있었으므로 후세에 의심이 없을 수 없었는데, 어찌 오늘날처럼 나타난 상서로운 감응이 행사를 시작하자 곧 나타나 하늘을 뒤덮고 우주를 감싸 눈이 있는 사람은 보지 못한 자가 없었으니 사람의 힘으로는 이룩할 수 없는 것이었습니다.[251]

---

250 강희맹은 세종 29년(1447) 별시문과에 장원으로 급제하여 여러 관직을 거쳐 세조 9년(1463) 중추원 부사로 명나라에 다녀왔으며 성종 13년(1482)에 좌찬성에 이르렀다. 문장이 당대 으뜸이고 글·그림에도 뛰어났으며 『세조실록』, 『예조실록』, 『경국대전』, 『동국여지승람』, 『동문선』, 『국조오례의』 등 수많은 편찬사업에 참여하였다. 저서로는 『금양잡록衿陽雜錄』, 『촌담해이』, 『진산세고晉山世稿』 등이 있다.

251 『조선왕조실록』 세조 12년(1466). 竊自念言 是法流于震朝 不知其幾千百年 而時君世主 歸依崇奉 又不知其幾也 其間雖蒙佛攝受 獲致奇應然 或感於夢

강희맹은 이 글에서 조선시대 숭유억불 정책으로 감추어져 밝히기 어려운 한국 불교사佛教史의 진실을 잘 드러내고 있다.

한편 황룡사 구층탑은 고려 몽고병란 때에 소실되어 복원되지 못하였고 태화사 탑은 현재 어느 절에 있는 사리탑을 말하는 것인지 분명하게 밝혀지지 않고 있다.

『삼국유사』 구층탑 조에 '태화사는 아곡현阿曲縣 남쪽에 있는데 지금의 울주이며 또한 자장이 창건한 것이다.'[252]라는 주석이 덧붙여져 있으나 지금 울산 태화사에는 지금까지도 사리탑이 있다는 말이 없고 다른 고문헌을 종합해 볼 때 이 주석을 그대로 믿기 어렵다.

태화사는 자장법사가 중국의 태화못(太和池) 가를 지날 때에 서해의 용왕이 신인神人으로 나타나 황룡사에 구층탑을 세울 일을 설명하고 아울러 석가모니의 사리와 유골을 봉안할 부도浮屠를 세우고 그곳에 '나를 위하여 절을 세워 달라.'는 부탁에 따라 세워진 절이다.

신라 경문왕 때에 박거물朴居勿이 왕명을 받들어 지은 '황룡사皇龍寺 찰주본기刹柱本記'에 이런 말이 있다.

이에 이간伊干 용수龍樹[253]를 감군監君으로 삼아 대장大匠인 백제의

寐之中 或應於人力之所及 使詆佛者 容豪於其間 不能無疑於後世 豈若我今
日瑞應之臻 有叩輒應 率皆昭回天表 轇轕宇宙 無人不矚 有目咸覩 有非人
功之所能致者哉

252 太和寺 在阿曲縣南 今蔚州 亦藏師所創也
253 태종 무열왕의 아버지로 혹은 용춘龍春이라고도 한다.

아비지阿非知 등과 소장小匠 2백 인을 데리고 이 탑을 조성하도록
하였다.

선덕왕 14년 을사(乙巳, 645)년에 처음 건립하기 시작하여 4월에
찰주刹柱를 세우고 이듬해에 모두 마치었다.[254]

『삼국사기』에 의하면 황룡사 구층탑은 자장이 선덕여왕 12년
(643) 3월에 귀국하여 2년 후인 동왕 14년(645) 3월에 황룡사 구층탑
이 완성되었다. 그런데 '찰주본기'에서는 구층탑이 완성되고 난 후인
'선덕왕 14년 을사(乙巳, 645)년 4월에 처음 건립하기 시작하여 4월에
찰주刹柱를 세우고 이듬해에 모두 마치었다.'고 했다. 이것은 두
기록에 착오가 있는 것이 아니라 '찰주본기'에 기록된 내용은 현재
화엄사 사리탑에 관한 기록으로 보는 것이 타당할 것이다.

판본 화엄사 사적의 자장전에 '이에 왕은 자장을 대국통大國統으로
삼고 그 말대로 황룡사를 중창하고 구층탑을 세워 사리를 모시고
다음으로 월정사와 태화사를 창건하고 겸하여 화엄사에 부탁하여
사리를 모시도록 했다.'고 하였다. 그렇다면 자장은 맨 처음 황룡사
구층탑을 세우고 거듭하여 화엄사 사리탑(태화사 탑)을 세우고,
그런 후에 통도사를 창건하여 세 곳에 사리를 나누어 모셨다는
사실이 분명하게 드러난다.

지금 화엄사 사리탑 곁에 암자 규모의 절이 있는데, 이곳을 부도전

---

254 乃命 監君 伊干龍樹 大匠 百濟阿非(知)等 率小匠二百人 造斯塔焉 其十四年
　　歲次乙巳 始構建 四月○○立刹柱 明年乃畢功

浮屠殿이라고 한다. 이는 석가세존의 사리를 모신 부도 곁에 세운 전각을 말하는 것으로, 자장법사가 중국의 태화못(太和池) 가를 지날 때에 서해의 용왕이 신인神人으로 나타나 황룡사에 구층탑을 세울 일을 설명하고 아울러 석가모니의 사리와 유골을 봉안할 부도浮屠를 세우고 그곳에 '나를 위하여 절을 창건하고 탑을 세워 사리를 모셔라. 그러면 내가 동해 용왕과 함께 날마다 세 번씩 찾아가 돌면서 같이 법음法音도 듣고 불보佛寶도 지켜 주리라.'[255]라는 부탁에 따라 세워진 태화사太和寺를 가리키는 것으로 추정된다.

황룡사 찰주본기는 구층탑을 처음 세운 뒤 2백 여 년이 지나 탑이 동북쪽으로 기울어지자 경문왕 임진(壬辰, 872)년에 옛 탑을 헐고 다시 세웠는데, 높이가 220척尺이라고 했다.

한편 조선시대 서산대사가 지은 '석가세존의 금골 사리 부도비'의 비문에 보면 임진왜란 때에 사리 유통 경로를 자세하게 밝혀 주고 있다.

오직 영남 통도사通度寺의 신승神僧 자장慈藏이 옛적에 봉안奉安한 석가세존의 금골 사리金骨舍利 부도浮屠가 자못 신기한 영험이 많아, 마침내 천문千門으로 하여금 선善에 들게 하였고. 또 한 나라로 하여금 인仁을 일으키게 하였으니 과연 세상의 거룩한 보배라 할 만하다.

그러나 불행히도 만력萬曆 20년(1592)에 이르러 일본 해병이 우리

---

255 화엄사 사적 자장전 참조

나라 남쪽 지방에 침입하여 헐고 불살라 수많은 백성들이 모두 어육魚肉이 될 때 그 화가 부도에 미쳐와 그 보배를 잃을 뻔하여 몹시 고민하고 답답해할 즈음에 마침 승군僧軍 대장 유정(惟政, 사명대사)이 군사 수천 명을 거느리고 마음을 다해 수호한 힘을 입어 안전하게 되었다.

그러나 유정은 후환이 없을 수 없다 하여 금골사리 두 함을 몰래 이 병로(病老, 서산대사)에게 주면서 금강산에 봉안하는 것이 좋을 듯하다 하였다. 이 병로는 감격하여 그것을 받아 봉안하려다가 다시 가만히 생각하였다.

금강산은 수로水路에 가까우므로 뒷날 반드시 이런 우환이 있을 것이니 금강산에 봉안하는 것은 장구한 계책이 아니다. 전날 그 해병들이 부도를 해친 것은 금보金寶를 가지고자 함이요, 사리에 있지 않으므로 금보만 취하면 사리는 흙과 같이 여길 것이다. 그렇다면 차라리 옛터를 수리하여 거기에 봉안하는 것만 못하다 하고, 나는 곧 한 함을 유정에게 돌려주었다. 유정은 그 계책을 그럴 듯하다 생각하고 함을 받아 곧 옛 터로 돌아가 석종(石鍾, 부도)에 넣어 봉안하였다.

그리고 한 함은 이 병로病老가 받들고 삼가 태백산에 들어가 부도를 창건創建하려 하였으나 혼자 힘으로는 어찌할 수 없었다. 제자 지정智正과 법란法蘭 등 무리들에게 명하여 그 일을 맡아 석종에 봉안하라 하였다.

두 선자禪子는 지성으로 널리 모금하여 몇 달이 못 되어 부도를

만들고 봉안하였다. 그 아름다운 공덕에 대해서는 『묘법연화경妙
法蓮華經』의 여래수량품如來壽量品 가운데 이미 널리 적혀 있으니
내가 또 무슨 군말을 하겠는가.

또한 우리 동방에는 처음에 군장君長이 없었고 제후諸侯도 줄지어
있지 않았다.

신인神人 단군檀君이 태백산 신단수神檀樹 밑에서 출생하여 일어
나 시조始祖 왕이 되매, 중국 요임금과 나란히 서게 되었다. 그렇다
면 태백산은, 태백산이 처음으로 한 나라의 왕을 낳아 조선 국민으
로 하여금 동쪽 오랑캐라는 이름을 아주 벗게 하였고, 마침내
삼계三界의 스승을 봉안하여 또 동방의 백성들로 하여금 부처가
될 인연을 잃지 않게 하였으니 이것이 어찌 산의 신령스러움이
아니겠는가.

위대하여라!

이것은 한갓 산만 중한 것이 아니라 나라도 또한 중하며, 한갓
나라만 중한 것이 아니라 사람도 또한 중한 것이다. 그 품질을
말한다면 유정선자惟政禪子는 자장법사보다 못하지 않고, 태백산
은 영취산보다 못하지 않은 것이다. 이튿날 지정과 법란 두 선자가
부도를 낙성하는 성대한 재齋를 베풀었다.[256]

---

256 한국불교전서 7권 『청허당집淸虛堂集』 보유補遺. 唯嶺南通度寺神僧慈藏
古所安釋迦世尊金骨舍利浮圖 頗多神驗 竟使千門入善 又令一國興仁 可謂
世之尊寶也 不幸至萬曆二十年 日本海兵入國之南 焚之蕩之 億兆爲魚肉
禍及浮圖其實將爲散失 悶鬱之際 適蒙 僧大將惟政 領兵數千 盡心守護得完
全 然政不無後慮 故以金骨舍利二函 密似乎金剛 使病老安焉 病老感受 欲

서산대사가 지은 이 비문은 판본 대화엄사 사적과 함께 조선시대
의 고승들이 조선시대 숭유억불 정책으로 심각하게 왜곡된 우리나라
의 역사를 바로잡는 귀중한 역사자료가 되므로 내용을 세심하게
살펴보아야 한다.

앞에서 신라 천년의 도읍지는 삼신산의 하나인 방장산方丈山에
있었으며 지금의 지리산으로 이곳은 본래 고조선 도읍지 아사달이었
으며, 신라 황룡사는 지리산 화엄사이고, 이러한 사실이 화엄사에
소장된 판본 사적이나 구례군 소재 금오산 등의 물증자료를 통해서
확인되고 있다는 사실을 이미 밝혔다. 또한 서산대사가 지은 비문
중에,

또한 우리 동방에는 처음에 군장君長이 없었고 제후諸侯도 줄지어
있지 않았다.

安之 然病老竊念 金剛近水路 後必有此患 安金剛非長久計也 向海兵之 撥
浮圖 全在金寶 不在舍利也 取寶後視舍利如土也 然則不若寧修古基 而安焉
云云 卽以一函 還付于政 政然其計 受函卽還古基而安鍾焉 其一函則病老自
受持 謹入太白山 創建浮圖 靜獨力無何 命門人智正法蘭之輩 幹其事使安鍾
二禪子 至誠廣募 不數月 鍊浮圖而安之 美矣其功德 蓮經壽量品中已開列
余何贅焉 且我東方 初無君長 不列諸侯 神人檀君 出興於太白山神檀樹下
爲始祖王 與堯幷立也 然則太白 太白始胎于一國王 使朝鮮國民 永脫東夷之
號 終安于三界師 亦使東方羣氓 不失成佛之因 此非山之靈也耶 偉哉非徒山
重 國亦重也 非徒國重 人亦重也 論諸品秩 則惟政禪子 不下慈藏法師也
太白山 不下靈鷲山也 翌日正蘭二禪子 開設浮圖 落成大齋

신인神人 단군檀君이 태백산 신단수神檀樹 밑에서 출생하여 일어
나 시조始祖 왕이 되매, 중국 요임금과 나란히 서게 되었다.
그렇다면 태백산은, 태백산이 처음으로 한 나라의 왕을 낳아
조선 국민으로 하여금 동쪽 오랑캐라는 이름을 아주 벗게 하였고,
마침내 삼계三界의 스승을 봉안하여 또 동방의 백성들로 하여금
부처가 될 인연을 잃지 않게 하였으니 이것이 어찌 산의 신령스러
움이 아니겠는가.

라는 구절은 앞에서 인용한 최치원이 지은 봉암사 지증대사 비문에
나오는 신라 도읍지인 계림鷄林이 곧 고조선 도읍지 아사달이라는
내용과 정확하게 부합되고 있다.

한편 임진왜란 때에 통도사에 모셔진 사리에 관하여 사명대사가
지은 '만력 계묘(癸卯, 1603년) 중수기(萬曆癸卯重修記)'에 의하면
만력萬曆 21년(1593) 통도사 금강계단에 모셔진 사리는 왜적에게
약탈당했는데 다행히 동래東萊에 사는 옥백玉白이라는 사람이 포로
로 잡혀 있다가 이를 온전히 되찾아 도망쳐 왔다고 한다. 그리하여
사명대사는 임진왜란이 끝난 후인 만력 31년(1603) 경잠敬岑에게
명하여 황폐화된 계단을 중수하고 다시 사리를 봉안하게 하였는데,
이 일은 의령儀靈과 지명智明 등이 화주化主가 되어 이루어졌다고
기록하고 있다.[257]

그러므로 사명대사가 서산대사에게 가져온 금골사리 두 함은

257 통도사 사지寺誌 참조

통도사에 모셔진 사리와는 무관한 것이다.

그리고 또 지난 1995년 8월 17일 화엄사 서오층석탑을 해체하다가 녹색 유리병 속에 영롱한 부처님의 사리 22과와 유골 등이 함께 출토되었다.

그런데 이 사리가 언제 어떤 경로에 의해 이 탑에 모셔지게 되었는지, 출토된 지 20년이 지난 현재까지도 밝혀지지 않고 있다. 그러나 판본 「대화엄사 사적」에는 화엄사가 황룡사라고 구체적으로 밝히고 있고, 또 화엄사에 '구층 세존사리탑(世尊舍利塔 九層 一坐)이 있었다.'고 하였다.

1995년 화엄사 서오층탑에서 출토된 사리 22과

이리하여 판본 사적事蹟의 자장법사의 전기에는 화엄사에 모셔진 사리에 관해 이렇게 밝히고 있다.

법사는 귀국하여 문수보살이 범승으로 화신하여 일러준 말과 서해의 용왕이 부탁하던 말들을 모두 왕에게 아뢰었다. 이에 왕은 예배하고 자장을 대국통大國統으로 삼고 그 말대로 황룡사를 중창하고 구층탑을 세워 사리를 봉안하고 다음으로 월정사, 태화 사를 창건하고 겸하여 화엄사에 부탁하여 사리를 봉안하도록 했다.[258]

화엄사 4사자 삼층석탑이 황룡사 구층 세존사리탑을 세운 직후에 건립되었음을 밝히고 있다.

이렇게 볼 때 임진왜란 때에 사명대사가 서산대사에게 가져온 사리 두 함은 원래 현재 국보 35호로 지정된 화엄사 사리탑에 봉안되 었던 것으로 보인다.

그리고 화엄사 서오층석탑에서 출토된 사리 22과는 원래 황룡사 구층탑에 모셔졌던 것으로 고려 몽고병란 때에 황룡사 구층탑이 불타서 복원되지 못하자 사리를 수습하여 그동안 화엄사 사자탑에 함께 모셔져 있던 것을 서산대사가 사리 두 함 중에 한 함을 임진왜란 이 후에 구층 사리탑이 세워졌던 자리에 새로 석탑을 만들어 봉안했

---

258 師還國 以文殊所化梵僧之說 及西海龍王之所囑 具白於王 王拜爲國統 如其
　　言 創皇龍寺 立九層塔而安舍利 次創月精寺 太和寺 兼囑華嚴寺 安舍利

던 것으로 추정된다.

자장이 가져온 사리 1백과顆는 신인神人의 가르침에 따라 3등분하여 통도사와 태화사 탑, 그리고 황룡사 구층탑에 모셔졌는데, 비문에서 원래 사리가 모셔져 있던 부도가 있는 곳에 대해 '왜구들이 우리나라 남쪽 지방에 침입하여 … 그 화가 부도浮屠에 미쳐와 그 보배를 잃을 뻔하여 …'라고 하였다.

그렇다면 화엄사와 통도사가 여기에 해당하는데, 임진왜란 당시 통도사 사리에 관해서는 앞에서 언급했듯이 사명대사가 지은 '만력 계묘癸卯 중수기'에 자세하게 기록되어 있기 때문에 비문에 있는 내용은 통도사에 있는 사리와는 관련이 없다.

또 비문에서 금강산에 새로 부도를 만들어 모시는 것보다는 "그렇다면 차라리 옛터를 수리하여 거기에 봉안하는 것만 못하다 하고, 나는 곧 한 함을 유정에게 돌려주었다. 유정은 그 계책을 그럴 듯하다 생각하고 함을 받아 곧 옛 터로 돌아가 석종(石鍾, 부도)에 넣어 봉안하였다."고 하였다. 여기에 "차라리 옛터를 수리하여 거기에 봉안하는 것만 못하다"는 구절에 사리 한 함은 사명대사가 원래 있던 부도(태화사탑)에 다시 봉안하고, 또 하나의 사리함 역시 서산대사가 원래 황룡사 구층탑이 있던 옛터를 수리하여 그 자리에 부도(서오층석탑)를 새로 조성하여 사리를 봉안한 것이 분명하다.

이렇게 볼 때 화엄사는 자장이 가져온 석가모니 진신사리 100과顆 중에 73과가 4사자 삼층석탑에 봉안되어 있고, 또 서오층탑에서 22과가 출토되었으니 총 95과가 봉안되어 있는 것이다. 여기에 통도사 사리 4과를 합하면 총 99과로 세 곳에 나누어 모셨다는 설이 입증된 셈이다.

이 비문은 서산대사가 84세에 친히 짓고 친필로 써서 선조 36년 (1603) 3월 비석에 새겨 부도를 낙성할 때 같이 세운 것이다. 그리고 이듬해 갑진년(1604) 정월 23일에 묘향산 원적암圓寂菴에서 85세를 일기로 입적入寂하였다.

이 비석은 현재 평안북도 영변군 묘향산에 있는 보현사普賢寺에 있는 것으로 알려지고 있고 비문은 문집에 남아 있는 것으로 보아 역사적으로 민감한 내용이기 때문에 조선 조정에서 고의로 비석은 다른 곳에 옮겨버린 것으로 추정된다.

이러한 정황들은 조선 숙종 31년(1705년)에 화엄사 각황전을 중건한 고승 성능聖能이 통도사 계단도 함께 중수했는데, 이때 채팽윤蔡彭胤이 비문을 지어 통도사에 세운 「양산 통도사 석가 부도비梁山通度寺釋迦浮圖碑」에서도 드러나고 있는데 비문에 이렇게 적고 있다.

다시 만력萬曆 20년 우리 선조宣祖 임진년(1592)에 왜구가 대거 침입하여 영남 남쪽 지방은 먼저 왜구의 침공을 받아 백성을 살육하고 불태웠는데 비록 계단戒壇도 이를 면할 수 없었다. 마침 사명四溟대사 유정(惟政, 1544~1619년)이 의승장義僧將으로서 힘을 다해 사리를 완전하게 하고 뒤에 약탈될까 염려하여 크고 작은 두 개의 함을 몰래 담아 금강산에 있던 휴정(休靜, 서산)대사에게 보냈다. 휴정이 생각하여 말하기를 '어찌 남녘만 왜적에게

당하겠느냐. 이 산 또한 동쪽으로 바다와 나란히 있어 만전萬全을
기할 곳이 못된다. 저 영취산의 수승함은 문수보살의 명을 받은
자리이다. 불행히도 계율을 지키지 않는 이들은 그 의도를 보면
빼앗고자 하는 것은 금주(金珠, 보석)이지 신보(信寶, 사리)가
아니다. 예전처럼 계단에 봉안하고 중수하도록 하라.' 하며 마침
내 한 함을 유정에게 돌려보냈다. 이미 태백산太白山 갈반사(葛蟠
寺, 정암사)는 그 신령함이 밝게 드러난 곳이니 소홀히 할 수
있겠는가.' 하고는 두 문인에게 명하여 한 함을 서쪽에 봉안하게
하고 비문을 지어 비석에 새겼다. 이로 인해 서쪽과 남쪽에 두
개의 부도浮圖가 있게 되었다.[259]

이 구절은 서산대사의 비문을 인용한 것처럼 보이지만 내용을
자세히 들여다보면 전혀 다른 내용으로 날조하고 있다. 내용을
보면 우선 사명대사가 가져온 사리 두 함은 원래 통도사 계단에
모셔졌던 사리라고 하였으나 임진왜란 당시 통도사 사리에 관해서는
사명대사가 지은 「만력 계묘癸卯 중수기」에 자세하게 기록되어 있기
때문에 서산대사가 지은 비문에 있는 내용은 통도사에 있는 사리와

---

259 越萬曆二十年我宣廟壬辰 海寇大入 嶺以南實先受兵 虔劉而焚刦之者 雖戒
壇不得免焉 會惟政大師以義僧將至力完之 慮有後敗 密盛以大小二函 使遣
休靜師于金剛山 靜策曰豈以南爲迫於賊耶 玆山亦東並海 非萬全之所 夫以
鷲山之勝而文殊之所命也 不幸而有不戒者 彼觀其意 所攫金珠 非信寶 則如
仍舊壇而修之便 遂以一函還政 旣而曰葛盤太白山昭其靈也 其忽諸乃命二
門人奉其一函而西 爲文而刻之 由是有西 南二浮圖焉

는 관련이 없다.

이리하여 이 비석의 뒷면에 성능性能이 지어 새긴 발문跋文이 있는데 '만력萬曆 임진년(1592년)의 병란 무렵의 일은 송운(松雲, 사명)대사께서 기록해 두었다.'고 하여 앞면에서 범한 오류를 뒷면에서 곧바로 지적하며 바로잡고 있다.

또한 채팽윤은 사리 두 함 중에 한 함은 서산대사가 지금의 정암사가 있는 강원도 태백산에 사리를 모시고 비석을 세운 것으로 기술하고 있으나 비석은 오히려 북한 땅인 평안북도 영변군 묘향산 보현사에 있는 것으로 알려지고 있다.

강원도 태백산은 단지 지명일 뿐 고조선 도읍지와 관련이 없으며 자장이 가져온 사리 100과를 가르침에 따라 황룡사·태화사·통도사 등 세 곳에 나누어 모셨는데, 이 세 곳과도 아무런 관련이 없다.

그렇다면 서산대사가 사리 한 함을 자장이 봉안하였던 원래의 터에 다시 부도(석탑)를 세워 사리를 봉안하고 그 내력을 기록하여 비석을 세우는 일에 무슨 이유로 조선 조정에서는 이렇게 민감하게 반응했던 것일까?

서산대사가 지은 비문의 말미에서도 당시의 정황에 관해 '백억의 성스러운 대중의 찬탄은 허공을 헤아리는 것 같고, 팔만 악마의 무리들의 훼방은 바람을 잡아매는 것과 같다.'고 적고 있다.

사실 서산대사가 원래의 자리에 다시 모신 사리는 황룡사 구층탑에 모셔졌던 사리인데, 서산대사는 비문에서 이곳이 바로 단군이 도읍하였던 아사달이고, 또한 황룡사는 신라 도읍지에 있는 사찰이

고 몽고병란 때에 소실되어 폐사된 것으로 알려져 있기 때문에
조선왕조에서 치밀하게 날조한 역사를 비문을 통해 바로잡고 있기
때문일 것이다.

숙종 때에 통도사 계단을 중수할 때에 『택리지擇里志』를 지은
이중환李重煥도 사리를 친견했는데, 이때 비문을 채팽윤이 짓고
당시 형조참판이었던 이중환의 부친 이진휴李震休가 비문을 쓴 인연
으로 함께 간 것으로 보인다.

통도사는 당나라 초기에 자장慈藏법사가 입당하여 천축 석가모니
의 머리뼈頭骨와 사리舍利 유물을 얻어 와서 절의 뒤편에 탑을
세워 모신 곳이다. 오랜 세월이 흘러 조금 기울어지자 숙종 을유(乙
酉, 1705)년에 고승 성능聖能이 중수하려고 탑을 헐었더니 그
안에 '외도外道 성능聖能이 중수하다.'고 쓰여 있고 은함엔 비단
보자기로 두골頭骨을 싸 두었는데 크기가 물동이盆盎만 하였다.
비단 보자기는 이미 천여 년이 지났는데도 상하지 않고 새것
같았다. 또 작은 금함에는 사리를 담아 놓았는데 그 빛이 눈이
부셨다.[260]

---

260 『택리지擇里志』 복거총론 산과 강. 通度則唐初慈藏法師入 天竺得釋迦頭骨
　　及舍利座 寺後作塔以鎭 歲久少傾 肅廟乙酉僧聖能 欲重修毁塔 則內書外道
　　聖能重修 而以銀函錦袱 貯頭骨 大如盆盎 錦已千有餘年 不朽如新 又有小
　　金盒貯舍利 光奪人目

화엄사 대웅전 아래에 동서로 같은 시기에 건립된 것으로 보이는 5층 석탑이 나란히 세워져 있는데 지난 1999년 10월에 또 동 5층 석탑을 해체하였을 때에 탑의 기단부에서 임진왜란 때에 부서진 화엄석경華嚴石經 조각들이 다량 내장되어 있었는데, 이것은 이 탑이 임진왜란 이후에 세워진 탑임을 입증하는 것이다.

이렇게 볼 때 태화사 탑은 현재 화엄사 사리탑을 말하고, 95년에 출토된 사리 22과와 유골 등은 황룡사 구층탑에 모셔졌던 석가모니 진신사리가 분명하다. 이것은 현재의 화엄사가 황룡사라는 사실을 입증하는 물증物證이 되는 것이다.

화엄사 사적에 태화지 못 가에서 나타나 자장에게 구층탑 세울 일을 가르쳐 준 신인神人은 서해의 용왕이라고 하였다. 그리고 '황룡사 찰주본기'에 종남산終南山의 원향선사圓香禪師가 자장에게 '관심觀心으로 공의 나라를 보니 황룡사에 구층탑을 세우면 해동海東의 모든 나라가 그대 나라에 항복하게 될 것이다.'고 하였다.

또한 조선 숙종 31년(1705)에 통도사 계단을 중수하였던 성능性能대사가 지은 비문에서는 '성스러운 유골과 여러 도구들은 한 결 같이 문수보살의 위촉에 따라 터를 가려 봉안한 것이니 천세 만세토록 영원히 동국의 큰 보배가 될 것이다.'[261]라고 했다. 이와 같이 자장이 가져온 사리 100과는 문수보살의 위촉에 따라 서해의 용왕이 신인神人의 모습으로 태화지 못 가에 나타나 태화사·황룡사·통도사

---

261 聖骨諸具 一依文殊之囑 卜地安焉 千萬世 永爲東國之大寶也

등 세 곳에 나누어 봉안하라는 계시에 따른 것이다.

이제 화엄사 사리탑을 현대적인 시각에서 바라보면, 가운데 어머니 상像은 백두산을 머리로 금강산을 가슴으로 지리산을 골반으로 성모의 몸을 하고 있는 한반도를 상징하고 어머니 머리에 이고 서 있는 석가세존의 사리는 모든 중생들의 아버지를 상징한다.[262]

그리고 희·노·애·락의 표정을 하고 있는 네 마리 사자는 한반도를 에워 싼 미국 일본 중국 러시아에 비유된다. 지구촌을 하나의 가정에 비유한다면 한반도는 가정의 어머니에 해당한다. 현재로서는 가정을 안정시켜야 할 어머니가 본분을 망각하고 있기 때문에 주변의 네 강대국은 자기네 영토도 아니면서 이해관계로 첨예하게 대립하며 한반도를 위협하고 있다.

그 앞의 아들 탑(조공탑)은 하늘을 아버지로 삼신산을 어머니로 하여 태어난 세계의 모든 인류를 상징한다. 자식이 부모의 성품을 그대로 닮듯이 성모의 품속에서 살고 있는 한민족은 삼신할머니의 품에서 자비를 배우고 지리산 산신인 마야부인 품에서 도를 터득하

---

262 지금 모든 사찰에서 시행하는 새벽예불문의 첫머리에 '삼계도사 사생자부 시아본사 석가모니불 三界導師 四生慈父 是我本師 釋迦牟尼佛'이라는 구절이 있다. 풀이하면 욕계欲界, 색계色界, 무색계無色界 삼계의 태생胎生, 난생卵生, 습생濕生, 화생化生 등 네 가지로 태어나는 모든 중생을 인도하시는 자비로운 아버지이고 우리의 본사(本師, 교주)이신 석가모니 부처님께 귀의한다는 말이다.

264

여 세계라는 큰 가정에서 어머니(보살)의 역할을 해야 할 의무와 책임을 지고 있는 민족이다.

이제 우리 국토에 감추어진 진실이 세상에 드러나고 한민족이 세계라는 큰 가정에서 어머니의 역할을 올바로 하게 되면 주변의 강대국들은 인류문명의 발상지이고 여러 종교의 이상향인 성스러운 국토를 호위하게 되며 해외의 나라들은 모두가 철이 들어 부모님이 계시는 국토에 스스로 찾아와 조공하게 된다는 가르침이다.

성덕대왕신종의 명문銘文에 이런 말이 있다.

조공상

성덕대왕께서는 덕은 산하山河와 함께 드높았고 명성은 해와
달처럼 높이 걸렸으며, 충성스럽고 어진 사람을 등용하여 풍속을
어루만지고 예악禮樂을 숭상하매 풍교風敎가 볼 만하였다.

들에서는 근본인 농사를 힘쓰고 시장에서는 넘치는 물건이 없었
다. 당시 사람들은 금과 옥金玉을 싫어하고 문재文才를 숭상하였
다. 40여 년 동안을 나라에 군림하며 정치에 부지런하여 한 번도
전란이 백성들을 놀라거나 시끄럽게 한 적이 없었다.

그런 까닭에 사방의 이웃나라들이 만 리에서 조공을 바치고 돌아
가서 다만 임금의 풍화風化를 흠모함이 있을 뿐, 일찍이 화살을
날려 엿보는 일이 없었다.

신라 황룡사는 고려 몽고병란으로 인하여 소실燒失 되어 폐사廢寺
된 것으로 알려져 있다.

그러나 이것은 조선시대 숭유억불 정책의 일환으로 조정에서
고의로 역사를 치밀하게 날조한 것이다. 고려는 불교국가이고 황룡
사는 신라 삼보三寶 중에 구층탑과 장육존상이 봉안된 시대를 초월하
여 국가 제일의 비보神補[263]사찰이기 때문에 구층탑만 복원되지 못하
였을 뿐 모든 가람은 이미 고려시대에 곧바로 중건되었던 것으로
추정된다. 이것은 마치 조선시대 임진왜란으로 인해 우리나라 대부

---

263 비보神補: 인체에 병이 나면 의원이 혈맥을 찾아 뜸을 뜨거나 침을 놓아
　　치료하듯이, 국토도 이와 같아서 국토의 혈맥에 절을 창건하거나 탑을
　　세워 국가의 재앙을 예방하는 시설을 말한다.

분의 사찰들이 소실되었지만 숭유억불의 와중에서도 전란이 끝난 후 주요 사찰들이 대부분 중건되었던 경우와 같은 것이다.

3. 화엄사 각황전

각황전

각황전覺皇殿의 본래 이름은 장육전丈六殿이며 부처님의 몸을 일컬어 장육금신丈六金身이라고 한다. 장육금신이란 석가모니 부처님이 16척尺의 키에 황금색 피부를 하고 있었음을 뜻하는 것이다.

그때 세존께서는 바라나국으로부터 우루빈라가섭의 형제 세 사람과 천명의 아라한과 같이 마가다국에 이르렀다. 이때에 빈바사라왕頻婆娑羅王은 말하였다.

"보살이 불도佛道를 이루어 증득하고, 16척尺의 거대한 몸에 자마금빛 피부에 32상相과 80종호種好와 열 가지 명호를 원만히 갖추고 지견知見을 이미 얻고 5안五眼[264]을 성취하였으며, 6신통六神通[265]을 증득하여 얻었고, 범천왕·제석·사천왕이 모두 받들어 섬긴다 함을 들은 지 오래인데, 이제 우리나라에 들어오시니 마음이 매우 기쁘다. 나는 본래 부처님이 되시면 제도하겠다고 함께 약속하셨는데 잊으시지는 않고 나의 소원을 따르시는구나."

그리고는 곧 나라 안에 칙명으로 도로를 깨끗하게 장엄하고 왕은 보배 수레를 타고 대신과 백관들은 앞뒤로 인도하고 따르게 하면서 천 수레, 만의 기병으로 성을 나가 부처님을 맞이하였느니라.[266]

부처님 생존 시와 똑같은 모습과 크기로 만든 불상을 장육존상丈六尊像이라고 한다. 현재 모셔진 불상 역시 장육존상이며[267] 화엄사의 중심 법당이다.

신라 진흥왕 때에 황룡사를 창건하면서 맨 처음 세워진 법당이 신라 3보寶 중의 하나인 장육존상이 모셔진 장육전丈六殿이다.

황룡사 장육존상이 이루어진 내력에 관해 이렇게 말했다.

---

264 5안五眼: 육안肉眼, 천안天眼, 혜안慧眼, 법안法眼, 불안佛眼을 말한다.

265 6신통六神通: 신족통神足通, 천안통天眼通, 천이통天耳通, 타심통他心通, 숙명통宿命通, 누진통漏盡通을 말한다.

266 『방광대장엄경方廣大莊嚴經』 제12권 전법륜품轉法輪品 2

267 석굴암 본존불도 결가부좌하고 앉은 불상 높이 326cm로 장육존상이다.

신라 제24대 진흥왕 즉위14년 계유(癸酉, 553)년 2월에 장차 궁궐을 용궁龍宮의 남쪽에 지으려 했는데 그곳에 황룡이 나타나 있었으므로 이에 고쳐 짓고 절로 삼았는데 호를 황룡사黃龍寺[268]라고 했다. 기축(己丑, 569)년에 주위에 담장을 쌓고 17년 만에 비로소 끝마쳤다.

얼마 후 바다 남쪽에 큰 배 한 척이 떠와서 하곡현의 사포絲浦에 정박했다. 이 배를 조사해 보니 편지가 있었다. 편지에 이르기를, "서축西竺 아육왕阿育王은 구리 5만7천 근과 황금 3만 푼을 모아서 장차 석가 3존상을 주조하려 했으나 이루지 못하고 배에 실어 바다에 띄워 보내면서 축원하기를 '원컨대, 인연 있는 국토에 가서 장육존상丈六尊像을 이루어 달라.'고 하면서 한 부처와 두 보살상의 모양도 함께 실려 있었다. 이에 현의 관리가 문서로 왕께 아뢰었다.

왕은 칙사를 보내 그 고을 성城 동쪽의 높고 전망 좋은 곳을 골라 동축사東竺寺[269]를 창건하고 그 3존상을 모셨다. 그 금과 구리는 서울로 수송하여 대건 6년 갑오(甲午, 574) 3월에 장육존상을 주조하였는데 단번에 이루어졌다.

---

268 황룡사의 황黃과 황皇을 같이 쓴다.

269 동축東竺: 인도를 서축西竺이라 하고 서라벌을 동축東竺이라고 한다. 신라 선덕여왕은 세 가지 예언에서 수미산의 정상에 있다는 도리천이 서라벌에 있다고 했다. 또한 『산해경』에서는 조선朝鮮이 천축국이라고 했다. 서라벌이라는 지명도 불경의 실라벌室羅筏과 같은 것으로 범어이며 불보살이 사는 곳이라는 말이다.

무게는 3만5천7근이고 황금 1만1백98푼이 들었다. 두 보살상에는
구리 1만 2천근과 황금 1만1백36푼이 들었다. 황룡사에 봉안하였
는데 이듬해(575)에 장육존상이 눈물을 발꿈치까지 흘러내려
바닥이 1척 가량이 젖었다. 이는 진흥왕이 승하하실 조짐이었다.
별본別本에는 이렇게 적혀 있다.

아육왕이 서축 대향화국에서 부처가 세상을 떠난 백 여 년 후에
태어났으므로 진신(眞身 석가여래)에 공양하지 못함을 한스럽게
여겨 금과 구리 약간을 모아서 세 번이나 불상을 주조하려 했으나
이루지 못하였다.

그때 왕의 태자가 홀로 이 일에 참여하지 않았으므로 왕이 까닭을
물으니 태자가 아뢰었다. "홀로 힘쓰는 것은 공덕이 아니므로
일찍이 이루어지지 않을 줄 알고 있었습니다." 하니 왕은 그렇게
여겨 그것을 배에 실어 바다에 띄워 보냈다.

남염부제 16대국과 5백 중국 십천十千소국 8만 촌락을 두루 돌아다
니지 않는 데가 없었으나 모두 주조하지 못하고 최후로 신라국에
이르러 진흥왕이 문잉림文仍林에서 주조하여 불상을 이룩하니
상호가 모두 갖추어졌다. (범어인) 아육阿育은 한역하여 무우無憂
라고 한다.

후에 대덕 자장慈藏 중국에 유학하여 오대산에 이르러 감응하였는
데 문수보살이 감응하였는데 현신하여 비결을 주며 부촉하였다.
"너희 나라 황룡사는 석가釋迦와 더불어 가섭불迦葉佛이 강연하시
던 곳인데 연좌석宴坐石이 지금도 남아 있다.

그러므로 천축 아육왕이 구리 약간을 모아 바다에 띄웠는데 1천3
백여 년이 지나서 너희 나라에 도착하여 불상이 이루어져 그
절에 모셔진 것이다. 대개 위덕의 인연으로 그렇게 된 것이다."
불상이 이루어진 후 동축사東竺寺 3존상도 역시 이 절에 옮겨
와 봉안하였다.

절에 있는 기록에는 진평왕 6년 갑진(甲辰, 584)에 이 절의 금당金
堂[270]이 조성되었으며, 선덕왕 때의 첫 사주寺主는 진골 환희사歡喜
師였고 두 번째는 자장 국통國統이요, 다음은 국통 혜훈惠訓이고
다음은 상률사廂律師라 했다.[271]

진흥왕 35년(574) 봄 3월에 황룡사의 장육존상이 주성되어 봉안되
고, 그로부터 백년이 지나 문무왕 14년(674) 7월에 태풍이 불어
황룡사의 불전(佛殿, 장육전)을 무너뜨렸다.[272] 이때 의상대사가 유학
을 마치고 귀국하여 화엄사를 화엄 10찰十刹의 종찰宗刹로 삼고
왕명을 받들어 2층 장육전을 중건하고 법당의 사면 석벽에 『화엄경』
을 새겼다. 조선시대에 간행된 『동국여지승람』에는 이 법당에 관해
이렇게 말했다.

---

270 금당金堂: 금당은 그 절의 중심법당을 말하는 것으로 대웅전을 말한다.
지금 화엄사에도 장육존상이 봉안된 각황전이 있는데도 불구하고 대웅전이
별도로 있다. 진평왕 때에 조성된 금당은 대웅전을 말한다.

271 『삼국유사』 3권, 황룡사 장육존상

272 『삼국사기』 신라본기

화엄사에 한 불전佛殿이 있는데 사면 벽에 진흙을 바르지 않고
모두 푸른 석벽石壁을 만들어 그 위에 화엄경을 새겼다. 세월이
오래 되었으나 석벽이 훌륭하고 문자가 닳아 없어져 읽을 수가
없다.[273]

이 내용은 임진왜란으로 인하여 화엄사가 소실되기 이전 지금의
각황전 자리에 세워졌던 장육전丈六殿을 소개하고 있는 것이다.
이 장육전은 정유재란 때에 왜적들에 의해 파괴되었다. 장육전
사면 석벽에 새겨진 화엄경을 화엄석경이라고 하는데 부서진 조각들
이 보물로 지정되어 화엄사와 국립박물관에 보관되어 있다.

현재의 각황전은 조선 숙종 때에 계파 성능桂波聖能대사에 의해
조정의 시주금으로 건립된 것으로 숙종 25년(1699)에 시작하여
동왕 27년(1701)년에 상량되었고 이듬해인 1702년에 모든 장엄이
끝나 낙성되었다.

각황전 중건과 함께 조정에서 화엄사를 한국 불교의 총 본산인
선교 양종禪敎兩宗 대가람으로 승격하였다.

현재 봉안된 3여래 4보살상은 1703년에 조성된 것이다.

이때 조선 조정에서 장육전을 각황전覺皇殿으로 현판을 바꾸었다.
절이 창건된 이후 천년 넘게 내려오던 대법당의 현판을 이때 바꾼
이유는 이 법당이 황룡사 장육전이라는 사실을 은폐하기 위해서일

---

273 『신증동국여지승람』 40권 구례현. 中有一殿 四壁不以土塗 皆用靑壁 刻華
嚴經於其上 歲久壁壞文字刑沒 不可讀

것이다. 황룡사는 고려 몽고병란으로 불타서 폐사된 것으로 알려져 있는데, 오히려 장육전은 신라 문무왕 때에 의상대사가 중건한 이래로 임진왜란 이전까지도 건재했으며 화엄사가 황룡사라는 내용의 사적기가 유통되고 있었기 때문이다.

각황전 중건에 관해 석실 명안(石室明眼, 1646~1710)선사의 기문記文에 이렇게 적고 있다.

숭정崇禎 3년 경오(庚午, 1630)년에 국일도대선사 벽암화상碧巖和尙이 왕명을 받들어 화엄사를 중건하였으나 아직 장육전丈六殿은 복구하지 못하고 훗날 인연 시절을 기약하라는 유명遺命을 문도들에게 남기고 입적하였다.

청淸 강희康熙 병자(丙子, 1696)년 학가산鶴駕山의 도인 성능性能이 남쪽 지방을 유력遊歷하다가 백암대사栢庵大師를 찾아뵙고 입실하여 3년간 수업受業하였다. 백암栢庵은 그가 비범한 인물임을 알고 장육전을 중건하라는 벽암대사의 유명遺命을 성능性能에게 위촉하였다.

스승은 이미 대중으로부터 부탁을 받고 있던 터라 수락하고 스스로 서원하기를, "모기나 등에가 산을 짊어진다는 것은 가히 어려운 일이라 하겠지만, 두레박으로 바닷물을 퍼내어 구슬을 취한다는 것은 의지만 있으면 가히 이룰 수 있을 것이다.

큰 불사를 이룸에는 몸과 마음을 다하여 허물을 참회하고 불보살에게 지성으로 기도하여 먼저 천신의 감응을 구하고 그런 후에 실행하리라." 하였다.

그러자 어느 날 밤 꿈에 한그루 소나무가 솟아오르는데, 그중에 줄기와 잎사귀가 빽빽하여 사방에 분포되었다 거기에 눈썹이 긴 한 노승老僧이 비단 여덟 필匹을 길게 펼쳐 그 소나무에 묶어 흰옷을 입은 두 사람으로 하여금 좌우에서 서로 잡아당기도록 했다. 또 금색의 연꽃 일곱 줄기를 가지고 소나무 아래 줄지어 심어놓고 말하기를 "이곳에 마땅히 불전佛殿을 세우는데, 먼저 하나의 기둥을 세워 잡아당겨 견고하게 하여 오래도록 번성하게 하라." 하였다.

흰옷 입은 두 사람이 대사의 앞에 와서 무릎 꿇어 절하고 말하기를 "옛날 자장법사의 성스런 법회에서 대사와 제가 오랜 인연이 있어서 먼저 와서 기다리고 있었습니다. 이제 그 일을 경영하심에 우리들이 저승에서 도울 것이니 의심하거나 걱정하지 마시기 바랍니다." 하고 말을 마치자 문득 보이지 않았다. 후에 시주를 구하던 곳에서 여러 번 신기한 일을 징험徵驗하였던 일은 사람들이 들으면 놀라고 의심할까 두려워 자세히 기록하지 않는다.

이에 사대부들이 마음으로 귀의하여 단월檀越이 되어 금전金錢과 비단 쌀 등을 다투어 실어 와 마치 구름더미처럼 쌓였다. 대법당을 중건하는데 거스르는 자가 없으니 고을 사람들이 자재를 운반하고 노반魯般과 공수工倕와 같은 뛰어난 대목이 목재를 다듬어 다투어 절묘한 솜씨를 보여 주었으니, 기묘년 봄에 처음 시작하여 임오(壬午, 1702)년 겨울에 이르기까지 4년 만에 공사를 끝마친 것이다.

장육전 상량문에 보면, 장육전(각황전)은 당시 숙종의 왕자 연잉군
延礽君과 왕자의 어머니 숙빈淑嬪 최씨崔氏의 수명장수를 위한 원당願
堂으로 이들이 대 시주大施主가 되었다. 불보살의 가피일까?

훗날 영조(연잉군)는 52년간 재위하였고 83세를 누렸다.

황룡사의 가장 두드러진 특징은 진흥왕 35년(574)에 신라 3보三寶
중의 하나인 장육존상이 이루어져 장육전에 모셔졌는데[274] 그로부터
10년 후인 '진평왕 6년 갑진(甲辰, 584)년에 이 절의 금당(金堂,
대웅전)이 조성되었다.'[275]고 하였다.

이것은 두 기록에 모순이 있는 것이 아니라 지금 화엄사에도
장육존상이 모셔진 각황전이 있는데도 절의 금당인 대웅전이 별도로
있다. 이것 또한 화엄사가 신라 황룡사라는 하나의 단서가 된다.

신라 문무왕 때에 의상대사가 왕명을 받들어 조성한 것인데 사면
벽에 흙을 바르지 않고 석판石板에 화엄경을 새겼으나 임진왜란으로
인하여 파괴되고 조선 숙종 때에 그 자리에 현재의 각황전을 중건한
것이다.

---

274 진흥왕 35년 봄 3월에 황룡사皇龍寺의 장육상丈六像을 주조하였는데, 구리의
　　무게가 3만5천7근이고 도금한 금의 무게가 1만1백9십8푼이었다. 『삼국사
　　기』 신라본기
275 『삼국유사』 황룡사 장육존상.

고려 대각국사 의천이 화엄사에 머물며 창건주 연기緣起의 진영眞影에 참배하고 지은 시가 있다.

화엄사 연기조사의 진영에 예찬하다(華嚴寺 禮緣起朝師影)

기신론起信論과 화엄경을 두루 통달하고
(스승은 평소에 화엄경과 기신론을 강연하였다.)
일생동안 보호하여 지니고 넓혀 깊은 공덕이 있다네.
3천의 의학義學이 등불을 나누어 뒤를 밝히니
원교종圓教宗의 바람이 해동에 가득하였네.
(본전本傳에, 전교한 의학의 수가 3천이라고 했다)
偉論雄經罔不通(師平昔 講演起信花嚴)
一生弘護有深功 三千義學分燈後
圓敎宗風滿海東(本傳云 傳敎義學數三千)
_『대각국사문집』 17권, 『한국불교전서』 4권

현재 화엄사 각황전의 주련柱聯에는 이 시와 조선시대의 고승설암 추붕(雪巖秋鵬, 1651~1706)이 지은 '화엄사 장육전丈六殿'이라는 제목의 시 중에,

서역에서 온 등불 하나가
남국南國에서 천년 동안 오종五宗을 열어 드날렸네.

노닐며 수행하니 청정한 빛은 증가하는데

흰 구름에 고개 돌리면 중생들은 누구와 함께 하랴.

西來一燭傳三世 南國千年闡五宗

遊償此增淸淨債 白雲回首與誰同

라는 구절이 걸려 있다. 일반적으로 주련은 그 법당에 모셔진 부처의
공덕을 기리는 내용이다.

4. 사바세계 교주이신 석가세존의 금골 사리金骨舍利 부도비[276]

은퇴하여 금강산에 물러난 국일도대선사 선교도총섭 사자 부종수
교 겸 등계보제대사 늙고 병든 휴정休靜은 삼가 짓고 쓰다.[277]

삼가 생각하오면 우리 현겁賢劫의 거룩하신 석가모니 부처님은
바로 천축국天竺國 정반왕淨飯王의 태자로서 지나간 세상에 도를
이루시고 진실하고 영원한 법신法身을 증득證得하신 지 오래이다.

비결에 말하기를 석가釋迦는 성姓이니 이것은 능인能仁이라 하는
데 자비慈悲로 만물을 이롭게 한다는 뜻이다. 모니牟尼는 자字이니

---

276 한국불교전서 7권, 『청허당집淸虛堂集』

277 선조 35년(1602)에 선조는 임진왜란 당시 승군을 일으켜 위기에서 나라를
구한 공로로 서산대사에게 정2품에 해당하는 품계와 '休靜爲國一都大禪師
禪教都摠攝扶宗樹教 普濟登階者'라는 교지敎旨를 하사했다.

이것은 적묵寂默이라 하는데 지혜로 어리석은 중생을 다스린다는 뜻이다. 자비와 지혜를 아울러 활용하기 때문에 생사에도 열반에도 머무르지 않는다. 그러나 부처님은 오로지 만물을 이롭게 하는 것으로 자기의 임무를 삼기 때문에 물에 비치는 달과 같은 응신應身을 시방十方세계에 나타내어 겁劫이 다하도록 중생을 구제하시되 싫증이 없으시다. 이미 그 지위가 일생보처一生補處에 올라 도솔천兜率天에 나시어 이름을 호명대사護明大士라 하고 한창 하늘 무리들을 구제하고 계셨다.

『보요경普耀經』에 말하기를, 석가가 도솔천에서 왕궁王宮에 내려와, 몸으로 광명을 놓으면서 발로 연꽃을 밟고 사방으로 일곱 걸음을 걷고는 하늘과 땅을 가리키면서 사자처럼 외쳐 세 가지 방편을 보이셨다고 하였는데 주周나라 소왕昭王 24년 갑인년(甲寅年, B.C 1027)이었다.

태자의 이름은 실달다悉達多이니 이것은 길吉이라는 뜻이다. 문무文武에 능하고 음양陰陽을 잘 알아서 인간이나 천상의 모든 일을 배우지 않고도 낱낱이 신통하게 이해하였으므로 부왕父王은 매우 사랑하여 왕위를 전하는 날을 7일 뒤로 정하였다.

어느 날 태자는 사대문四大門 밖에 나가 놀다가 기쁘고 슬픈 일들을 보고 출가出家할 마음을 내었다. 부왕이 듣고 놀라 온 나라 사람들로 하여금 더욱 호위하게 하여 출입을 일체 금하고 오직 정거천인淨居天人만 통하게 하였다. 하룻밤에 성을 넘어 집을 나가니 태자의 나이는 19세였다.

처음에 단특산檀特山에서 들어갔다가, 세 가지 선정禪定을 버리고 드디어 상두산象頭山에 들어가 6년 동안 앉아 고행苦行하다가 새벽의 샛별을 보고 도를 깨닫고 천인사天人師라 이름 하였으니 그때의 나이 30이었다.

그리하여 녹야원鹿野苑에서 교진여憍陳如 등 다섯 비구를 위하여 도과道果를 논하시고 영취산靈鷲山에서 『법화경法華經』을 설하시고 49년 동안 세상에 머무르시면서 미묘한 정법안장正法眼藏을 대가섭大迦葉에게 부촉付囑하시고 다시 아난阿難 시자侍者에게 분부하여 법을 전하고 교화하는 것을 끊이지 않게 하시면서 각각 법의 게송偈頌을 전하셨다.

그 뒤에 구시라국拘尸羅國 희련성熙蓮城의 사라쌍수娑羅雙樹 아래에서 오른쪽으로 누워 발을 포개고 고요히 열반에 드셨는데 다시 관棺에서 일어나 그 어머님을 위해 설법하시고 이내 무상게無常偈를 읊으셨다.

모든 행은 무상하나니 (諸行無常)
이것이 나고 사라지는 법이다. (是生滅法)
나고 사라짐마저 사라진 뒤에는 (生滅滅已)
적멸하나니 이가 곧 즐거움이다. (寂滅爲樂)

조금 뒤에 금관金棺이 자리에서 떠오르면서 삼매三昧의 불로 그 몸을 사르니, 사리가 공중에서 비와 같이 쏟아져 여덟 섬 네 말이나 되었으니, 목왕穆王 53년 임신년이었다.

아아!, 지금도 부처님은 세상에 계시면서 중생의 감동이 있으면 만 가지 덕의 몸으로 응해 주시고 감동이 없으면 삼매에 들어 있을 뿐이요, 가고 오는 것에 관계가 없으시다.

처음에 이 세상에 강생降生하고 출가하고 도를 이루고 법을 설하심은 늙은 할머니가 나뭇잎을 가지고 아이의 울음을 그치게 한 것과 같고, 그 뒤에 꽃을 집어 들고 자리를 나누고 열반에 들고 관에서 발등을 보이심은 늙은 아버지가 미친 아들을 다스린 것이요, 의사가 약을 두고 타향으로 떠난 것과 같다.

당시의 사리舍利는 그 회상에 있는 보살·연각緣覺의 성스런 대중들과 또 인천人天의 팔부신중八部神衆들이 나누어 각각 받들어 가져 티끌 같은 여러 세계에 흩어, 탑을 세우고 석종을 만들어 공양하는 이가 얼마나 많은지 모른다.

그러나 애석하게도 인연이 없는 국토의 사람들은 이 당시에도 듣지도 보지도 못하였으니, 저 사위국 3억의 집과 중국의 한 모퉁이가 바로 그렇다. 다만 중국에 있어서는 그 뒤로 천년을 지나 후한後漢의 영평永平 8년에 임금이 어느 날 꿈에 감응하여 신하를 시켜 그 교법을 전해 받았을 뿐이다.

유독 영남 통도사通度寺의 신승神僧 자장慈藏이 옛적에 봉안奉安한 석가세존의 금골사리金骨舍利 부도浮圖가 자못 신기한 영험이 많아, 마침내 천문千門으로 하여금 선善에 들게 하였고, 또 한 나라로 하여금 인仁을 일으키게 하였으니 과연 세상의 거룩한 보배라 할 만하다.

그러나 불행히도 만력萬曆 20년(1592)에 이르러 일본 해병이 우리나라 남쪽 지방에 침입하여 헐고 불살라 수많은 백성들이 모두 어육魚肉이 될 때 그 화가 부도에 미쳐와 그 보배를 잃을 뻔하여 몹시 고민하고 답답해할 즈음에 마침 승군僧軍 대장 유정(惟政, 사명대사)이 군사 수천 명을 거느리고 마음을 다해 수호한 힘을 입어 안전하게 되었다.

그러나 유정은 후환이 없을 수 없다 하여 금골사리 두 함을 몰래 이 병로(病老, 서산대사)에게 주면서 금강산에 봉안하는 것이 좋을 듯하다 하였다. 이 병로는 감격하여 그것을 받아 봉안하려다가 다시 가만히 생각하였다.

금강산은 수로水路에 가까우므로 뒷날 반드시 이런 우환이 있을 것이니 금강산에 봉안하는 것은 장구한 계책이 아니다. 전날 그 해병들이 부도를 해친 것은 금보金寶를 가지고자 함이요, 사리에 있지 않으므로 금보만 취하면 사리는 흙과 같이 여길 것이다.

그렇다면 차라리 옛터를 수리하여 거기에 봉안하는 것만 못하다 하고, 나는 곧 한 함을 유정에게 돌려주었다. 유정은 그 계책을 그럴 듯하다 생각하고 함을 받아 곧 옛터로 돌아가 석종(石鍾, 부도)에 넣어 봉안하였다.

그리고 한 함은 이 병로病老가 받들고 삼가 태백산에 들어가 부도를 창건創建하려 하였으나 혼자 힘으로는 어찌할 수 없었다. 제자 지정智正과 법란法蘭 등 무리들에게 명하여 그 일을 맡아 석종에 봉안하라 하였다.

두 선자禪子는 지성으로 널리 모금하여 몇 달이 못 되어 부도를 만들고 봉안하였다. 그 아름다운 공덕에 대해서는 『묘법연화경妙法蓮華經』의 여래수량품如來壽量品 가운데 이미 널리 적혀 있으니 내가 또 무슨 군말을 하겠는가.

또한 우리 동방에는 처음에 군장君長이 없었고 제후諸侯도 줄지어 있지 않았다. 신인神人 단군檀君이 태백산 신단수神檀樹 밑에서 출생하여 일어나 시조始祖 왕이 되매, 중국 요임금과 나란히 서게 되었다. 그렇다면 태백산은, 태백산이 처음으로 한 나라의 왕을 낳아 조선 국민으로 하여금 동쪽 오랑캐라는 이름을 아주 벗게 하였고, 마침내 삼계三界의 스승을 봉안하여 또 동방의 백성들로 하여금 부처가 될 인연을 잃지 않게 하였으니 이것이 어찌 산의 신령스러움이 아니겠는가.

위대하여라!

이것은 한갓 산만 중한 것이 아니라 나라도 또한 중하며 한갓 나라만 중한 것이 아니라 사람도 또한 중한 것이다. 그 품질을 말한다면 유정선자惟政禪子는 자장법사보다 못하지 않고, 태백산은 영취산보다 못하지 않은 것이다. 이튿날 지정과 법란의 두 선자가 부도를 낙성하는 성대한 재齋를 베풀었다. 이 병로는 법석法席에 올라가 여러 사람들에게 말하였다.

오늘 이 모임에 과연 어떤 장부로서 우리 세존께서 도리어 탑묘塔廟 속에 들어가시지 않은 줄을 아는 이가 있는가? 만일 부처님이 탑묘

속에 드시지 않은 줄을 아는 이가 있다면 그는 인간과 천상의 공양을 받을 수 있을 것이다.

옛사람이 견고한 법신을 물었을 때 조사는 산의 꽃과 시내의 물이라고 대답하였다. 오늘 이 병로는 탄식하며 꽃을 들고 말하노니 청컨대 대중들은 이리 와서 세존께 예배하라. 만일 석가의 진신眞身을 말하면 그것은 지극히 고요하되 지극히 묘하며, 지극히 크되 지극히 작으며, 함이 없기도 하되 하지 않음도 없다. 백억의 성스러운 대중의 찬탄은 허공을 헤아리는 것 같고 팔만 악마의 무리들의 훼방은 바람을 잡아매는 것과 같다.

그렇지만 오늘의 이 모임 가운데 이익도 손해도 있다는 것을 과연 아는 이가 있는가?

믿는 사람은 부처님을 공경하기 때문에 결정코 즐거움의 언덕에 오를 것이요, 믿지 않는 사람은 법을 비방하기 때문에 괴로움의 바다에 떨어질 것이니, 마치 유교 경전에 이른바 네게서 나온 것이 네게로 돌아간다는 말과 같은 것이다.[278]

아아!

각각 빛을 돌려 자기 마음을 비추어 보라. 옛날 공부자孔夫子가 상태재商太宰의 물음에 대답하기를 "서방의 큰 성인은 다스리지 않아도 어지럽지 않으므로 넓고도 넓어 백성으로는 능히 무어라 이름 할 수 없다."고 하였으니, 과연 성인이라야 능히 성인을 알

---

278 '자신에게서 나온 것이 자신에게 되돌아간다.(出乎爾者 反乎爾者)'라는 말은, 『맹자』 양혜왕梁惠王 下에 나온다.

수 있다고 말할 만한 것이다.

휴정은 금년 나이 84세로서 정신은 황홀하고 눈은 어두우며 손은 떨리면서 다른 사람의 간청에 얽매여 글을 짓고 돌에 글씨를 쓰지마는 문장과 글자가 모두 거칠어 후인의 비웃음을 면하지 못할 것이니 황송하고 부끄럽다. 오직 바라노니 통달한 군자君子는 다행히 용서하시라.

만력 31년(선조 36, 1603) 3월 초 길일吉日에 세우다.

娑婆敎主 釋迦世尊 金骨舍利 浮屠碑

金剛山退隱國一都大禪師 禪敎都摠攝 賜紫扶宗樹敎 兼登階普濟
大師 病老 休靜 謹撰 幷書

恭惟我賢劫尊釋迦牟尼佛 乃天竺國淨飯王太子也 徃世成道 證眞
常法身已久矣 訣曰釋迦 姓也 此云能仁 慈悲利物義 牟尼字也 此云
寂默 智慧冥理義 悲智並運 故生死涅槃俱不住 然佛專以利物爲己
任 故於十方界 現水月應身 窮劫度生無厭爾 旣位登補處 生兜率天
名護明大士 方度天衆 普耀經云 釋迦從兜率降王宮 身放光明 足踏
蓮花 四方行七步 指天地作獅子吼 示三方便云云 乃周昭王二十四
年甲寅歲也 太子號悉達 此云吉也 能文武善陰陽 凡及人天事法
不習而自然一一神解 父王愛極 限七日欲傳位也 太子一日遊四門

見悲喜事 生出家心 父王聞而駭之 令國人尤加衛護 洞禁出入 只與
淨居天人通焉 一夜逾城而出 時年十九也 初入檀特山 捨三種之
遂入象頭山 坐六年示苦行 見明星悟道 號天人師 時年三十也 旣而
鹿野苑中 爲矯陳五人輩 論道果俄就靈鷲山 說大法 因住世四十九
年 以微妙正法眼藏 付大迦葉 幷勅阿難 副貳傳化 無令斷絶 各付法
偈 後至拘尸羅熙蓮雙樹下 右脇累足 泊然而寂 復從棺起 爲母說法
因說無常偈 諸行無常 是生滅法 生滅滅已 寂滅爲樂 已而金棺從座
而擧 以三昧火自焚身 空中舍利如雨 數至八斛四斗 乃穆王五十三
年壬申歲也 吁 今佛之住世 群生有感則應萬德身 無感則入三昧之
而已 非干徃來也 其前際降生也 出家也 成道也 說法也 此等法老婆
將葉止兒啼耶 其後際拈花也 分座也 涅槃也 示跌也 此等法 老父治
狂子耶 醫師留藥去他鄕耶 當時舍利 則會上菩薩緣覺聖衆 及人天
八部神衆 各分受持 散入微塵 諸刹建塔 安鍾供養者 不知其幾 可惜
無緣國土人 則當此時 不聞不見 如舍衛三億家 及支那一隅類是也
但支那則過千年 至後漢永平八年 帝感一夢 使臣傳敎而已 唯嶺南
通度寺神僧慈藏 古所安釋迦世尊金骨舍利浮圖 頗多神驗 竟使千
門入善 又令一國興仁 可謂世之尊寶也 不幸至萬曆二十年 日本海
兵入國之南 焚之蕩之 億兆爲魚肉 禍及浮圖其寶將爲散失 悶鬱之
際 適蒙僧大將惟政 領兵數千 盡心守護得完全 然政不無後慮 故以
金骨舍利二函 密似乎金剛 使病老安焉 病老感受欲安之 然病老竊
念金剛近水路 後必有此患 安金剛非長久計也 向海兵之撥浮圖 全
在金寶 不在舍利也 取寶後視舍利如土也 然則不若寧修古基 而安

焉云云 卽以一函 還付于政 政然其計 受函卽還古基而安鍾焉 其一
函則病老自受持 謹入太白山 創建浮圖靜 獨力無何 命門人智正法
蘭之輩 幹其事使安鍾 二禪子至誠廣募 不數月 鍊浮圖而安之 美矣
其功德 連經壽量品中已開列 余何贅焉 且我東方初無君長 不列諸
侯 神人檀君 出興於太白山神檀樹下 爲始祖王 與堯幷立也 然則太
白 太白始胎于一國王 使朝鮮國民 永脫東夷之號 終安于三界師
亦使東方羣氓 不失成佛之因 此非山之靈也耶 偉哉非徒山重 國亦
重也 非徒國重 人亦重也 論諸品秩 則惟政禪子 不下慈藏法師也
太白山不下靈鷲山也 翌日正蘭二禪子 開設浮圖 落成大齋 病老陞
座法席 謂諸人曰 今日會中其有丈夫 還知我世尊 不入塔廟中者麼
若知佛不在塔廟中 則堪受人天供爾 古人問堅固法身 祖師答曰 山
花澗水 今日病老咄 擧筆曰 請大衆 叅禮世尊 若擧釋迦眞身 則至寂
至竗 至大至小 無爲無不爲 百億聖衆之讚歎如量空也 八萬魔軍之
毁謗如繫風也 雖然今日會中 有益有損 還知麼 信者敬佛故 決登樂
岸 不信者謗法故 必落苦海 如儒典所謂出乎爾者 反乎爾 咄 各回光
斷看 昔孔夫子答商太宰問曰 西方大聖人 不治不亂 蕩蕩乎民無能
名焉云 則可謂唯聖能知聖也 休靜今年八十四歲 精神恍惚 眼昏手
戰 拘於外人之懇 撰文書石 文字俱荒 不免後譏 惶愧惶愧 惟通達君
子 幸垂恕

萬曆三十一年 三月 初吉建

5. 황룡사 자료

진흥왕 14년(553) 봄 2월에 왕이 담당 관청에 명하여 새 궁궐을 월성月城의 동쪽에 짓게 했는데 황룡黃龍을 그곳에서 보았으므로 왕이 이를 이상히 여겨 불사佛寺로 삼고 이름을 내려 황룡사라고 했다.

27년(566) 황룡사 짓는 공사가 끝났다.

35년(574) 봄 3월에 황룡사의 장육존상이 주성되었는데 구리의 무게가 3만5천7근이요, 금으로 도금한 무게가 1만1백98푼分이었다.

36년(575) 황룡사의 장육존상이 눈물을 내서 발꿈치까지 흘러내렸다.

37년(576) 가을 8월에 왕이 세상을 떠나니 애공사哀公寺 북쪽 산봉우리에 장사지냈다.

왕은 어린 나이에 왕위에 올라 한결같은 마음으로 불교를 신봉했다. 말년에 이르러서는 머리를 깎고 중 옷을 입었으며 스스로 법호를 법운法雲이라 하여 한 평생을 마쳤다.

왕비도 또한 이를 본받아 영흥사永興寺에 살았는데 그녀가 세상을 떠나자 나라 사람들이 예를 갖추어 장사지냈다.

진평왕 35년(613) 가을 7월에 수나라 사신 왕세의가 황룡사에 이르자 백고좌를 베풀어 원광법사 등을 맞이하여 불경을 강설했다.

44년(622) 봄 정월에 왕이 친히 황룡사에 행차했다.

선덕여왕 5년(636) 3월에 왕이 병환이 나서 치료도 하고 기도도

드리고 했으나 효험이 없었으므로 황룡사에 백고좌를 베풀어 중들을 모아서 인왕경을 강론했으며 백 명의 사람들에게 중이 되는 것을 허락했다. 이 해에 자장법사가 당나라에 들어가서 불법을 구했다.

12년(643) 3월에 당에 들어가 불법을 구하던 자장법사가 돌아 왔다.

14년(645) 3월에 황룡사의 탑을 처음 만들었는데 이는 자장의 청에 따른 것이다.

문무왕 14년(674) 7월에 태풍이 불어 황룡사의 불전佛殿을 무너뜨 렸다.

21년(681) 왕은 서울의 성을 새롭게 하고자 의상 대사에게 물어 보았는데 대답하기를 "비록 궁벽한 시골의 초가집에 살더라도 정도 正道를 행하면 복업福業은 장구해지지만 그렇지 못한다면 비록 백성 들을 괴롭혀서 성을 만들지라도 또한 이익 됨이 없을 것입니다." 하니 왕은 이에 역사를 그만 그치었다.

성덕왕 17년(718) 여름 6월에 황룡사 탑에 벼락이 쳤다.

혜공왕 4년(768) 여름 6월에 서울에 천둥이 치고 우박이 내려 초목을 상하게 했다. 큰 별이 황룡사 남쪽에 떨어지고 지진이 일어났 는데 소리가 우레 같았으며 샘과 우물이 모두 마르고 범이 궁중에 들어왔다.

경문왕 6년(866) 정월 15일에 황룡사에 행차하여 연등燃燈을 구경 하고 백관들에게 잔치를 베풀었다.

8년(868) 여름 6월에 황룡사의 탑에 벼락이 쳤다.

11년(871) 봄 정월에 왕은 맡은 관원에게 황룡사의 탑을 고쳐서 다시 만들게 했다.

13년(873) 가을 9월에 황룡사의 탑이 중건되었는데 높이가 220척 이었다.

헌강왕 2년(876) 봄 2월에 황룡사에서 중들에게 음식을 공양하고 백고좌를 베풀어 불경을 강론케 했는데 왕은 몸소 행차하여 이것을 들었다.

12년(886) 또 황룡사에서 백고좌를 베풀어 불경을 강론하게 했다.

정강왕 2년(887) 봄 정월에 황룡사에서 백고좌를 베풀고 왕이 행차하여 설법을 들었다.

진성왕 원년(887) 황룡사에 백고좌를 베풀고 왕이 몸소 행차하여 설법을 들었다.

4년(890) 정월 15일에 황룡사에 행차하여 연등을 구경하였다.

경명왕 5년(921) 봄 정월에 김율金律이 왕에게 아뢰기를

"제가 지난해 고려에 사신으로 갔을 때 고려왕이 제게 묻기를 신라에는 세 가지 보배가 있는데 이른바 장육존상과 구층탑과 성대聖 帶가 그것이라고 들었소. 장육존상과 구층탑은 지금도 있겠지만 성대聖帶는 지금도 있는지 모르겠소." 했으므로 "저는 대답을 하지 못했습니다."라고 말했다. 왕은 이 말을 듣고 여러 신하들에게 "성대 란 어떤 보물인가?" 하고 물었으나 아는 이가 없었다. 그때 황룡사에 나이 90살이 넘은 중이 있어 말하기를 "제가 일찍이 들었는데 이 보배로운 띠는 진평대왕이 띠시던 것으로서 대대로 전해 와서 남쪽

창고에 간직되어 있습니다."고 말했다. 왕은 마침내 창고를 열어
보게 하였으나 보이지 않았다. 이에 후일에 재계하여 제사를 올린
후에야 이를 보게 되었는데 그 띠는 금과 옥으로 꾸며진 것이며
매우 길어서 보통 사람은 띨 수 없는 것이었다.

경애왕 4년(927) 3월에 황룡사 탑이 흔들리어 북쪽으로 기울어
졌다.

솔거率居는 신라인으로 한미寒微한 집에서 출생하였으므로 그
조상을 알 수 없으나 타고난 재질이 그림을 잘 그렸다. 일찍이
황룡사 벽에 노송老松을 그렸는데 나무의 체간體幹이 거칠게 비늘지
고 가지와 잎사귀가 꾸불꾸불하여 까마귀 솔개 제비 참새가 간간이
바라보고 날아들다가 어름어름하며 떨어졌다. 세월이 오래되어
색이 퇴색하자 절의 중이 단청으로 덮어 개칠을 하였더니 새들이
다시 오지 아니하였다.

_ 이상『삼국사기』

광종 원년(949) 10월에 경주 황룡사 구층탑에 불이 났다.
4년(953), 겨울 10월에 경주 황룡사 구층탑에 불이 났다.
현종 3년(1012년 5월) 경주 조유궁朝遊宮을 철거하여 그 재목으로
황룡사 탑을 수리하였다.
헌종 원년(1095) 6월 14일에 동경東京 황룡사 탑이 불탔다.
이해 8월에 동경東京 황룡사 탑을 수리하도록 명하였다.

예종 원년(1106) 3월에 황룡사 수리가 끝나니 상서尙書 김한충金漢忠을 보내 낙성하게 했다.

고종 25년(1238), 몽고 군사가 동경東京에 들이닥쳐 황룡사 탑皇龍寺塔을 불태웠다.

_『고려사』

가섭불 연좌석

『옥룡집玉龍集』과 자장전慈藏傳, 그리고 여러 고승의 전기에 모두 이렇게 말했다.

신라의 월성月城의 동쪽, 용궁龍宮의 남쪽에 가섭불迦葉佛의 연좌석宴坐石이 있으니, 이곳은 곧 전불前佛 시대의 가람(伽藍, 절) 터이며, 지금 황룡사皇龍寺 터는 곧 일곱 가람의 하나이다.

국사에 의하면, 진흥왕 즉위 14년, 개국開國 3년 계유(癸酉, 553) 2월 새 궁궐을 월성月城 동쪽에 짓게 했는데 누런 용이 그 땅에서 나타났다. 왕은 이를 이상히 여겨 고쳐서 황룡사皇龍寺로 삼았다. 연좌석은 불전佛殿 후면에 있었다. 일찍이 한 번 참배했는데 연좌석의 높이는 5, 6척이나 되었으나 그 둘레는 거의 세 발(三肘)이나 되었다. 우뚝하게 서 있는데 그 위는 편편했다. 진흥왕이 절을 창건한 이후로 두 번이나 화재를 겪어 돌이 갈라진 곳이 있었으므로 절의 중이 여기에 쇠를 붙여서 보호하였다.

예찬한다.

불교의 침체함은 아득히 기억할 수 없는데
오직 연좌석만이 의연히 남아 있네.
상전桑田이 몇 번이나 창해滄海로 변했는데
애틋이도 우뚝한 채 그 자리에 남았구나.

이윽고 몽고병란 이후에 불전佛殿과 탑은 모두 타버리고 이 연좌석
도 역시 흙에 파묻혀 거의 지면과 같이 편편해졌다.

『장아함경長阿含經』을 보면 가섭불迦葉佛은 바로 현겁賢劫의 세
번째 부처이며 사람의 수명이 2만 세 때에 세상에 출현하였다고
한다. 여기에 의거해서 증감법增減法으로 계산하면 언제나 성겁成劫
의 시초에는 모두 한량없는 수명을 누렸다. 이것이 점점 줄어 수명이
8만 세에 이르면 그때가 바로 주겁住劫의 시초가 된다. 이로부터
또 백년마다 한 살씩 줄어들어 수명이 10세가 되면 일감一減이 되고
또 증가하여 사람의 나이 8만 세가 되면 일증一增이 된다. 이와
같이 20번 줄고 20번 늘어나면 한 주겁住劫이 된다.

이 한 주겁 동안에 1천명의 부처가 세상에 출현하는데, 지금
본사本師인 석가불釋迦佛은 네 번째의 부처이다. 이 네 번째의 부처는
모두 제9감第九減 중에 출현한다. 석가세존의 백 세의 수명으로부터
가섭불의 2만 세까지는 이미 2백만여 년이 지났다.

만일 현겁賢劫 시초의 첫째 부처였던 구류손불拘留孫佛 때에 이르
면 또 몇 만 세가 된다. 구류손불 때로부터 위로 올라가 겁초劫初의
무량세無量歲를 누리던 때까지는 또 얼마나 될 것인가? 석가세존이

(열반하신 이래로) 지금의 지원至元 18년 신사(辛巳, 1281)까지는 이미 2,230년이고 보면 구류손불로부터 가섭불 때를 지나서 지금에 이르기까지는 또 몇 만 세나 되겠는가.

王龍集及慈藏傳 與諸家傳紀皆云 新羅月城東龍宮南 有迦葉佛宴坐石 其地卽前佛時伽藍之墟也 今皇龍寺之地 卽七伽藍之一也 按國史 眞興王卽位十四 開國三年癸酉二月 築新宮於月城東 有皇龍現其地 王疑之 改爲皇龍寺 宴坐石在佛殿後面 嘗一謁焉 石之高可五六尺來 圍僅三肘 幢立而平頂 眞興創寺已來 再經災火 石有拆裂處 寺僧貼鐵爲護 乃有讚曰 惠日沉輝不記年 唯餘宴坐石依然 桑田幾度成滄海 可惜巍然尙未遷 旣而西山大兵已後 殿塔煨燼 而此石亦夷沒 而僅與地平矣 按阿含經 迦葉佛是賢劫第三尊也 人壽二萬歲時 出現於世 據此以增減法計之 每成劫初 皆壽無量歲 漸減至壽八萬歲時 爲住劫之初 自此又百年減一歲 至壽十歲時 爲一減 又增至人壽八萬歲時 爲一增 如是二十減二十增 爲一住劫 此一住劫中有千佛出世 今本師釋迦是第四尊也 四尊皆現 於第九減中 自釋尊百歲壽時 至迦葉佛二萬歲時 已得二百萬餘歲 若至賢劫初第一尊拘留孫佛時 又幾萬歲也 自拘留孫佛時 上至劫初無量歲壽時 又幾何也 自釋尊下至于今至元十八年辛巳歲 已得二千二百三十矣 自拘留孫佛 歷迦葉佛時 至于今 則直幾萬歲也

황룡사 장육존상

신라 제24대 진흥왕 즉위 14년 계유(癸酉, 553) 2월에 장차 궁궐을 용궁龍宮의 남쪽에 지으려 했는데 그곳에 황룡이 나타나 있었으므로 이에 고쳐 짓고 절로 삼았는데 호를 황룡사黃龍寺라고 했다. 기축(己丑, 569)년에 주위에 담장을 쌓고 17년 만에 비로소 끝마쳤다. 얼마 후 바다 남쪽에 큰 배 한 척이 떠와서 하곡현의 사포絲浦에 정박했다. 이 배를 조사해 보니 편지가 있었다. 편지에 이르기를,

"서축西竺 아육왕阿育王은 구리 5만7천 근과 황금 3만 푼을 모아서 장차 석가 3존상을 주조하려 했으나 이루지 못하고 배에 실어 바다에 띄워 보내면서 축원하기를 '원컨대, 인연 있는 국토에 가서 장육존상 丈六尊像을 이루어 달라.'고 하면서 한 부처와 두 보살상의 모양도 함께 실려 있었다. 이에 현의 관리가 문서로 왕께 아뢰었다.

왕은 칙사를 보내 그 고을 성城 동쪽의 높고 전망 좋은 곳을 골라 동축사東竺寺를 창건하고 그 3존상을 모셨다. 그 금과 구리는 서울로 수송하여 대건 6년 갑오(甲午, 574) 3월에 장육존상을 주조 하였는데 단번에 이루어졌다.

무게는 3만5천7근이고 황금 1만1백98푼이 들었다. 두 보살상에는 구리 1만2천근과 황금 1만1백36푼이 들었다. 황룡사에 봉안하였는데 이듬해(575)에 장육존상이 눈물을 발꿈치까지 흘러내려 바닥이 1척 가량이 젖었다. 이는 진흥왕이 승하하실 조짐이었다. 혹은 불상이 진평왕 때에 이루어졌다는 설도 있지만 잘못이다.

별본別本에는 이렇게 적혀 있다. 아육왕이 서축 대향화국에서 부처가 세상을 떠난 백여 년 후에 태어났으므로 진신(眞身, 석가여래)에 공양하지 못함을 한스럽게 여겨 금과 구리 약간을 모아서 세 번이나 불상을 주조하려 했으나 이루지 못하였다.

그때 왕의 태자가 홀로 이 일에 참여하지 않았으므로 왕이 까닭을 물으니 태자가 아뢰었다. "홀로 힘쓰는 것은 공덕이 아니므로 일찍이 이루어지지 않을 줄 알고 있었습니다." 하니 왕은 그렇게 여겨 그것을 배에 실어 바다에 띄워 보냈다.

남염부제 16대국과 5백 중국 십천十千소국 8만 촌락을 두루 돌아다니지 않는 데가 없었으나 모두 주조하지 못하고 최후로 신라국에 이르러 진흥왕이 문잉림文仍林에서 주조하여 불상을 이룩하니 상호가 모두 갖추어졌다. (범어인) 아육阿育은 한역하여 무우無憂라고 한다.

후에 대덕 자장慈藏 중국에 유학하여 오대산에 이르러 감응하였는데 문수보살이 감응하였는데 현신하여 비결을 주며 부촉하였다.

"너희 나라 황룡사는 석가釋迦와 더불어 가섭불迦葉佛이 강연하시던 곳인데 연좌석宴坐石이 지금도 남아있다.

그러므로 천축 무우왕(無憂王, 아육왕)이 구리 약간을 모아 바다에 띄웠는데 1천3백여 년이 지나서 너희 나라에 도착하여 불상이 이루어져 그 절에 모셔진 것이다. 대개 위덕의 인연으로 그렇게 된 것이다." 불상이 이루어진 후 동축사東竺寺 3존상도 역시 이 절에 옮겨 와 봉안하였다.

절에 있는 기록에는 진평왕 6년 갑진(甲辰, 584)에 이 절의 금당金堂이 조성되었으며, 선덕왕 때의 첫 사주寺主는 진골 환희법사歡喜師였고 두 번째는 자장 국통國統이요, 다음은 국통 혜훈惠訓이고 다음은 상률사廂律師라 했다.

이제 몽고병란이 있은 후 큰 불상과 두 보살상은 다 녹아 없어지고 작은 석가상 만이 남아 있다.

예찬한다.

세상 어디인들 불국토가 아니랴만
향화香火의 인연은 우리나라가 최고라네
아육왕이 손대기 어려운 일 아니지만
월성月城의 옛 행장 찾아오심이다.

新羅第二十四 眞興王卽位十四年癸酉二月 將築紫宮於龍宮南 有黃龍現其地 乃改置爲佛寺 號黃龍寺 至己丑年 周圍墻宇 至十七年方畢 未幾海南有一巨舫 來泊於河曲縣之絲浦(今蔚州谷浦也) 撿看有牒文云 西笁阿育王 聚黃鐵五萬七千斤 黃金三萬分(別傳云四十萬七千斤 金一千兩恐誤 或云三萬七千斤) 將鑄釋迦三尊像未就 載紅泛海而祝曰 願到有緣國土 成丈六尊容 幷載模樣一佛二菩薩像 縣吏具狀上聞 勅使卜其縣之 城東爽塏之地 創東竺寺 邀安其三尊 輸其金鐵於京師 以大建六年甲午三月(寺中記云 癸巳十月十七日) 鑄成丈六尊像 一鼓而就 重三萬五千七斤 入黃金一萬

一百九十八分 二菩薩入鐵一萬二千斤 黃金一萬一百三十六分 安

於皇龍寺 明年像淚流至踵 沃地一尺 大王升遐之兆 或云像成在眞

平之世者 謬也 別本云 阿育王在西竺大香華國 生佛後一百年間

恨不得供養眞身 歛化金鐵若干斤 三度鑄成無功 時王之太子 獨不

預斯事 王使詰之 太子奏云 獨力非功 曾知不就 王然之 乃載舡泛海

南閻浮提十六大國 五百中國 十千小國 八萬聚落 靡不周旋 皆鑄不

成 最後到新羅國 眞興王鑄之於文仍林 像成 相好畢備 阿育此翻無

憂 後大德慈藏西學 到五臺山 感文殊現身授訣 仍囑云 汝國皇龍寺

乃釋迦與迦葉佛講演之地 宴坐石猶在 故天竺無憂王 聚黃鐵若干

斤泛海 歷一千三百餘年 然後乃到而國成安其寺 蓋威緣使然也

(與別記所載 符同) 像成後 東竺寺三尊 亦移安寺中 寺記云 眞平六

年甲辰 金堂造成 善德王代 寺初主眞骨歡喜師 第二主慈藏國統

次國統惠訓 次廂律師云 今兵火已來 大像與二菩薩皆融沒 而小釋

迦猶存焉 讚曰 塵方何處匪眞鄕 香火因緣最我邦 不是育王難下手

月城來訪舊行藏

황룡사 구층탑

신라 제27대 선덕여왕 즉위 5년인 정관貞觀 10년 병신(丙申, 636)에
자장법사慈藏法師가 중국으로 유학하여 오대산에서 문수보살이 감
응하여 법을 주었다.
문수보살은 또 말했다.

"너희 국왕은 바로 천축天竺 찰제리종刹帝利種의 왕으로, 이미 부처님의 수기受記를 받았으므로 특별한 인연이 있어 동이 공공共工의 종족과는 같지 않다. 그러나 산천이 험준한 까닭으로 사람들의 성품이 추솔하고 패려하여 사견邪見을 많이 믿어서 때때로 혹 천신天神이 재앙을 내리기도 하지만 다문 비구多聞比丘가 나라 안에 있기 때문에 군신이 편안하고 만백성이 화평한 것이다." 말을 마치자 사라졌다. 자장은 이것이 대성大聖의 변화인 줄 알고 슬피 울면서 물러갔다. 자장이 중국의 태화지太和池 가를 지나는데 문득 어떤 신인神人이 나타나서 물었다.

"어떻게 이곳에 왔소?" 자장은 대답했다.

"깨달음을 구하고자 함입니다."

신인은 예배하고 또 물었다.

"그대 나라에 어떤 어려운 일이 있소?" 자장은 대답했다.

"우리나라는 북으로 말갈靺鞨에 연해 있고 남으로는 왜인들과 접해 있고 고구려와 백제 두 나라가 번갈아 변경을 침범하여 이웃의 도적이 횡행하니 이것이 백성들의 걱정입니다." 신인이 말했다.

"지금 그대 나라는 여자로 임금을 삼았으므로 덕은 있으나 위엄이 없어 그것 때문에 이웃 나라가 침략을 도모하니 그대는 속히 본국으로 돌아가야 하오." 자장이 물었다.

"돌아가서 장차 무슨 이익 되는 일을 해야 합니까?" 신인은 말했다.

"황룡사의 호법용護法龍은 나의 맏아들이요. 범왕梵王의 명을 받고 그 절에 와서 보호하고 있으니 본국으로 돌아가 절 안에 구층탑을 세우면 이웃 나라는 항복하고 구한九韓은 조공하여 올 것이며 왕조는 길이 평안할 것이오.

탑을 세운 뒤에는 팔관회八關會를 베풀고 죄인을 놓아주면 외적이 침해하지 못할 것이오. 다시 나를 위하여 경기京畿의[279] 남쪽 언덕에 정사 한 채를 지어 내 복을 빌어주오. 나 역시 그 은덕을 갚겠소." 말을 마치자 옥玉을 바치고 문득 사라졌다.

정관貞觀 17년 계묘(癸卯, 643) 3월 16일에 자장법사는 당나라 황제가 준 불경 불상 가사 폐백幣帛 등을 가지고 본국으로 돌아와서 탑 세울 일을 임금에게 아뢰었다.

선덕여왕이 여러 신하들에게 이 일을 의논하니 신하들은 말하기를,

"백제에서 기술자를 청해야만 될 것입니다." 이에 보물과 비단으로써 백제에 청했다. 아비지阿非知라는 장인이 명을 받고 와서 목재와 석재로써 경영하고 이간伊干 용춘龍春이 그 공사를 주관하는데 거느린 소장小匠이 2백 명이었다.

처음 찰주剎柱를 세우던 날, 아비지의 꿈에 본국 백제가 멸망하는 형상을 보았다. 장인은 의심이 나서 일손을 멈추었다. 갑자기 대지가 진동하더니 어두컴컴한 속에서 노승老僧 한 사람과 장사壯士 한 사람이 금전金殿의 문에서 나와 그 기둥을 세우고는 그들은 모두 사라지고 보이지 않는 것이었다. 장인은 이에 마음을 고쳐먹고

---

279 여기에 경기京畿는 경사京師의 오기

그 탑을 완성시켰다.

찰주기刹柱記에 이르기를, 철반鐵盤 이상의 높이는 42척이고 철반 이하는 183척이라 했다. 자장이 오대산에서 받아 가져온 사리 100과顆를 구층탑과 통도사 계단戒壇 및 또 태화사太和寺 탑에 나누어 모셨으니, 이것은 태화지에서 보았던 용의 청에 따른 것이다.

탑을 세운 후에 천지가 형통하고 삼한三韓이 통일되었으니 어찌 탑의 영험이 아니겠는가. 그 후에 고려왕이 신라를 치려고 모의하다가 말했다.

"신라에는 세 가지 보배가 있어 침범할 수 없다고 하니 이는 무엇을 말하는 것이냐?"

"황룡사 장육존상과 구층탑, 그리고 진평왕의 천사옥대天賜玉帶입니다."

마침내 그 침범할 계획을 중지하였다. 주周나라에 구정九鼎이 있어서 초楚나라 사람이 감히 주나라를 엿보지 못했다고 하니 이러한 따위일 것이다.

예찬한다.

귀신이 부축한 듯 제경帝京을 압도하니

휘황한 금벽金碧에 용마루는 날아갈듯 꿈틀거리네.

올라가 굽어보면 어찌 구한九韓만이 항복하랴

비로소 건곤乾坤이 특별한 지평 열림을 깨달았네.

또 해동의 명현名賢 안홍安弘이 지은『동도성립기東都成立記』에
이런 기록이 있다.

신라 제 27대에는 여왕이 주인이 되니 비록 도道는 있어도 위엄이
없어서 구한九韓이 침범하는 것이다. 만일 용궁 남쪽 황룡사에 구층
탑을 세우면 곧 이웃 나라가 침범하는 재앙을 진압할 수 있을 것이다.
제1층은 일본, 제2층은 중화中華, 제3층은 오월吳越, 제4층은 탁라
(托羅, 탐라), 제5층은 응유鷹遊, 제6층은 말갈靺鞨, 제7층은 거란契
丹, 제8층은 여적女狄, 제9층은 예맥濊貊이다.

또 국사 및 이 절의 고기古記에 의하면,

진흥왕 14년 계유(癸酉, 553)에 황룡사를 처음 창건한 후에 선덕왕
때인 정관 19년 을사(乙巳, 645)에 구층탑이 처음 이루어졌다.

제32대 효소왕이 즉위 7년, 성력聖曆 원년 무술(戊戌, 698) 6월에
벼락을 맞았다.

제33대 성덕왕 경신(庚申, 720)년에 다시 수축했다.

제48대 경문왕 때인 무자(戊子, 868) 6월에 두 번째 벼락을 맞았으
나 그 임금 때에 세 번째로 중수重修하였다.

본조(고려) 광종光宗 즉위 5년 계축(癸丑, 953) 10월에는 세 번째
벼락을 맞았다.

현종顯宗 13년 신유(辛酉, 1021)에 네 번째 수축했다.

또 정종靖宗 2년 을해(乙亥, 1035)에 네 번째 벼락을 맞았다.

또 문종文宗 갑진(甲辰, 1064)년에 다섯 번째 다시 수축했다.

또 헌종獻宗 말년 을해(乙亥, 1095)에 다섯 번째 벼락을 맞았다.

숙종肅宗 원년 병자(丙子, 1096)에 여섯 번째 수축했다.

또 고종高宗 26년 무술(戊戌, 1238) 겨울에 몽고의 병화兵火로 구층탑과 장육전丈六殿과 당우堂宇가 모두 불탔다.

新羅第二十七 善德王卽位五年 貞觀十年丙申 慈藏法師西學 乃於 五臺感文殊授法(詳見本傳) 文殊又云 汝國王是天竺刹利種王 預 受佛記 故別有因緣 不同東夷共工之族 然以山川崎嶮 故人性麤悖 多信邪見 而時或天神降禍 然有多聞比丘 在於國中 是以君臣安泰 萬庶和平矣 言已不現 藏知是大聖變化 泣血而退 經由中國太和池 邊 忽有神人出問 胡爲至此 藏答曰 求菩提故 神人禮拜 又問汝國有 何留難 藏曰我國北連靺鞨 南接倭人 麗濟二國 迭犯封陲 隣寇縱橫 是爲民梗 神人云 今汝國以女爲王 有德而無威 故隣國謀之 宜速歸 本國 藏問歸鄕將何爲利益乎 神曰皇龍寺護法龍 是吾長子 受梵王 之命 來護是寺 歸本國 成九層塔於寺中 隣國降伏 九韓來貢 王祚永 安矣 建塔之後 設八關會 赦罪人 則外賊不能爲害 更爲我於京畿南 岸 置一精廬 共資予福 予亦報之德矣 言已 遂奉玉而獻之 忽隱不現 (寺中記云 於終南山圓香禪師處 受建塔因由) 貞觀十七年癸卯十 六日 將唐帝所賜 經像袈裟幣帛而還國 以建塔之事聞於上 善德王 議於群臣 群臣曰 請工匠於百濟 然後方可 乃以寶帛請於百濟 匠名 阿非知 受命而來 經營木石伊干龍春(一云龍樹) 幹蠱 率小匠二百 人 初立刹柱之日 匠夢本國百濟滅亡之狀 匠乃心疑停手 忽大地震 動 晦冥之中 有一老僧一壯士 自金殿門出 乃立其柱 僧與壯士 皆隱

不現 匠於是改悔 畢成其塔 刹柱記云 鐵盤已上高四十二尺 已下一
百八十三尺 慈藏以五臺所授舍利百粒 分安於柱中 并通度寺戒壇
及太和寺塔 以副池龍之請 樹塔之後 天地開泰 三韓爲一 豈非塔之
靈蔭乎 後高麗王將謀伐羅 乃曰 新羅有三寶 不可犯也 何謂也 皇龍
丈六 并九層塔 與眞平王天賜玉帶 遂寢其謀 周有九鼎 楚人不敢北
窺 此之類也 讚曰 鬼拱神扶壓帝京 輝煌金碧動飛甍 登臨何啻九韓
伏 始覺乾坤特地平 又海東名賢安弘撰東都成立記云 新羅第二十
七代 女王爲主 雖有道無威 九韓侵勞 若龍宮南皇龍寺 建九層塔
則隣國之災可鎭 第一層日本 第二層中華 第三層吳越 第四層托羅
第五層鷹遊 第六層靺鞨 第七層丹國 第八層女狄 第九層獩貊 又按
國史及寺中古記 眞興王癸酉創寺後 善德王代貞觀十九年乙巳 塔
初成 三十二孝昭王卽位七年 聖曆元年戊戌六月 霹靂(寺中古記
云 聖德王代誤也 聖德王代無戊戌) 第三十三聖德王代庚申歲 重
成 四十八景文王代戊子六月 第二霹靂 同代第三重修 至本朝光宗
卽位五年癸丑十月 第三霹靂 顯宗十三年辛酉 第四重成 又靖宗二
年乙亥 第四霹靂 又文宗甲辰年 第五重成 又獻宗末年乙亥 第五霹
靂 肅宗丙子 第六重成 又高宗二十六年戊戌冬月 西山兵火 塔寺丈
六殿宇皆災

황룡사 종

신라 제35대 경덕대왕이 천보天寶 13년 갑오(甲午, 754)에 황룡사의 종을 주조했는데, 길이는 10척 3촌寸이요, 두께는 9촌, 무게는 497,581근이었다. 시주는 효정이왕孝貞伊王 삼모부인三毛夫人이요, 장인은 이상택里上宅의 하전下典이었다. (당나라) 숙종肅宗 때에 새 종을 만들었는데 길이가 6척 8촌이었다.

新羅第三十五 景德大王 以天寶十三年甲午 鑄皇龍寺鍾 長一丈三寸 厚九寸 入重四十九萬七千五百八十一斤 施主孝貞伊王三毛夫人 匠人里上宅下典 肅宗朝 重成新鍾 長六尺八寸

천사옥대天賜玉帶

진평왕이 즉위한 원년에 천사天使가 궁전의 뜰에 내려와 말하기를
"상제上皇께서 나에게 명하여 이 옥대를 전해 주라고 하셨습니다."
하였다.

왕이 친히 꿇어앉아 그것을 받으니 천사가 하늘로 올라갔다. 무릇 교묘郊廟[280]와 대사大祀에는 항상 이것을 허리에 찼다. 후에 고려왕이 신라 정벌을 도모하면서 말하기를 "신라에는 세 가지 보물이 있어 범할 수 없다고 하는데, 무엇을 말하는 것인가?" 하자,
"황룡사皇龍寺의 장육존상丈六尊像이 그 첫째요, 그 절의 구층탑이 둘째이며, 진평왕의 천사옥대가 그 셋째입니다." 하였다. 이 말을

---

280 교묘郊廟: 천지天地의 제사와 조상祖上의 제사.

들고 정벌할 계획을 그치었다.

創位元年 有天使降 於殿庭謂王曰 上皇命我 傳賜玉帶 王親奉跪受
然後其使上天 凡郊廟大祀 皆服之 後高麗王 將謀伐羅乃曰 新羅有
三寶 不可犯何謂也 皇龍寺 丈六尊像一 其寺九層塔二 眞平王 天賜
玉帶三也 乃止其謀

_이상 『삼국유사』

황룡사 찰주본기

시독侍讀 우군대감右軍大監이며 성공省公을 겸한 신 박거물朴居勿
이 왕명을 받들어 지음

황룡사 구층탑은 선덕대왕 때에 세운 것이다.

옛날 선종랑善宗郎이라는 진골 귀인貴人이 있었다. 그는 어려서
사냥을 좋아하여 매를 놓아 꿩을 잡았는데 꿩이 눈물을 흘리며
울자 이에 감동하여 발심하고 출가하여 불도에 들어갈 것을 청하고
법호를 자장慈藏이라고 했다.

선덕대왕 즉위 7년 당 정관 12년 우리나라 인평仁平 5年 무술戊戌년
에 신라 사신 신통神通을 따라 당나라에 들어갔다. 선덕대왕 12년
계묘癸卯년 신라에 돌아오고자 하여 종남산終南山 원향선사圓香禪師

에게 머리 조아려 작별인사를 하니 선사가 이르기를, "내가 관심觀心으로 공의 나라를 보니 황룡사에 구층탑을 세우면 해동의 모든 나라가 모두 그대 나라에 항복할 것이오." 하였다.

자장은 이 말을 가지고 귀국하여 신라 조정에서 이 말을 듣고 이에 이간伊干 용수龍樹를 감독관으로 임명하고 대장大匠 백제인 아비지阿非知 등이 소장小匠 2백 인을 거느리고 이 탑을 조성하였다.

〔새긴 이 승려 총혜聰惠〕

선덕여왕 14년 을사乙巳년 4월에 처음 찰주剎柱를 세우고 공사를 시작하여 이듬해에 공사를 마쳤다. 철반 이상의 높이는 42척 이하의 높이는 183척尺[281]이었다. 과연 삼한이 합하여 통일되고 군신이 안락한 것은 지금에 이르기까지 이에 힘입은 것이다.

(탑을 세운 지) 190여 년을 지나 문성대왕 때에 이르니 이미 오래 되어 동북쪽으로 기울어졌다. 국가에서 무너질까 두려워하여 고쳐 세우고자 여러 재목을 모은 지 30여 년이 되어도 아직 고쳐 세우지 못하였다.

경문왕이 즉위한 11년인 함통咸通 신묘辛卯년에 탑이 기울어진 것을 한스럽게 여기고 이에 친 동생인 상 재상上宰相인 이간伊干 위홍魏弘이 책임자가 되고 황룡사 사주寺主 혜흥惠興을 문승聞僧 수감전脩監典으로 삼아 그들과 대통大統 정법화상政法和尙인 대덕

_____

281 6척六尺을 보步라 한다.

306

현량賢亮, 대통大統 겸 정법화상인 대덕 보연普緣과 강주康州 보중 아간輔重阿干인 견기堅其 등 승려와 속인들이 그해 8월 12일, 처음으로 낡은 탑을 헐고 새로 조성하도록 했다.

〔새긴 이 신 소연전小連全〕

그 안에 다시 『무구정광대다라니경無垢淨光大陁羅尼經』에 의거하여 소석탑小石塔 99구軀를 안치하고 각각의 작은 소석탑마다 사리 1개씩을 넣고 다라니 네 가지와 경 1권을, 경 위에 사리 1구具를 철반의 위에 안치하였다. 이듬해 7월에 구층탑을 완성하였다. 그러나 찰주刹柱는 움직이지 않으나 왕께서 찰주에 봉안한 사리가 어떠한지 염려하여 이간伊干인 승지承旨에게 임진년 11월 6일에 여러 관료들과 함께 가보도록 하였다. 기둥을 들게 하고 보니 초석礎石의 홈 안에 금과 은으로 만든 고좌高座가 있고 그 위에 사리가 든 유리병을 봉안하였다.

그 보물은 불가사의한데 다만 조성한 날짜와 사유를 적은 것이 없었다. 25일에 본래대로 해두고 다시 사리 백 과와 법사리法舍利 두 가지를 추가로 봉안하였다. (왕이) 탑을 처음 세운 근원과 고쳐 세운 사유를 대략 기록하도록 명하여 만겁이 지나도록 후세 사람들에게 미혹되지 않게 드러내어 보이도록 하였다.

함통 13년 임진(壬辰, 872)년 11월 25일에 기록하다.

숭문대랑 겸 춘궁 중사성崇文臺郎兼春宮中事省 신 요극일姚克一은 왕명을 받들어 쓰다.

〔새긴 이 박사博士 신 연전連全〕

皇龍寺 刹柱本記

　　　　　　　　侍讀 右軍大監 兼省公 臣 朴居勿 奉敎 撰

詳夫 皇龍寺九層塔者 善德大王代之所建也.

昔有善宗郎 眞骨貴人也 少好殺生 放鷹摯雉 雉出淚而泣 感此發心 請出家入道 法號慈藏

大王卽位七年 大唐貞觀十二年 我國 仁平五年 戊戌歲 隨我使神通 入於西國. 王之十二年 癸卯歲 欲歸本國, 頂辭南山圓香禪師 禪師 謂曰 吾以觀心 觀公之國 皇龍寺 建九層窣堵波 海東諸國 渾降汝 國. 慈藏持語而還 以聞. 乃命 監君 伊干龍樹 大匠 百濟阿非等 率小匠二百人 造斯塔焉.

(鐫字僧聰惠)

其十四年歲次乙巳 始構建 四月○○ 立刹柱 明年乃畢功 鐵盤已上 高七步 巳下高卅步三尺 果合三韓 以爲○○ 君臣安樂 至今賴之. 歷一百九十○○ 旣于文聖大王之代 ○○旣久 向東北傾 國家恐墜 擬將改○ ○致衆材 三十餘年 其未改構.

今上卽位十一年 咸通辛卯歲 恨其○傾 乃命親弟 上宰相伊干魏弘
爲○臣 寺主 惠興 爲聞僧及脩監典 其人○大統 政法和尙 大德
賢亮 大統兼政法和尙 大德普緣 康州輔重阿干堅其等 道俗 以其年
八月十二日 始廢舊造新.

(鐫字臣小連全)

其中更依無垢淨經 置小石塔九十九軀 每軀納舍利一枚 陀羅尼四
種 經一卷 卷上安舍利一具 於鐵盤之上 明年七月 九層畢功. 雖然
刹柱不動 上慮柱本舍利如何 令臣伊干承旨 取壬辰年十一月六日
率群僚而往 專令擧柱觀之 礎臼之中 有金銀高座 於其上 安舍利琉
璃瓶 其爲物也 不可思議 唯無年月事由記 廿五日 還依舊置 又加安
舍利一百枚 法舍利二種 專命記題事由 略記始建之源 改作之故
以示萬劫 表後迷矣.

咸通十三年 歲次壬辰 十一月 廿五日記.

崇文臺郎 兼春宮 中事省 臣 姚克一 奉敎書.

(鐫字助 博士 臣連全)

성전成典

감수성탑사監脩成塔事 수병부령守兵部令 평장사平章事 이간伊干 신
臣 김위홍金魏弘

상당上堂 전 병부대감前兵部大監 아간阿干 신臣 김이신金李臣,

창부경倉部卿 일길간一吉干 신臣 김단서金丹書.

적위赤位 대내마大奈麻 신臣 신김현웅新金賢雄.

청위靑位 내마奈麻 신臣 신김평긍新金平矜, 내마奈麻 신臣 김종유金宗猷,

내마奈麻 신臣 김흠선金歆善, 대사大舍 신臣 김신행金愼行.

황위黃位 대사大舍 신臣 김긍회金兢會, 대사大舍 신臣 김훈행金勛幸,

대사大舍 신臣 김심권金審卷, 대사大舍 신臣 김공립金公立.

도감전道監典

전 국통前國統 승 혜흥僧惠興.

전 대통 정법화상前大統政法和尙 대덕 현량大德賢亮. 전 대통 정법

화상前大統政法和尙

대덕 보연大德普緣.

대통大統 승 담유僧談裕. 정법화상政法和尙 승 신해僧神解.

보문사普門寺 상좌上座 승 은전僧隱田. 당사 상좌當寺上座 승 윤여僧

允如,

승 영범僧榮梵, 승 양숭僧良嵩, 승 연훈僧然訓 승 흔방僧昕芳,

승 온융僧溫融.

유나維那 승 훈필僧勛筆 승 함해僧咸解, 승 입종僧立宗, 승 수림僧秀

林.

속 감전俗監典

패강진도호浿江鎭都護 중아간重阿干 신臣 김견기金堅其.

집사시랑執事侍郎 아간阿干 신臣 김팔원金八元

내성경內省卿 사간沙干 신臣 김함희金咸熙

임관군 태수臨關郡太守 사간沙干 신臣 김욱영金昱榮.

송악군 태수松岳郡太守 대내마大奈麻 신臣 김일金鎰

당사 대유나當寺大維那

승 향○僧香○ 승僧○○ 승 원강僧元强 당사 도유나當寺都維那 승僧 ○○

감은사 도유나感恩寺都維那 승 방령僧芳另 승 연숭僧連嵩

유나維那 승 달마僧達摩 승僧○○ 승 현의僧賢義 승 양수僧良秀

승 교일僧敎日 승 진숭僧珍嵩 승 우종僧又宗 승 효청僧孝淸

승 윤교僧允皎 승僧○○ 승 숭혜僧嵩惠 승 선유僧善裕

승僧○○ 승僧○○ 승 총혜僧聰惠 승 춘○僧春○

(○사리○舍利 신 충현臣忠賢)

제6장 신라 최초의 사찰 금강산 유점사

금강산金剛山을 삼신산의 하나인 봉래산蓬萊山이라고도 하며, 『화엄경』에 금강산은 법기法起보살이 1천2백 명의 보살 권속을 거느리고 상주하는 곳이라고 하였다. 신선이 산다는 삼신산三神山이 국토의 골격을 이루고 있는 우리나라는 아득한 옛적부터 상서롭고 기이한 자취가 많았다. 우리나라의 불교전래에 관해 고구려 소수림왕 2년(372)을 해동 불교의 시초로 알려져 있지만 不교 측 사료史料들을 살펴보면 이와는 사뭇 다르다.

예컨대, 금강산 유점사는 이미 신라 제2대 남해왕 원년(서기 4년)에 인도에서 문수보살이 주조한 종과 황금불상 53구가 바다에 떠와서 유점사가 비로소 창건되었고, 더 나아가서는 신라의 황룡사는 전불前拂시대의 절터이며 석가모니와 가섭불迦葉佛 설법하시던 연

좌석宴坐石이 있다고 하였다.[282] 이리하여 유학자인 강희맹이 세조
대왕을 위해 지어 올린 글에서도,

　'이 불법이 우리나라에 흘러들어온 지는 몇 천 백년이 되었는지
알지 못하며, 때로는 임금도 귀의歸依하여 숭배하고 받들었는데
그 수효 또한 얼마인지도 알지 못합니다.' 하였다.

금강산 유점사 사적기

고려국 평장사 여흥부원군 시호 문인공文仁公

민지(閔漬, 1248~1326) 지음

　금강산은 그 이름이 다섯이 있으니 1, 개골 2, 풍악 3, 열반
4, 금강 5, 지달枳怛이다. 앞의 셋은 이 지방 고기古記에서 나왔고
뒤의 둘은 『60화엄경』에서 나왔다.[283]

　주본[284](周本, 80화엄경)에 이르되,

---

282 『삼국유사』 3권, 황룡사 장육존상
283 금강산은 산 이름이 여섯 개이다. 개골皆骨이라 하고 풍악楓岳이라 하고
　　열반涅槃이라 하는 것은 방언方言이다. 지달枳怛이라 하고 금강이라 하는
　　것은 『화엄경華嚴經』에서 나왔고, 중향성衆香城이라는 것은 『마하반야경摩
　　訶般若經』에서 나왔다. 山名有六 一日皆骨 一日楓岳 一日涅槃者 方言也
　　一日枳怛 一日金剛者 出華嚴經 一日衆香城者 出摩訶般若經 『秋江集』 제5
　　권 기記 '유금강산기遊金剛山記'
284 『80화엄경』 45권 제보살주처품諸菩薩住處品에, "바다 가운데 금강산이 있으

"해중海中에 보살이 상주하는 곳이 있으니, 이름은 금강산이고 보살의 이름은 법기法起인데 그 권속들과 함께 항상 머물며 연설하고 있다." 하였다.

진본(晉本, 60화엄경)[285]에 이르되,

"해중海中에 보살이 상주하는 곳이 있으니, 산 이름은 지달枳怛인데 보살의 이름은 담무갈曇無竭로서 1만2천 보살권속과 함께 항상 설법하고 있다." 하였다.

청량국사 소疏[286]에 이르되,

니 옛적부터 보살들이 거기 있었으며 지금은 법기法起보살이 그의 권속 1천2백 보살과 함께 그 가운데 있으면서 법을 연설하느니라." 하였다.(海中 有處 名金剛山 從昔以來 諸菩薩衆 於中止住 現有菩薩 名曰法起 與其眷屬 諸菩薩衆 千二百人俱 常在其中 而演說法)

[285] 『60화엄경』 29권 보살주처품菩薩住處品 27에, "네 큰 바다 가운데 보살들의 사는 곳이 있는데 이름은 지달枳怛로서 과거에 여러 보살들이 거기 살았고, 현재에는 담무갈 보살이 거기 살면서 만 2천 권속들과 함께 항상 설법하고 있느니라." 하였다.(四大海中 有菩薩住處 名枳怛 過去諸菩薩 常於中住 彼現有菩薩 名曇無竭 有萬二千菩薩眷屬 常爲說法)

[286] 청량국사 징관(澄觀, 738~839)의 『화엄경 소疏』에,
"금강산은 동해의 동쪽 근처에 산이 있는데 이름을 금강이라고 한다. 비록 산 전체가 금은 아니나 상하 사방의 주위 내지 산간에 흐르는 물속의 모래가 모두 금강이 있어 멀리 바라보면 전체가 금과 같다고 말한 것이다. 또 해동 사람들은 예로부터 서로 전하기를 "이 산에 왕왕 성인이 출현한다." 하였다. 그러나 진본(晉本 60화엄경)에는 이곳이 제9, 제10 장엄굴로서 함께 바다 가운데 있기 때문에 지금 이곳에 산다는 것이 이 팔방의 안쪽 동북방을 포섭한다는 뜻이기 때문이다. 만약 그렇지 않다면 어찌하여 홀연

금강金剛은 그 체體를 말하고, 지달枳怛은 그 형상을 말한다. 금강
이란 말은 그 산의 모양이 마치 백금白金을 깎아 세워 일체一體를
이루어 씻어 놓은 것과 같기 때문이고, 지달이라는 말은 범어梵語인
데 그 산의 형상이 우뚝 우뚝 높이 솟아 있는 모양이기 때문이다.

그곳에 머무는 보살의 이름은 법기法起, 또는 담무갈曇無竭이라고
한다. 소疏에 이르기를 담무갈은 범어인데 한역하여 법기라고 한다.
또 산은 실제로 육지에 있는데 경에서 해중海中이라고 하였는데
이치를 알면 옳은 것이다.

왜냐하면, 산맥은 본래 백두산에서 나왔는데 백두산은 숙신肅愼의
옛 경계인 여진女眞의 땅에 있다. 그 산의 한 맥이 바다에 들어
와서 처음엔 줄기가 미세하였으나 줄기가 등나무처럼 얽히고 서리어

히 팔방이 바다라고 바로 말하겠는가? 또 진본晉本에, "바다 가운데 두
주처住處가 있으니 일명, 지달나枳怛那이다. 현재 담무갈이라는 이름의
보살이 있는데 1만2천 보살권속이 있다." 하였다. 지달이라는 것은 갖추어
말하면 일지다(昵枳多)로 여기 말로는 용출踊出이다. 금강은 체體를 말하고
용출은 형상을 말한다. 담무갈이라는 것은 여기말로는 법생法生이라 하고
또는 법용法勇 또는 법상法尙이라 하는데, 지금의 법기와 법생 법용과 더불어
뜻이 같은 것이다." 하였다.(金剛山謂東海近東有山 名之爲金剛 雖非全体
是金 而上下四周 乃至山間流水砂中 皆悉有金 遠望卽謂全體是金 又海東人
自古相傳 此山往往有聖人出現 然晉本此處當其第九以與第十莊嚴窟 俱在
海中故 而今居此者意是八方之內 東北方攝故 若不然者何以正說 八方忽然
語海 又晉本海中有二住處 一名枳怛那 現有菩薩名曇無竭 有萬二千菩薩眷
屬 言枳怛者 具云昵枳多 此云踊出 金剛語體 踊出語狀 曇無竭者 此云法生
亦云法勇 亦云法尙 今言法起 與生勇義同)

삼한의 땅을 이루었다. 그러므로 천축天竺에서 그러는 것만은 아니다. 중국의 모든 나라가 또한 우리를 가리켜 해중海中이라고 하니 곧 또한 의심할 것이 없다.

고려 건국 초기에 도선 국사가 신통한 도안道眼으로 그 지리를 밝히고 점쳐서 말한 가운데 백에 하나도 차이가 없었다. 도선이 이 산에 대하여 이르기를 "구름에 높이 솟아 바다에 잇닿은 황룡黃龍의 형세이다. 골짜기 안에 세 구역 특별한 지평이 있는데 턱 밑의 한 구역은 불국佛國이라 하고 뱃속의 두 방죽은 인성人城이다." 하였는데 지금의 마하연摩訶衍은 바로 턱밑의 한 구역이다.

신라 고기에 이르되, 의상법사가 처음 오대산에 들어갔다가 다음에 이 산에 들어왔는데 담무갈 보살이 현신하여 고하기를 "오대산은 행行이 있어야 몇 사람이 출세出世할 땅이고, 이 산은 행行이 없어도 무수한 사람이 출세할 땅이라." 하였다.

세상에 전하기를 의상은 금산보개여래金山寶蓋如來의 후신後身이라고 한다.

만약 그렇다면 반드시 잊지 않도록 이 말을 전해야 할 것이다.

과연 지금 산 아래에 정양正陽, 장연長淵 두 절의 노비와 인근 지역 주민, 남녀노소 부지런하고 게으르고 현명하고 어리석은 사람을 논할 것 없이 임종 때에는 모두가 소연蕭然히 앉아서 해탈하니 어찌 눈앞의 징험이 아니겠는가!

산의 동쪽 골짜기에 절이 있어 유점楡岾이라고 하는데 53불佛 존상尊像이 있다. 고기에 살펴보면 이르기를,

옛날 주나라 소왕昭王 26년 갑인(甲寅, B.C 1027)년 4월 8일에 우리 부처님 석가여래께서 중천축 가비라국 정반왕궁에서 탄강하시었다. 나이 19세에 성을 넘어 출가하여 설산雪山에 들어가 고행한지 6년 만에 정각正覺을 이루어 79년간 세상에 머무르다 주나라 목왕 임신(壬申, B.C 949)년 2월 15일 밤 열반에 들었다.

부처님이 세상에 머무실 때 사위성에 9억가億家가 있었는데 3억가는 부처님을 보고 법문을 들었으며 3억가는 들었으나 보지는 못하고 3억가는 듣지도 못하고 보지도 못하였다.

우리 부처님이 멸도하신 후 문수보살이 부처님의 유촉을 받아 여러 대사大士들과 함께 성중城中에서 교화를 행하고 있었다. 위에서 본 것과 같이 부처님을 보지 못한 3억가가 애통함을 이기지 못하자 문수보살이 가르쳐 이르되, "너희들이 우리 부처님을 지성으로 경모한다면 불상을 주조하여 공양하는 것 만한 것이 없다." 하였다.

이에 3억가에게 권하여 각각 불상 하나씩을 주조할 수 있도록 금을 모으도록 하였다. 황금을 불에 들어가자 거부하여 뛰어오른 것은 받아서 돌려보내 주었다. 각각 나온 바에 따라 많고 적고 간에 불상을 이루었다. 금이 이미 균등하지 않으니 불상도 크고 작은 것이 있었다. 혹은 한 자尺가 넘고 혹은 한 자 정도 되었다.

이미 불상이 만들어지자 다시 종鐘 하나를 주조하였다. 모든 불상 가운데 상호를 온전히 갖춘 것을 가리니 53구軀였다. 합하여 종 안에 봉안하고 또 그 일을 기록하여 문서를 만들고 덮개를 주조하여 그 종을 덮어 바다에 띄우며 축원하기를 "오직 우리 본사本師 석가

53상像은 인연 있는 국토에 가서 머무르소서. 나 역시 머무는 곳에 따라 가서 말세중생을 설법하여 제도하고 해탈케 하리라." 하였다.

바다에 띄우기를 마치자 곧바로 신룡神龍이 있어 머리에 이고 떠나갔다. 월지국月氏國에 이르자 그 나라 왕의 이름은 혁치赫熾인데 이미 불상이 담긴 종을 얻어 불상을 발견하고 몸소 그 글을 기록하니 서로 공경하고 중히 여기는 마음이 생겼다. 곧 한 법당을 지어 봉안하였는데 갑자기 불이나 불전이 재가 되어버렸다.

혁치왕이 또 지으려고 하자 곧 부처가 왕의 꿈에 나타나 말하기를 "나는 여기에 머물지 않을 것이니 왕을 나를 붙들고 말리지 말라." 하였다. 왕이 놀라 깨어 다시 예전처럼 종에 봉안하고 장차 바다에 띄우려고 하면서 서원을 세워 말하기를 "오직 우리 불상과 종은 마땅히 인연 있는 국토로 향하소서. 나와 더불어 권속 수천 명은 반드시 호법선신이 되어 항상 따르며 옹호 하겠습니다." 하였다.

이에 백금白金으로 덮개 하나를 별도로 만들어 그 서원을 새겨서 종 안에 두고 다시 원래의 덮개를 덮어 몸소 바다에 띄워 보냈다. 이리하여 지금도 이 절에 월지국왕의 사당이 있다.

종은 이미 바다에 떠서 여러 나라를 다 거처서 이 산의 동쪽 안창현安昌縣 포구에 닿았다. 이때는 곧 신라 제2대 남해왕南解王 원년, 즉 전한 평제平帝 원시元始 4년(서기 4년) 갑자甲子였다.

고을 사람이 기이한 일을 발견하고 관청에 달려가 관리에게 고하였다. 그날 저녁 불상과 종을 마주 들어 뭍에 내리고 고을 태수 노춘盧偆이 소식을 듣고 관료와 하인들을 거느리고 그곳에 달려가니

다만 머물던 곳에 종적만이 진흙에 완연히 새겨져 있었다.

또 초목의 가지가 이 산을 향해 쓰러져 있었다. 곧 크게 기이하게 여기고 이 산을 바라보며 30여리 나아가니 반석에 풀을 깔아 종을 두고 잠시 쉬어간 자취를 보았는데, 지금은 이곳을 게방憇房을 말한 다. 혹은 소방消房이라는 것이 이것이다. 지금도 길 가에 종이 쉬었던 바위에 종의 흔적이 완연하게 있다.

또 천 걸음쯤 가니 문수보살이 비구比丘 모습으로 나타나 불상이 돌아간 곳을 가리켰는데, 지금의 문수촌文殊村이 이것이다. 또 천여 걸음 앞으로 가니 험준한 봉우리가 우뚝 솟았는데 봉우리에 아직 못가서 바라보니 한 비구니가 바위에 걸터앉아 있어 불상이 있는 곳을 물으니 곧장 서쪽을 가리키며 말하기를 "쏜살같이 그쪽으로 지나갔다." 하였다. 이 역시 문수보살의 화신이다. 지금의 이유암尼 遊巖 혹은 이대尼臺라고 하는 것이 이것이다. 또 다시 앞으로 가니 만길 봉우리에 좁은 길을 돌아가는데 문득 흰 개가 꼬리를 흔들며 앞에서 인도하였는데 지금의 구령狗嶺이 이곳이다.

재를 넘자 갈증이 심하여 땅을 파서 샘을 얻었는데 지금의 노춘정盧 偆井이 이것이다. 또 6백보쯤 가는데 개는 사라지고 노루가 나타났 다. 또 4백보쯤 가는데 노루 역시 보이지 않고 사람들 역시 피곤하여 바위가 많은 곳에 둘러앉아 잠깐 쉬는데 문득 종소리가 들려 기뻐 날뛰며 다시 나아갔다. 그러므로 노루가 나타난 곳을 장항獐項이라 하고 종소리를 들었던 곳을 환희령歡喜嶺이라고 한다.

종소리 나는 곳을 찾아 작은 재를 넘고 계곡을 따라 골짜기에 들어서니 소나무 잣나무가 삼엄하고 가운데 큰 연못이 있으며 연못의 북쪽 가에 느릅나무楡樹 한 그루가 있었다. 즉, 종은 느릅나무 가지에 걸려 있고 불상은 연못의 언덕에 열 지어 있었다. 이때 이상한 향기가 강렬히 풍기고 상서로운 구름이 날아올라 하늘을 채색하였다. 노춘과 관속들은 기쁨을 이기지 못하고 우러러보며 무수히 예배하였다. 마침내 돌아가 그 일을 국왕께 상주하니 남해왕이 수레를 타고 그곳에 가서 귀의歸依하여 곧 그곳에 절을 창건하여 불상을 봉안하였는데 느릅나무로 인하여 그 절의 이름을 유점사楡岾寺라고 하였다.

또 그 지역에는 본래 우물물이 없어 재일齋日에 주방에서 매일 쓰는 물을 계곡에서 길어와 어려움을 겪었는데, 하루는 문득 까마귀 떼가 절의 동북쪽 모퉁이 땅을 부리로 쪼더니 신령한 샘물이 넘쳐흘렀다. 지금의 오탁정烏啄井이 이것이다.

후에 한 중僧이 오랜 향 연기에 존상이 검게 그을린 것을 보고 씻어서 금빛 모습을 드러내려고 물을 끓여 뜨거운 물에 재를 풀어 씻으니 갑자기 뇌성과 함께 폭우가 내려 오색구름이 자욱하고 그 53불상이 모두 대들보위에 날아올라 열 지어 있었다. 그중에 세 불상은 허공을 날아가서 있는 곳을 알지 못했다. 그 중은 갑자기 발광 병이 나서 죽었다.

후에 주지 연충淵冲이 불상의 수가 모자라는 것을 탄식하여 특별히 세 불상을 주조하여 보충하였다. 그러자 옛 불상 모두 배척하여 용납하지 않았다. 그날 밤 연충대사의 꿈에 고하여 이르기를 "다른 불상을 우리 자리 사이에 두지 말라." 하였다. 후에 잃어버린 세 불상이 있는 곳을 알게 되었는데 그 둘은 구연동九淵洞 만길 바위 벼랑 위에 있어 사람의 힘이 미칠 수 있는 곳이어서 내려오지 못하고 지금도 그곳에 있다. 나머지 하나는 수정사水精寺 북쪽 절벽 위에 있었는데 절의 중이 사다리를 이어 내려와 그 절에 봉안하였다. 후에 또 선암船岩으로 옮겨 두었다가 24년이 지나 정해년에 양주襄州 수령 배유裴裕가 예전대로 봉안하였다.

무릇 이 사실을 들은 자는 비록 초동목수라도 또한 모두 송연悚然해 지는데 하물며 유식한 자들이겠는가? 각설하고, 또 종의 신령하고 기이함은 매양 큰 가뭄이 들 때 종을 물로 씻으면 비가 내렸다. 국가의 재앙이나 상서가 있을 때 감응하여 땀을 내기도 하고 근처에 산불이 나서 불길이 장차 미쳐오면 때에 절의 승려들이 크게 놀라 다만 종에 물을 뿌리면 갑자기 비가 내려 불을 꺼버린다

… 중략 …

아!

이 산은 본래 큰 성인이신 법기보살이 사는 곳이라 하여 이름이 화엄경에 실려 있으니 실로 천하의 명산이다. 이 불상 역시 문수보살 이 주조한 것으로 멀리 천축으로부터 이 산에 와서 머물러 신령스럽 고 기이한 자취를 나타냈다. 저와 같이 곧 그 유래한 바가 뚜렷하니 후세에 전하지 않으면 안 될 것이다.

대덕大德 원년(1297) 11월 日에 묵헌默軒 법희거사法喜居士가 쓰 다.[287]

金剛山 楡岾寺 事蹟記

高麗國 平章事, 驪興府院君 諡 文仁公 閔漬 撰

金剛山者 其名有五 一曰皆骨 二曰楓岳 三曰涅槃 四曰金剛 五曰枳
怛 前三 出此方古記 後二 出華嚴晉本 於周本則云 海中有菩薩住處
名金剛山 有菩薩名法起 與其眷屬 常住而演說 於晉本則云 海中有
菩薩住處 名枳怛 有菩薩名曇無竭 與其萬二千菩薩眷屬 常爲說法
淸凉疏云 金剛言其體 枳怛言其狀 言金剛者 其山之體 如洗削立
白金成一體故云 言枳怛者 梵語 此云湧出 其山之狀 屹然湧出故云
至於所住菩薩之名 一云法起 一云曇無竭 疏云 曇無竭 梵語 此云法
起 又山實在陸 經云海中者 可以理知耳 何也 山本出於白頭山 白頭
山者 在肅愼舊界女眞之地 其山一脉 來入海中 初莖微細 苽藤盤結
而成三韓之地 故 非獨天竺 爲然耳 中夏諸國 亦指我以爲海中則亦
無疑矣 國初 道詵國師 神通道眼 明其地理 言中蓍龜而百無一差
題此山云 聳雲沿海黃龍勢 谷裡三區特地平 頷下一區爲佛國 腹中
雙堰是人城 今之摩訶衍 正謂頷下一區也 新羅古記云 義湘法師
初入五臺山 次入是山 曇無竭菩薩 現身而告曰 五臺山 有行有數人
出世之地 此山 無行無數人出世之地也 世傳云 義湘 是金山寶蓋如
來後身也 若然則 必不忘傳斯語矣 果今山下 有正陽長淵兩寺之藏

穡 與夫近地黔蒼 不論老小男女勤怠賢愚 臨終率然蕭然坐脫 豈非
目前之驗也 山之東谷 有寺 曰楡岾 有五十三佛尊像 按古記云 昔周
昭王二十六年甲寅四月八日 我佛釋迦如來 誕降于中天竺迦毗羅
國淨飯王宮 年至十九 踰城出家 往入雪山 苦行六年 而成正覺 住世
七十九年 而周穆王壬申二月十五日夜入涅槃 佛住世時 舍衛城中
有九億家 三億家見佛聞法 三億家聞而不見 三億家不聞不見 我佛
滅度後 有文殊大聖 受佛遺囑 與諸大士 行化城中 見如上不見佛三
億家 哀歎不已 文殊因教之曰 汝等誠慕我佛 莫若鑄像供養 於是勸
三億家 各鑄一像 及乎聚金 金之入火騰躍者受之 否者還之 各隨所
出多少而成 金既不等 像有短長 或有盈尺 或不能尺 既鑄像已 復鑄
一鐘 擇諸像中相好全備者 五十有三 合安于鐘內 又爲文以記其事
鑄盖以覆其鐘 泛于海而祝之曰 唯我本師釋迦五十三像 往住有緣
國土 我亦隨所住處 說法度脫末世衆生耳 泛訖 即有神龍 戴之而行
至月氏國 其國王名赫熾 既得佛鐘 發見尊像 躬其誌文 相生敬重
即營一殿以奉安 殿忽成灰 王又欲營 佛即王夢曰 我不住此 王莫留
我 王驚悟 復安舊鐘 將泛于海 因立誓言 唯我佛鐘 當向有緣國土
予與眷屬數千人 當爲護法善神 常隨擁護 於是 以白金 別作一盖
銘其願而置于鐘內 復以舊盖覆之 躬臨泛海而送之 由是 今於是寺
有月氏王祠 鐘既泛海 歷盡諸國 來至于是山東面安昌縣浦口 時則
新羅第二主南解王元年 即前漢平帝元始四年甲子也 縣人 見而異
之 馳告縣官 其夕 佛 昇鐘下陸 縣宰盧偆 聞之率官隸而馳之其所
但見所留蹤迹 宛然印泥 又是草樹之枝條 皆向是山而靡 即大異之

望是山而行三十里許 乃見盤跡藉草 置鐘憩息之所 今云憩房 或云
消房者是也 至今路傍 有歇鐘之石 鐘痕宛存 又行一千步許 文殊大
聖 現比丘身 指佛歸處 今之文殊村是也 又行千餘步 前有一嶺 嵯峨
突兀 未及嶺 望見一尼 踞石而坐 問佛所在 則指西云 驀良去 亦是
文殊化身也 今之尼遊巖 或云尼臺者 是也 又復前行 萬仞峰頭 線路
盤廻 忽有白狗搖尾前引 今之狗嶺 是也 過嶺而渴甚 撥地得泉 今之
盧偆井 是也 又行六百步許 狗失而獐出 又行四百步許 獐亦不見
人亦困於㩥确 環坐小息 忽聞鐘聲 喜躍復進故 見獐之地曰獐項
聽鐘之地曰歡喜嶺 旣尋鐘聲 踰小嶺緣溪而入洞門 松柏森嚴 中有
一大池 池之北邊 有一楡樹 卽掛鐘于樹枝 佛則列於池岸 于時 異香
芬馥 瑞雲飛彩 偆與官屬 喜不自勝 瞻禮無量 遂以其事 歸奏國王
王乃驚異 駕行歸依 卽於其地 刱寺安之 因楡樹 以名其寺焉 又於其
地 本無井泉 齋廚日用之水 艱於汲澗 忽一日 群烏集于寺之東北隅
噪而啄地 靈泉流溢 今之烏啄井 是也 後有一僧 見其尊像 久爲香火
所熏而黑 庶乎洗路金容 沸灰湯而洗之 忽雷雨暴作 五雲籠塞 其五
十三尊 皆飛騰樑上而列焉 於中三佛 騰空而去 莫知所之 其僧忽發
狂病而終 厥後 主社者淵冲 歎佛數之欠缺 特鑄三像而補焉 舊佛皆
斥而不容 其夕 告于冲師之夢曰 莫以他像 間于此坐 後乃知向之所
失 三佛所在之處 其二 在九淵洞萬仞石壁上 人力可及者 下以還之
其不可及者 至今存焉 其一 在水精寺北絶壁上 寺僧連梯而下之
奉安于其寺 後于移在船岩 越二十四年丁亥 襄州守裵裕 奉安于舊
列焉 凡聞是事者 雖樵童牧豎 亦皆竦然 況有識者哉 抑又鐘之靈異

則每遇大旱 洗而得雨 或生津液 應國家災祥 近有山火 風燄將及
于時 寺僧大驚 但以水灌鐘 俄而急雨滅火 -중략- 噫 是山 本爲大
聖曇無竭眞身住處 名載大經 實天下之名山也 是佛 亦爲文殊大聖
所鑄之像也 遠自天竺 來住此山 靈奇之跡 章章如彼則其所來由
不可不傳於後世者也…

大德元年丁酉 十一月日 默軒 法喜居士 記

금강산 유점사 속續사적기

신미(辛未, 1871)년 단오절에 나은 보욱懶隱保郁 지음

삼가 역대통재歷代通載를 살펴보면 오직 우리 53석가상은 문수보
살이 주 목왕穆王 53년 임신년(B.C 949)에 친히 주조하여 바다에
띄워 해중海中에 무릇 953년 동안 때를 기다리고 있다가, 전한 평제
원시元始 4년 갑자에 친히 이곳 큰 연못가 언덕 느릅나무 아래에
임하셨다.

또 1,867년이 지났으니 총계 2,827년이 지났다. 오직 우전왕優闐王
의 전단서상栴檀瑞像을 제외하고는 염부주閻浮州 안의 옛 불상으로
능히 짝할 것이 없다.

또 이 절의 창건은 앞서 한나라 명제 영평永平 11년 무진년에
처음 중국에 불교가 유통되고 백마사白馬寺가 창건된 해보다 65년
전이니 천하의 총림 중에 제일 먼저 창건되었다.

조선 세조가 일본국왕에게 보낸 친서

조선 세조대왕 12년(1466) 윤 3월 28일 임금이 일본국왕에게
서신을 보내니 그 내용은 이러했다.

　우리나라에는 금강산金剛山이라는 명산이 있는데, 동쪽으로 큰
바다에 임하여 우뚝우뚝 솟은 흰 바위가 구름 밖에서 번쩍거리는데
그 높이와 너비가 얼마나 되는지 알 수 없습니다.『화엄경』에서
말한 담무갈曇無竭 보살이 1만2천 보살의 권속과 더불어 살면서
항상 설법한다는 곳이 바로 이 산입니다.

　요즘 내가 지방을 순행하던 차에 이 산에 가서 우러러 삼보三寶에
예를 올렸는데 산기슭에 채 이르기도 전에 땅이 진동하였고 골짜기
어귀에 들어서자 서기瑞氣가 뻗치고 상서로운 구름이 에워쌌습니다.
하늘에서는 네 가지 하늘 꽃이 내렸는데 그 크기가 오동잎만 하였고
감로甘露가 흠뻑 내려 풀과 나무가 목욕한 듯하였습니다. 햇빛이
누래서 눈에 보이는 것마다 모두 금빛으로 변했는데 이상한 향기가
퍼지고 큰 광명을 놓아 산과 골짜기가 빛났으며 선학仙鶴이 쌍쌍이
날아 구름 가를 맴돌았습니다.

　산 속에 있는 여러 절에 사리가 분신하여 오색 빛이 다 갖추었습니
다. 명양승회明揚勝會를 열자 위에서와 같은 여러 가지 특이한 상서가
거듭 나타났습니다. 또 담무갈(曇無竭, 법기) 보살이 무수한 작은
모습으로 나타났다가 다시 큰 모습으로 나타나 그 높이가 하늘에

닿았습니다.

돌아오는 길에 낙산사洛山寺·오대산五臺山 상원사上院寺·월정사 月精寺·서수정사西水精寺·미지산彌智山 용문사龍門寺를 거쳐 왔는 데, 상원사 총림에서는 사리 꽃비 감로 특이한 향기 등의 상서로운 현상이 전과 똑 같았으며 서울에 이르자 또 사리 감로 수타미須陀味의 상서로운 현상이 한꺼번에 나타나 앞뒤로 나타난 것이 모두 7천8백 17건이었습니다.

아!

우리 부처님의 변화와 신통력의 절묘함이 직접 눈으로 보고 징험 한 것이 이와 같았으므로 신하와 백성들과 더불어 뛰고 기뻐하였으 며 크게 사면령을 내려 큰 사랑을 널리 베풀었습니다.

옛날에 부처님께서 멸도(열반)하신 뒤로 왕사성王舍城의 사람들 이 금을 모아 불상 53구를 만들고 문수보살이 쇠 종에 간직하여 바다에 띄우고 바다를 바라보며 맹세하여 말하기를 "마땅히 인연 있는 국토에 가서 많은 중생을 제도하면 내가 꼭 그곳에 가서 영원히 옹호하겠노라."고 하였는데, 이에 종이 우리나라로 떠내려 와서 저절로 금강산 동쪽에 닿았습니다. 신라 남해왕이 그곳에 절을 짓고 불상을 봉안하여 유점사楡岾寺라 이름했습니다. 산 안팎에 가람이 얼마나 되는지는 알지 못하나 그중에 유점사가 가장 수승한 곳입니다.

금강산은 이미 큰 성인(법기보살)께서 늘 사시는 곳이요, 또한 절은 금불상이 저절로 머문 곳이니 복전을 닦고 선근을 기르는 자가 이곳을 버리고 어디를 가겠습니까? 되돌아보건대 절을 창건한 것이 이미 오래 되어 점차 퇴락하여 유사有司에게 중수할 것을 명하여 가까이는 여러 신하들과 백성들을 위하고, 멀리는 이웃나라를 위하여 착한 인연을 심어서 다 같이 태평을 누리고자 합니다.

우리 부처님이 세상에 나오셔서 큰 자비를 베풀어 널리 구제하려고 생각하므로 시방세계가 한 국토이고 삼천대천세계가 한 몸입니다. 귀국은 옛날부터 현묘한 교화를 존경하고 숭배하니 상상하건대 즐겁게 듣고 따라서 기뻐하리라고 생각합니다.

이제 돌아가는 상선 편에 나의 서원을 고하니 내가 재물을 요구함이 아니라 국왕과 더불어 좋은 인연을 맺어서 함께 묘과妙果를 거두며 이웃 간의 우호를 더욱 공고히 하고 두 나라의 신민臣民으로 하여금 다 같이 수역壽域[288]에 오르기를 바라노니 밝게 살피기를 원합니다.[289]

我國有名山 曰金剛 東臨大海 亭亭削白金湧雲表 高廣不知幾由旬
華嚴經所謂曇無竭菩薩 與其萬二千菩薩眷屬 常住設法者 卽此山
也 頃予省方 因詣玆山 瞻禮三寶 未至山麓 地爲震動 行入洞門
瑞氣彌亘 祥雲繚繞 天雨四花 大如桐葉 甘露普灑 草木如沐 日色黃
薄 眼界皆成金色 異香薰暢 放大光明 熿耀山谷 仙鶴雙飛 盤旋雲際
山中諸刹 舍利分身 五色悉備 及設明揚勝會 如上種種奇瑞重現

---

288 수역壽域: 사람마다 천수를 다하는 태평성대를 가리킨다.
289 조선왕조실록 세조 12년(1466) 윤3월 28일 3번째 기사

又有曇無竭菩薩 現無數小相 復現大相 其長參天 曁還歷洛山 五臺
上院 月精 西水精 彌智山 龍門 上院寺叢林 舍利 雨花 甘露 異香等
瑞 復如前 及至京都 又有舍利 甘露 須陁味之瑞 幷臻 前後所得
摠七千八百一十七枚 噫! 我佛變化神通之妙 驗於目擊者如是 益
增感動 與諸臣庶 踴躍懽忭 遂大赦 廣布洪慈 昔佛滅度後 王舍城人
募金鑄像 文殊以五十三軀 藏于金鍾 望海誓曰 當至有緣國土 度濟
衆生 我應須至其處 永爲擁護 於是 金鍾漂至我國 自住山東 新羅王
因創寺安像 名曰楡岾 山之表裏 伽藍不知其幾 而楡岾最勝 山旣大
聖常住之所 寺又金像自住之處 則修福田植善根者 舍此奚之 顧寺
之創建旣久 漸就頹敗 命有司重修 近爲群臣百姓 遠爲隣國 種食善
因 同享大平 我佛出世 運大慈悲普濟爲心 十方一刹 三界一體也
貴邦自來尊尙玄化 想亦樂聞而隨喜也 玆因商舶之還 告予誓願 予
非有求財施 願與國王 共結良緣 齊收妙果 益固隣好 使兩國臣民
同躋壽域 冀亮察

강희맹의 금강산 서기송

조선 세조 12년(1466) 3월 27일 예조참판 강희맹(姜希孟, 1424~
1483)이 와서 안부를 여쭙고 「금강산 서기송金剛山瑞氣頌」을 지어
올렸다.

신이 3월 21일 금성현金城縣에 이르러 하늘을 바라보니, 동북방에

누런 구름이 얽히고 설켜서 자욱해지더니 햇빛을 가렸습니다. 조금 있다가 상서로운 바람이 일어 공중을 쓸어가더니 하늘이 어렴풋이 드러났고, 누런 구름은 모두 흰 기운으로 변하여 다섯 갈래로 갈라졌는데 맨 끝이 조금 구부러져서 그 모양이 마치 도라화兜羅華처럼 다섯 손가락을 구부린 듯하고 자유자재로 폈다 쥐었다 하고 뒤집어졌다 바로 되었다 하는 것이 방향이 없는데다가 더욱이 길게 뻗어나가 하늘복판을 곧게 질러 서북쪽을 향하였습니다.

또한 남방에는 흰 기운이 평평하게 펴져서 밝게 빛나는데 푸른 무리가 아로 새겨져 무늬 있는 비단처럼 찬란하였으며, 햇빛이 밝게 빛나자 산천초목이 금빛 세계로 변하였습니다. 근래에 상서로운 감응이 비록 많기는 하였으나 신이 목격한 것으로는 이것이 가장 빼어난 것입니다.

신이 측근에 있는 여러 사람에게 물으니, 상서로운 구름은 바로 금강산 위에 서리었고, 이날은 바로 전하께서 금강산 기슭에 행차를 멈추었던 날이라고 하기에 신은 기쁘고 즐거운 마음을 이기지 못하여 합장하고 뜰아래서 공손히 절하옵니다.

가만히 스스로 생각건대, 이 불법이 우리나라에 흘러들어온 지는 몇 천 백년이 되었는지 알지 못하며, 때로는 임금도 귀의歸依하여 숭배하고 받들었는데 그 수효 또한 얼마인지도 알지 못합니다.

그 사이에 비록 부처님의 거두어주심을 입어 기이한 감응이 이른 이도 있었으나, 혹은 꿈속에 나타나기도 하고, 혹은 사람의 힘으로 할 수 있는 것에 감응되었을 뿐이니, 불교를 비방하는 자들로 하여금 시비할 여지가 있었으므로 후세에 의심이 없을 수 없었는데, 어찌 오늘날처럼 나타난 상서로운 감응이 행사를 시작하자 곧 나타나 하늘을 뒤덮고 우주를 감싸 눈이 있는 사람은 보지 못한 자가 없었으니 사람의 힘으로는 이룩할 수 없는 것이었습니다. 어떻게 대비가 되겠습니까? 족히 억만년 동안 완고하고 사리에 어두운 자들의 의혹을 깨트렸습니다.

아!

하늘과 사람의 사이는 멀고 막혀서 감응하는 이치가 미묘하니 한 결 같이 정성을 다하여 공경하면 그 감응이 부처와 하늘에 통하여 오늘과 같은 특별한 감응이 나타나는데 그 이치는 무엇이겠습니까? 대개 정성이 부족하지 않으면 도가 원만하게 이루어지는 이치야 부처와 무엇이 다르겠습니까? 부처와 부처가 마음이 서로 부합되기는 매우 쉬운 것이니 이것이 전하께서 신기한 변화가 여러 번 받게 되어 고금에 밝게 빛나게 된 까닭입니다. 신이 다행히도 함께 보게 되었습니다. 삼가 머리 조아려 절하옵고 송頌을 지어 올립니다.

거룩하다! 우리 임금이시여, 공덕이 무성하고 크시니, 높고 넓음이 하늘과 더불어 위대하도다.

지방을 순행하여 동해 가에 이르시니, 우뚝한 저 금강산은 하늘에 닿았는데

신령하게 빼어나서 상서로운 감응이 무궁하구나.

우리 임금께서 이 산에 이르러서

일심으로 향을 사르니 삼천대천세계에 널리 퍼졌네.

행行함에는 머문 바 없이 복전福田에 널리 베푸시니,

부처와 하늘이 묵묵히 감응해서 좋은 인연 보여 주고,

큰 위신威神 나타내어 상서를 내렸도다.

그 상서 무엇인가? 백호白毫[290]의 광채로다.

그 서기瑞氣가 어떠한가? 하늘에 빛나도다. 노을도 아니고 안개도 아닌 것이 있는 듯도 하고 없는 듯도 하고 형용키 어려운데,

서리고 엉키어서 빛나고 밝았으며 푸르고 누르도다.

신풍神風이 구름을 쓸어내자 다섯 갈래 길게 나와

형상은 도라화兜羅華 같은 자마금빛이라.

세찬 형세 교차하니, 맑은 빛이 서로 움직이네.

빛나는 흰 바탕에 푸른 무리(暈) 연이어서

바람에도 흩어지지 않고 오랫동안 완연하구나.

햇볕에 금빛 흘러 산천이 빛났으니,

눈이 있는 사람으로 뉘 아니 공경하랴.

완고하고 사리에 어두운 자 깨우치고 믿는 자는 더욱 굳어졌네.

사부대중이 파도처럼 밀려와서 다함께 송사頌辭를 지어 올린다.

우리의 참 종교가 예전에는 들쭉날쭉 하더니,

이제는 천지가 부응함에 똑바로 섰도다.

우리 임금은 무위無爲하나 무위가 극極에 달하면

---

290 백호白毫: 석가모니 눈썹 사이에 난 흰 털을 말하는 것으로 32상相 중의 하나이다.

미묘한 감응이 이르도다.

상象이 하늘에 밝았으니, 우리 왕은 매우 신령하도다.

누가 그대를 미혹하게 하였는가?

왕이 그대의 껍질을 깨뜨릴 것이다.

누가 그대의 마음을 살렸는가? 왕이 그대를 도왔도다.

인드라 망(帝網)을 단 것처럼 제석의 구슬(帝珠)은 끝이 없고

보배 등을 켠 것처럼 빛과 빛이 서로 잇닿았다.

그대가 그대의 광명을 궁구함은 우리 왕의 광명이며

그대가 그대의 휴식을 궁구함은 우리 왕의 휴식이다.

이제부터 시작하여 진묵겁塵墨劫에 미치도록

다함께 부처의 교화에 들어가서

성역(聖域, 극락세계)에 오르세.[291]

禮曹參判 姜希孟來問安 仍獻 金剛山瑞氣頌曰

臣三月二十一日至金城縣 仰見天表 東北方 黃雲繚繞 沖融掩靄
韜藏日彩 俄而祥飇掃空 天形微露 所有黃雲 變成白瑞 岐爲五支
末端稍句 狀如兜羅手 屈五輪指 舒卷自在 倒正無方 況又舒長引曳
直跨天腹 向于西北 又於南方 白氣平鋪 明朗炯耀 靑暈點綴 爛如文
錦 日色輝煌 山川草木 變爲金色界相 近來瑞應雖多 臣所目擊 此爲
殊勝。 臣問諸左右 瑞雲直當金剛 此又殿下駐蹕山麓之日也 臣不

291 『조선왕조실록』 세조 12년(1466) 3월 27일 1번째 기사

勝慶忭 膜拜庭下 竊自念言是法 流于震朝 不知其幾千百年 而時君

世主 歸依崇奉 又不知其幾也 其間雖蒙佛攝受 獲致奇應 然或感於

夢寐之中 或應於人力之所及 使祗佛者 容象於其間 不能無疑於後

世 豈若我今日瑞應之臻 有叩輒應 率皆昭回天表 繆輚宇宙 無人不

矚 有目咸覩 有非人功之所能致者哉 足以破億萬載頑蒙之惑矣 嗚

呼 天人敻隔 感應理微 一誠敬之感 而通于佛天 致此殊應 其理何哉

蓋城無欠缺 道必圓成 與佛何殊 佛佛相契 其機甚易 此殿下所以屢

獲神變 輝曜今古者也 臣何幸與寓目焉 謹拜手稽首而獻頌曰

烝哉我后 功隆德邁 巍巍蕩蕩 與天爲大 省方時巡 溟海之堮 屹彼金

剛 峻極于天 鍾神毓秀 瑞應無邊 我后至此, 于山于巓 爇一心香

普薰三千 行無住施 廣耨福田 佛天默感 鑑此良緣 現大威神, 降瑞

生祥 其祥維何 白毫之光 其瑞維何 絢彼圓蒼 非烟非霧 若存若亡

輪囷煥赫 郁郁靑黃 神風掃霳 五出長芒 狀如兜羅 紫金光相 猛勢交

相 晶光相瀅 倬彼素質 靑暈連錢 遡風不解 移晷宛然 日流金色

焜耀山川 凡厥有目 孰敢不虔 頑蒙解悟 信者益堅 四衆奔波 咸陳頌

辭 曰我眞敎 昔也參差 今輒符應 吾王無爲 無爲之極 妙應沓臻

象昭于天 吾王孔神 孰執爾迷 王破爾殼 孰生爾心 王其汝翼 如懸帝

網 帝珠無極 如爇寶燈 光光相續 爾究爾明 吾王之明 爾究爾休

吾王之休 自今伊始 暨于塵墨 咸囿佛化 同躋聖域

〔해설〕

남해왕의 태자인 신라 제3대 유리왕儒理王 5년(서기 28년)

"이 해에 민속이 즐겁고 평안하여 비로소 도솔가兜率歌를 지었으니 이것이 가악歌樂의 시초이다."[292] 하였으니 이때 이미 불교의 자취가 역력하다. 이때의 도솔가 가사는 전해지지 않고, 신라 경덕왕 때에도 월명사月明師가 도솔가를 지었는데 『삼국유사』에 가사가 실려 있다. 대략 소개하면 다음과 같다.

신라 경덕왕 때에 두 해가 나란히 떠서 열흘 동안이나 사라지지 않았다. 이에 왕은 일관日官의 말에 따라 월명법사月明法師를 궁궐에 초청하여 단을 차리고 월명으로 하여금 도솔가兜率歌를 지어 꽃을 흩으며 기도하게 하니 얼마 후에 변괴가 사라지고 문득 미륵보살이 단정한 동자의 모습으로 나타났다 사라졌다.[293] 월명의 법력과 지극한 정성이 미륵을 감응케 한 것이다. 유리왕 때의 도솔가도 월명사의 도솔가와 흡사했을 것이다.

도솔천兜率天은 욕계 6천六天 중 제4천으로 장래 부처가 될 보살의 주거지로 일컬어지며 석가모니도 예전에 여기서 머물다 마야부인의 태에 들었고 현재 미륵보살도 여기에 머물며 설법하고 있다고 한다.

부처님 열반하시던 해인 목왕穆王 53년 임신년에 문수보살이 53구의 황금불상과 종을 친히 주조하여 바다에 띄워 바다 가운데에 무릇 953년 동안 때를 기다리고 있다가 신라 남해왕 때에 금강산 포구에 이른 것은, 마치 신라 3보寶 중의 하나인 황룡사 장육존상이 이루어진 내력과 흡사하다.

---

292 是年民俗歡康 始製兜率歌 此歌樂之始也. 『삼국사기』 신라본기
293 『삼국유사』 5권, 月明師 兜率歌

즉, 인도 아육왕阿育王이 구리 5만7천 근과 황금 3만 푼을 모아서 장차 석가3존상을 주조하려 했으나 이루지 못하고 바다에 띄워 보내면서 축원하기를 "인연 있는 국토에 가서 장육존상丈六尊像을 이루어 달라."고 하면서 한 부처와 두 보살상도 모형으로 만들어 함께 실려 있었다.

후에 대덕 자장율사가 중국에 유학하여 오대산에서 문수보살이 현신하여 비결을 주며 부촉하였다. "너의 나라 황룡사는 석가釋迦와 더불어 가섭불迦葉佛이 강연하시던 곳인데 연좌석宴坐石이 지금도 남아 있다. 그러므로 천축 아육왕이 구리 약간을 모아 바다에 띄웠는데 1천3백여 년이 지나서 너희 나라에 도착하여 불상이 이루어져 그 절에 모셔진 것이다. 대개 위덕의 인연으로 그렇게 된 것이다." 하였다.[294]

---

294 『삼국유사』 3권 황룡사 장육

비구 정암(淨巖, 조용호)

전남 구례 출생.

1985년 지리산 화엄사에서 우연한 일로 깨달은 바 있어 고대사 연구에 전념, 지리산 관련 고대사 자료집인 『東方』(1989), 『경주는 신라 도읍지가 아니다』(1995), 화엄사에 소장된 판본 대화엄사 사적事蹟을 최초로 번역한 『화엄 불국사 사적』(1997) 등을 출간하였다.

2002년 화엄사에서 종권宗權 스님을 은사로 출가하여, 쌍계사 승가대학 통광 화상 문하에서 대장경을 연구하였으며, 2011년에는 『역주 삼국유사』(2011)를 펴냈다.

이밖에 주요 논문으로 「지리산 산신제 연구」, 「삼국유사 번역의 문제점」, 「고조선 도읍지 아사달 연구」, 「에덴동산에 신라 궁궐이 있었다」, 「신라 황룡사의 위치와 화엄사 출토 진신사리 연구」 등이 있다.

이메일 yongbang@daum.net

에덴동산에 신라 궁궐이 있었다

초판 1쇄 인쇄 2015년 10월 16일 | 초판 1쇄 발행 2015년 10월 23일
지은이 정암 | 펴낸이 김시열
펴낸곳 도서출판 자유문고
　　　서울시 영등포구 선유로 49 미주프라자 B1-102호
　　　전화 (02) 2637-8988 | 팩스 (02) 2676-9759
ISBN 978-89-7030-093-1 03940　값 15,000원
http://www.jayumungo.co.kr